U0867067

北极合作的北欧路径

SINO-NORDIC ARCTIC COOPERATION:
Objectives and Approaches

[芬兰] 拉塞·海宁恩/杨 剑◎主 编

时 事 出 版 社
北 京

图书在版编目（CIP）数据

北极合作的北欧路径／（芬）拉塞·海宁恩，杨剑主编. —北京：时事出版社，2019.1

ISBN 978-7-5195-0016-0

Ⅰ.①北… Ⅱ.①拉…②杨… Ⅲ.①中外关系—研究—北欧②北极—区域发展—研究 Ⅳ.①D822.353②P941.62

中国版本图书馆 CIP 数据核字（2018）第 259578 号

出版发行：时事出版社
地　　址：北京市海淀区万寿寺甲 2 号
邮　　编：100081
发行热线：（010）88547590　88547591
读者服务部：（010）88547595
传　　真：（010）88547592
电子邮箱：shishichubanshe@sina.com
网　　址：www.shishishe.com
印　　刷：北京旺都印务有限公司

开本：787×1092　1/16　印张：16　字数：230 千字
2019 年 1 月第 1 版　2019 年 1 月第 1 次印刷
定价：96.00 元
（如有印装质量问题，请与本社发行部联系调换）

目　录

序　一

（冰岛前总统）

奥拉维尔·拉格纳·格里姆松

（Olafur Ragnar Grimsson）

在21世纪最初的十几年里，北极日益增长的全球重要性使北欧国家在国际合作中具有了新的意义。北欧国家在北极理事会中占大多数，北欧国家积极开展同加拿大、俄罗斯和美国等北极国家的合作，同时也尊重中国和其他亚洲和欧洲国家等观察国的作用。在冰岛以至于整个北欧地区，围绕北极问题建立了开展多方合作的国际平台，如北极圈大会和论坛，我们欢迎来自中国各部委、官方机构以及科学和商业机构的代表团和与会者。当年中国的极地科考船“雪龙”号从上海来到冰岛首都雷克雅未克，这是历史上中国第一艘通过北极航线驶往北欧国家的船只。在我的见证下中国和冰岛政府签署了一份合作备忘录，它成为了中国—北欧北极合作的基础。

在20世纪下半叶，北欧国家的社会和经济逐步转型。他们成功地将竞争性和全球成功的市场体系与福利社会的发展结合起来，通过惠及所有人的福利体系，创建向每一个公民开放的医疗保健和高等教育，而不论其阶级属性或社会地位如何。借此，我们建立了北欧高品质的经济发展和社会正义模式；人人享有普遍关怀和机会；其基础是将资本主义制度的结构优势与社会主义运动的远见和原则结合起来。北欧国家的经验展现了民主和善治如何在现代社会发展，促进人权和法治，提升那些以前由于无知或偏见而被边缘化的人的能力。此外，北欧的历史还表明，在实现独立、主权和政治改革方面可以采取不同的道路；各国能够成功地进行合作，尽管在以前的时代存在着冲突和差异。北欧国家参与地区合作机制的过程表明，尽管他们与不同的经济和安全组织结成联盟，但各国还是可以通过积极和渐进的合作走到一起。世界其他地区的国家越来越多地对北欧经济、社会和政治发展路径进行评估，从而为自己的发展寻找借鉴。

在本书中，来自于中国和北欧的杰出的学者和研究人员汇聚在一起，就北极合作的北欧路径进行探讨，就我们在北极的合作如何为中国成功地实现和谐社会做出贡献，以及如何成为北极未来和地球环境健康的负责任的伙伴开展讨论，并做出重要和翔实的分析。

是为序。

2018 年 9 月于雷克雅未克

序　二

中国极地研究中心主任
国际北极科学委员会副主席
杨惠根

北极地区面积广阔，远离人烟，处于极端气候环境下的复杂体系之中。任何一个国家都不可能独自完成认识北极、应对北极变化带来各种挑战的重任，深入开展国际合作是开展北极研究不可或缺的一个组成部分。

虽然地处中纬度地区，越来越多的研究显示，中国与北极存在着非常密切的全球联系。首先，北极气候极端事件对中国气候有着远程作用，2008 年 1 月中国南方异常出现的冰冻雪害，与北冰洋海冰 2007 年 9 月的历史性退缩之间存在着密切的关系。其次，全球气候变暖的效应在北极地区被放大。北极的快速升温，一方面导致北极陆地冰盖和冻土的冰雪消融，另一方面导致北冰洋海冰夏季的大幅度退缩。北极冰盖消融将导致严重的全球影响，若格陵兰冰盖冰雪全部融化，融水入海将导致全球海平面上升 6 米，中国人口最密集、经济最发达的上海、天津等沿海城市，将首当其冲被海水所淹没，海平面上升威胁是中国关注北极的另一个主要问题。北冰洋海冰的消融将大大改变北极生态环境和原住民的生存生活方式，如处于食物链顶端的北极熊和海豹等将因失去捕食的海上栖息地而濒于灭绝；另一方面将在北冰洋沿岸和原来的冰封区域打开新的海上通道，这将大幅度缩短东亚与北欧、北美之间的海运距离。如与传统航道相比，上海至冰岛雷克雅未克之间将缩短3126英里。因此，北极快速变化既构成影响全球环境气候变化新的挑战，也蕴涵全球利用北极环境变化新的机遇。

作为域外国家，中国通过组织国家北极科学考察（CHINARE）开展北极科学观测，增进对北极及其全球联系的科学认知。自1999年以来，中国已先后组织了九次北冰洋科学考察，2004年在挪威斯瓦尔巴群岛建立了北极黄河站，2018年通过双边合作在冰岛北部建立了中冰联合北极考察站。中国参与第四次国际极地年，在2007—2010年实施了国际极地年中国极地行动计划。中国在北冰洋太平洋扇区、北冰洋中心区和北冰洋大西洋扇区等关键海域开展了大气、海冰、环流、生物、化学和地质等海洋综合调查，围绕在北极日—地相互作用、北极气候变化及其对全球气候变化的响应和对中低纬度的远程作用开展了系统研究，取得了一批具有重要价值的科学认识。

从2007年起，中国社会科学学者围绕北极航道、法律、经济、治理、地缘政治、国际合作等北极问题开展了系统的社会科学研究，呼吁中国政府和公众提升对于北极重大问题的关注与认识，积极建议中国开展北极航道利用探索。2012年和2017年中国北极科学考察队利用“雪龙”号破冰考察船对北极航道东北、中央以及西北航道分别开展了系统的科学调查，雪龙船已成为世界少数完成全部北极航道探索的船舶之一。2013年起，在雪龙船航道调查探索基础上，中国远洋海运集团组织“永盛”号等多艘船只系统开展了穿越东北航道的商业航行探索，中远海运船队已成为世界上少数常态化利用北极航道的商业船队之一。北极自然科学与社会科学研究相结合，不仅加深了中国对北极航道问题的系统认识，而且推动了中国对北极航道利用的商业探索，为保护和利用北极奠定了基础。

没有任何一个国家，能够单独完成研究和认识北极的重任。全球北极科学家参与的第三次国际北极研究计划大会（ICARP III）致力于整合北极研究，拟定面向未来的路线图，明确今后一段时期北极研究的主题。北极研究未来十年的优先领域是：1. 认识北极在全球系统中的作用；2. 观测和预测北极未来的气候动力学与生态系统响应；3. 理解北极环境与社会的脆弱性和恢复力，支持北极可持续发展。基于全球自然科学家和社会科学家的共识，当前北极研究面临一系列的挑战包括：1. 北极快速变化影响着整个地球系统，包括气候、经济与地缘政治；2. 北极变化之快，正挑战当前北极研究的理解能力及其为决策提供知识的能力；3. 北极面临的紧急情况，要求北极研究必须及时和协调地应对面临的挑战；4. 要求北极研究必须前瞻、合作和多学科交叉整合确定优先领域，观测并回答北极所面临的挑战。作为最大域外国家，中国是世界北极研究不可或缺的一个组成部分，应该为认识和利用北极做出更多更大的贡献。

北极研究离不开国际合作。进出北极是开展北极考察研究的前提，中国在北欧北极地区建立和运行着两个科学考察站，中国北极的科学研究得到了挪威和冰岛等北欧国家政府的大力支持。北极理事会是国际北极事务重要的治理平台，中国作为观察员参加北极理事会也得到了北欧国家的大力支持。2013 年 12 月，由中国极地研究中心和冰岛研究中心发起，上海国际问题研究院、中国海洋大学、同济大学、挪威极地研究所、南森研究所、芬兰拉普拉大学北极中心、瑞典极地秘书处以及亚洲问题北欧研究中心（哥本哈根大学）等十家单位成立了中国—北欧北极研究中心（CNARC），推动中国与北欧国家之间北极多边学术与政策研究的合作与交流，增加对北极及其全球影响的意识、认识和知识，促进全球意义下北欧北极的可持续发展，促进中国与北欧国家的研究合作和政策协调。通过 CNARC，中国与北欧国家之间不仅建立了关于北极问题研究的学术交流平台，而且通过 CNARC 圆桌会议，构建了学者、企业家和政策决策者共同参与的开展平等交流的思想实验室，有效推动了中国企业与北欧企业之间的绿色合作，也为政策研究提供了理论联系实际的渠道。经过五年的发展，CNARC 现已有 17 个成员单位，成为中国与北欧各国共商发展、共推合作的重要平台，取得了许多合作研究的重要成果。

北欧既是北极的知识中心，也是科技创新中心，在破冰船建造、极区装备、清洁能源、北极近岸油气资源开发等科技创新领域享有国际盛誉。北欧国家有着共同的文化和身份认同，在国际北极事务上也形成了北欧北极的地区共同体，即“北欧北极”，共同的地域身份使北欧国家在北极经济社会可持续发展和原住民权益等议题上形成一致立场。北欧国家在北极可持续发展、环境保护、原住民政策等领域的先进经验和最佳实践值得认识与总结。北欧国家支持域外国家参与北极治理，中国在2013年5月获准成为北极理事会观察员国也得益于北欧国家的支持。中国与北欧国家在北极问题上的密切交流与合作，既是各利益攸关方共同应对和解决北极问题的有益探索，也是域外国家有效参与北极治理和助力北极地区发展的重要路径。

北欧北极，是中国—北欧北极研究中心成立之初提出并试图界定和回答的一个地域概念，关于它的历史、地理、气候、经济以及地缘意义等问题，当时充满了好奇和疑问，却有如在雾中，找不到清晰的答案。因此，将回答这个问题作为了中国—北欧北极研究中心成立后要实施的第一项合作研究任务，同时也作为全球北极问题研究的一项长期任务。衷心感谢芬兰拉普兰大学拉塞·海宁恩（Lassi Heininen）教授和上海国际问题研究院杨剑研究员两位学者杰出的组织领导力和非凡的学术专注力。他们组织中国与北欧国家学者历时三年多的反复研讨和争论，选择从北欧国家北极政策的独特视角完成了《北极合作的北欧路经》一书的创作，为我们描绘了全球背景下北欧模式北极政策的一幅清晰画卷，并为中国—北欧北极成功合作与未来发展给出了一个令人信服的答案。

是为序。

2018年10月于上海

第一章

绪 论

求同存异，多元一体。

Unity in diversity, and diversity in unity!

——北欧格言

海内存知己，天涯若比邻。

——中国古诗

第一节 中国北欧全球治理合作的新起点

上海国际问题研究院 杨 剑

2017 年 5 月 25 日，中华人民共和国外交部副部长王超在北京同北欧部长理事会秘书长赫布罗滕举行会晤。中国—北欧合作蕴含巨大发展潜力，因而被中国和北欧方面给予很高的期望。这次会谈双方在既有合作的基础上，确定加强以下几个方面的合作：1. 创业和营商，加强双方在绿色增长、海洋经济和生物经济等领域的合作；2. 可持续发展，结合北欧优势和中方需求，加强在节能减排、清洁能源、绿色生态智慧城市建设等领域的合作；3. 科研和教育，用好中国—北欧北极合作研讨会等平台，进一步探索加强交流；4. 人文交流，完善中国—北欧青年领军者论坛、中国—北欧智库圆桌会等合作平台，加强在体育、文化、艺术、旅游等领域的合作；5. 社会福利，加强在公共卫生、应对老龄化、劳动力市场等领域的交流与合作。

新一轮的合作重点反映出，中国在进入新的历史发展阶段后对经济发展、社会进步以及全球问题新的认识和期待，也反映出在这个时期中国与北欧的合作和彼此发展战略的契合度都达到一个空前的水平。中国与北欧国家的合作必将走上一个新的历史阶段。

中国的改革开放与北欧

2018 年是中国改革开放 40 周年。40 年前中国还是一个与世界市场脱离的经济体，当中国领导人邓小平和他的同事决定施行改革开放政策让中国融入世界之时，中国作为一个经济体，只拥有一般劳动力和土地等自然资源这样的低级生产要素可以参与到全球劳动分工之中去。经过了 20 世纪 80 年代和 90 年代坚定不移的改革开放政策，到了本世纪之初的 2000 年，中国已经从一个封闭型的经济体成功转型为一个开放型的经济体，而且中国通过创造良好的吸引外资的投资和市场环境，将日本、韩国、中国台湾和中国香港等东亚经济体的资本、技术和管理经验引入到中国大陆，借助于经济全球化和信息技术革命发展之势，承接了来自欧美的资本、技术、品牌，成为全球要素最重要的集聚之地。从原来的“以市场换技术”到以中国制造为标志的“世界工厂”地位。从一个严重依赖外部资金的资本吸收国成为外汇储备世界第一、双向投资能力迅猛增长的国家（张幼文等，2008）。

在整个中国开放型经济的发展过程中，北欧国家也扮演着重要的角色。北欧国家是欧洲国家中最早承认中华人民共和国的国家。所以当中国确立了改革开放政策后，基于良好的政治关系，北欧国家与中国在扩大贸易、投资方面展开了全方位的合作。

中华人民共和国成立于 1949 年 10 月 1 日。两个多月后的 1950 年 1 月 14 日，瑞典承认新中国，而且于 1950 年 5 月 9 日同新中国正式建交，是第一个与中国建交的西方国家。1950 年 5 月 11 日，丹麦与新中国建交。芬兰于 1950 年 1 月 13 日承认新中国，同年 10 月 28 日与新中国建交。1952 年，中芬苏签订三边贸易协定，1953 年，中芬两国签订政府间贸易和支付协定，这是我国与西方国家签订的第一个政府间贸易协定。1954 年 10 月 5 日，挪威与中国建交。冰岛同中国建交时间相对较晚，1971 年 12 月 8 日，冰岛与中国建立大使级外交关系。在 70 年代初，北欧国家积极支持中华人民共和国恢复在联合国的合法席位。在中国改革开放刚刚开始的 1980 年，芬兰等北欧国家就给予中国普惠制待遇。冰岛与中国建立正式外交关系较晚，但双边关系发展良好，中冰自建交以来，关系发展健康稳定，务实合作基础不断巩固，成为不同幅员、不同社会制度国家间友好合作的典范。冰岛是第一个承认中国市场经济地位的欧洲国家，也是第一个与中国签订双边自贸协定的欧洲国家。

在改革开放的过程中，一些北欧的知名企业和知名品牌进入中国并在中国市场得到快速的发展，也为这些企业的全球竞争奠定了雄厚的基础。从家居生活的乐高玩具、宜家家具到时尚百货 H&M 服装、杰克琼斯，从家用电器伊莱克斯电器到电子信息产品如爱立信手机，从丹佛斯集团（Danfoss）的采暖、制冷设备到沃尔沃集团下的各类汽车，来自北欧的各类产品丰富了中国的市场。

随着中国经济的发展，中国制造能力以及中国贸易水平不断提升，越来越多的北欧公司开始在中国投资建厂、参与中国的航运和贸易。从事生物制药的阿斯利康制药公司和诺和集团公司（Novo Group）在中国开始建厂生产。作为全球著名医药和生化制品集团公司，诺和集团公司生产的胰岛素和酶制剂分别占世界市场份额 40% 以上。1995 年该集团投资约 2 亿美元在天津设厂，成为当时丹麦设立在中国的最大企业。丹麦著名的航运公司马士基船运公司、挪威航运公司楚迪公司都在参与与中国贸易相关的航运事业中得到进一步的发展。冰岛的地热技术在中国找到了市场。

海内存知己：中国北欧合作新的起点

中国有一句古诗是“海内存知己，天涯若比邻”。这句诗的前半句则是说的因为找到志同道合者而感到欣慰，后半句讲的是尽管远在天涯似乎就如同在近邻一般。后半句已经被广泛用于描述全球性问题在行星尺度上的关联性（英瓦尔·卡尔松等，1995）。通过全球科学家的不断的研究，人类与环境互动关系中的一些远距离联系已经得到证明，由人类因素带来的环境的负面效应已经使现在的生产方式、消费方式和治理方式难以持续，而且单一国家的独立行为已经无法解决这些全球性问题。通过数十年的现代化进程，中国从一个“发展是第一要务”的发展阶段变成了经济、社会和环境和谐共生的发展阶段。从中国国内建设看，在中国共产党第十九次全国代表大会的政治报告中，中国执政党对于社会发展目标进行了重大的调整。坚持新发展理念，坚定不移贯彻创新、协调、绿色、开放、共享的发展理念。增进民生福祉是发展的根本目的。坚持在发展中保障和改善民生。在发展中补齐民生短板、促进社会公平正义，在幼有所育、学有所教、劳有所得、病有所医、老有所养、住有所居、弱有所扶上不断取得新进展，深入开展脱贫攻坚，保证全体人民在共建共享发展中有更多获得感。坚持人与自然和谐共生。建设生态文明是中华民族永续发展的千年大计。实行最严格的生态环境保护制度，形成绿色发展方式和生活方式，坚定走生产发展、生活富裕、生态良好的文明发展道路，建设美丽中国，为人民创造良好生产生活环境，为全球生态安全作出贡献。

中国作为一个新兴的巨型经济体已经开始成为引导全球治理可持续发展方向的主要推动力。一个人口规模巨大、经济高速成长的发展中国家如何实现可持续发展，它的成功将是一条新的路径，不仅对全球的可持续发展做出贡献，也可以为其他发展中国家找出一条道路。在这个过程中中国需要得到包括北欧国家在内的发达国家的协助。北欧社会在绿色开发、环境保护、社会福利方面有很多的经验。这也说明中国外交部副部长与北欧部长理事会秘书长的会谈为什么重点涉及了绿色增长、海洋经济、节能减排、清洁能源、智慧城市、公共卫生、社会保障等领域的交流与合作。这恰恰是中国诗句“海内存知己”所要表达的含义。

2017 年 1 月 18 日，中国国家主席习近平在联合国日内瓦总部发表了题为《共同构建人类命运共同体》的主旨演讲。他指出，地球是人类唯一赖以生存的家园，珍爱和呵护地球是人类的唯一选择。我们应该遵循天人合一、道法自然的理念，寻求永续发展之路。我们要倡导绿色、低碳、循环、可持续的生产生活方式，平衡推进2030年可持续发展议程，不断开拓生产发展、生活富裕、生态良好的文明发展道路。《巴黎协定》的达成是全球气候治理史上的里程碑。我们不能让这一成果付诸东流。各方要共同推动协定实施。中国将继续采取行动应对气候变化，百分之百承担自己的义务。习近平的这番讲话代表中国作为一个负责任大国承担全球治理义务贡献中国智慧的姿态。北欧国家是全球治理概念的重要初创地之一，在推动全球应对气候问题、能源问题以及其它资源问题的国际治理合作中一直扮演着引导者的作用，而且在从治理制度建设到绿色技术发明诸多方面都有着自己独特的优势。中国与北欧在全球治理方面的合作必将成为国际合作新的亮点，在造福双方社会的同时，也会对创建一个永续发展的世界做出贡献。

第二节 “北欧人”、北欧地区与北欧合作路径

芬兰拉普兰大学 拉塞·海宁恩（Lassi Heininen）

关于“北欧人”和北欧地区

一个国家的公民拥有更加广泛的多边视角而不是单一国家的视角，这听起来似乎很不寻常。然而，这种更广泛的泛北欧观点或者说对“北欧人”的集体认同，对21世纪初期的北欧国家公民来说已习以为常。中国的读者或许对北欧国家的理解会停留在北部欧洲这样一个地理层面上。北欧人认同的事实背后则是北欧地区是一个具有共同历史、独特风俗和共同区域发展动力的国际特殊合作区域。相较于英美国家的人在讨论问题时使用“斯堪的纳维”一词，北欧地区使用的Nordic、Norden（斯堪的纳维亚语）或Pohjola（芬兰语）是更加正确的词汇，因为斯堪的纳维亚实际上不包括芬兰和冰岛。正如我们将在本书中讨论的那样，北欧地区的概念是具有包容性的。

北欧地区由五个北欧国家组成：丹麦、芬兰、冰岛、挪威和瑞典，以及三个群岛：分别是属于丹麦王国的格陵兰岛和法罗群岛，以及属于芬兰的奥兰群岛。因此，北欧地区或“北欧国家”是超越五个国家的，因为三个群岛是自治区或在一个国家内具有特殊地位的自治领域（详见第三章第三节）。

北欧的丹麦、挪威和瑞典三个国家是三个王国，而芬兰和冰岛两个国家是共和国。其中包括两个前帝国—丹麦和瑞典—以及三个前殖民地—芬兰（瑞典统治下），冰岛（挪威和丹麦统治下）和挪威（丹麦统治下，以及与丹麦和瑞典合成的卡尔马联盟）。随着20世纪国家建设、国家认同和自治水平的提高，现在所有的北欧国家都成为平等的、现代统一的国家。他们或以单一国家或以协同区域在国际甚至全球范围内的重大议题上发挥着积极的作用（详见第二章第二节）。

“北欧人”与北欧合作的共同历史根源和基础。“北欧人”与北欧合作的共同历史根源在很大程度上受到宗教改革及其后续社会变化的深刻影响（Sinnemäki，Portman ja Tilli 2016）。北欧国家共享文化遗产（如语言联系）并保存着文化共通性。一些共同的价值观念逐渐建立起来，其中包括民族与国家的观念，以及平等、自由、团结、环境保护等现代价值观念。北欧国家通过改善福利、医疗保健和建设福利国家，来照顾包括穷人在内的所有民众；通过建设强大而积极有所作为的公民社会和国家行政权力下放，促进了北欧区域内的灵活的功能性合作（例如，共同的劳动力市场），提升了北欧地区的区域凝聚力。还需要指出的是，在北欧的一些国家中还居住着原住民，在芬兰、挪威和瑞典居住着部分萨米人（见第二章第四节），在格陵兰岛居住着部分因纽特人（见第三章第三节）。

综上所述，北欧地区是一个域内各国家及其人民在国家、地方和民族间进行文化、经济和政治多方位一体化的地区。这些国家有着相近的历史文化、民主政治和法律制度，分享着对建设福利国家的看法以及相同的现代价值观。这些价值观包括负有责任的自由、具有平等的民主、具有强大公民社会的政府、具有强烈反对意识的开放性，具有严格环境法规的市场经济（详见第二章第三节）。

关于北欧合作和一体化

第一次泛北欧会议是在19世纪下半叶举行的。第一次北欧国家首脑会议是在第一次世界大战后举行的。在20世纪30年代，在很大程度上欧洲出现了独裁政权和日益紧张的国际关系，“北欧民主”逐渐成为一个在“紧张世界”的全球政治中反对极权主义的标志。它也被一些人视为资本主义与社会主义之间的第三条道路（Kurunmäkiand Strang 2010，9－13）。这其中包含着农民自由的遗产，也有议会制度和结构（1907年以来的芬兰）以及劳工运动的社会民主进程的成果。甚至在这之前，在瑞典的自由时代（1719—1772）民主雏形，也可以被解释为北欧现代民主的最初特征（Kurunmäki 和 Strang 2010，13，29）。“北欧民主”的一些共同的价值观还可以追溯到北欧海盗时代（公元800—1050年左右）。那时的北欧有自由的男人和女人，以及他们之间的某种平等，还有一些诸如集会或会议等社会活动形式（例如冰岛辛格韦德利和俄罗斯诺夫哥罗德市民大会）。不管怎样，斯堪的纳维亚可被解读为民主政治制度被创造和试用的发源地之一（Kurunmäki&Strang 2010，27－30；Heininen，Ahola & Frog 2015）。

由于1954年达成的护照联合体，北欧公民在北欧其他国家旅行时不需要护照。这一措施受到了20世纪50年代由五个北欧国家政府建立的北欧联合劳动力市场的支持，赋予北欧公民在该地区任何国家工作的权利（见第三章第二节）。北欧合作通过北欧理事会和北欧部长理事会实现了制度化。作为政府间政治组织，它们负责组织北欧五国（丹麦、芬兰、冰岛、挪威和瑞典）以及三个自治区（奥兰群岛、法罗群岛和格陵兰）之间的北欧合作。北欧理事会成立于1952年，是北欧议会的联合组织。相应地，成立于20世纪70年代的北欧部长理事会发挥了北欧国家政府和北欧自治机构联合论坛的作用。在这两个理事会的支持下，一些区域理事会也应运而生，如冰岛、格陵兰和法罗群岛之间的北欧西北地区合作理事会以及挪威北部、瑞典和芬兰之间的北卡洛特合作委员会（Heininen&Ahola 2004；Korhonen 2011；Nielsson 2013）。

在冷战结束和苏联解体之后，所有北欧国家都承受着将永久加入欧盟和北约的压力。这让北欧认同出现了一次挑战，因为当时在政治议程上并没有在欧盟范围内建立任何北欧集团的计划，考虑更多的是北欧的加盟将使欧洲政治更具影响力。由于参与欧洲一体化的进程，“北欧民主”在一段时间内有点像“强弩之末”（Kurunmäkiand Strang 2010，32）。此后，北欧国家在一段时间里对北欧一体化缺乏内部兴趣，甚至对此没有了方向。背后的原因也许是因为冷战的结束被简单地解释为“历史的终结”。既然如此，那么就不需要北欧合作，也不需要再继续热衷于“北欧民主”的建设。另外“自由民主”和“市场经济”在当时被视为世界发展的唯一的永久推动力量。当时欧洲一体化在政治上看起来如此有吸引力，似乎将很快覆盖整个欧洲。

但与此同时，北欧认同和北欧合作还在重新积聚力量。在国际政治中有人提出了比较激进的反映北欧价值的“北欧效应”。经过世纪之交的某些犹豫不决之后，北欧国家间的总体新战略已做好达成一致的准备。他们的年度首脑会议在每个北欧国家轮流举行。除此之外，北欧之间还有联合活动，如促进可持续发展的全球契约北欧网络（GC-NN）的建立，以及北欧驻柏林联合使馆的开设。还有人提出建立“北欧联邦国家”（2010 年由 Gunnar Wetterberg 提出）或一个联合的“北欧联盟”（Johan Strang 在 2012 年提出）的想法，尽管这些仅为提案而不是得以落实的政策（Stephan，2015 年；另见第三章第三节）。也有人认为，如果 20 国集团（G20）接受联合会员资格，那么拥有 2600 万人口的北欧国家可以作为福利国家联合体加入，并借此在世界政治和全球经济中发挥更大的影响力（Wallenberg 2017）。这些倡议和行动的背后是非正统的思想，希望对国家重新定义——既不是联邦也不是同盟国——而是以一种现代力量和一个在全球化世界中的超越国界参与者面目出现。

还有一个目标是发展北欧的一体化，并创造一个更高水平的“北欧效应”，将北欧效应扩展到邻近地区，特别是三个新独立的波罗的海国家——爱沙尼亚、拉脱维亚和立陶宛。另一个目标是向欧盟推广北欧价值，让北欧在整个欧洲面前扮演引领者的角色。北欧地区地缘政治高度稳定和和平合作有可能转化为和平变革，以推动其他欧洲北部国家和北极国家内部的结构变化，包括俄罗斯联邦。这也应当是欧盟战略在北方维度上想做的事（Heininen 2017）。

英国是一个和北欧地区最接近的外部国家之一，也是北欧国家北极合作的伙伴，尽管事实上英国和冰岛之间在20世纪70年代发生过所谓的“鳕鱼战争”。在21世纪初，北欧国家与英国举行了首脑会议。最近英国对“北欧”的兴趣越来越浓厚，比如说“北欧设计”和“北欧美食”在英国很风靡。苏格兰还加入了北欧西部理事会的合作，并对北极地区表现出越来越大的兴趣。连加拿大魁北克省也表示有意参与北欧合作和北极合作，特别是在魁北克政府与北欧部长理事会签署谅解备忘录之后。

北欧合作中的“求同存异”

有一些基于北欧合作和特征的特别政治术语用来描述具体的北欧制度和模式。这些术语中包括“北欧民主”“北欧福利国家”“北欧社会”“北欧和平”或者统称“北欧模式”（请参阅Kangas和Palme 2005）。它们并没有停留在术语层面，因为它们已经得到一定程度的实践和检验，因而具备了真正的意义。每个术语都包含着一定的实质内容，在更深层次还包含着共同的价值观。它们共同代表着政治、法律、文化和社会方面特殊的甚至是独一无二的一种体系，简称北欧模式。这个模式——无论意味着民主、福利国家、公民社会或和平——都是一种政治概念，并已成为世界政治中的一个身份标志（参见第三章）。

北欧国家在欧洲一体化迈出第一步之前几十年率先形成了北欧护照联盟和联合的劳动力市场。甚至可以认为，北欧护照联盟是在申根条约地区人们跨越欧洲联盟和包括北欧地区的欧洲经济区时享有免签护照之自由，而这一切成果是以北欧护照联盟为跳板实现的。

北欧社会模式根植于基层，并且始终以每一个公民的利益为基础，旨在提高公民的生活质量。这一特点充分说明了在公民社会和基层社区一级北欧合作的实质。这个模式是有些先行者的味道，有一点“姆米一族”哲学的味道——姆米是芬兰作家托夫·詹森书中描绘的人物，他们总是准备好迎接新的冒险，因为他们知道他们有一个家，一个可以回来的地方。

北欧人也被认为是可持续性发展范式的先行者。在国际上，他们拥有进步的可持续发展政策的和平国家的形象（见第三章第七节）。然而，在引领全球可持续发展的愿望与利益集团之间的压力之间存在着一定的紧张关系，利益集团更愿意将短期经济利益置于长远的可持续发展愿景之上（Ingolfsdottir 2017）。人们不难理解，北欧地区本身经常被解释和定义为一个具有特色的国际区域。首先北欧地区发挥了促进域内国家和自治地方以及各个社会公民间合作平台的作用。其次，北欧国家以联合的方式（北欧机构）在国际或全球政治、政府间组织和论坛上作为活跃的政治参与者。他们在国际贸易和全球经济中也很积极。这些构成了国际合作和政治互信的根本基础，是参与多边合作的前提。一方面，五个北欧国家（包括三个自治区）在国际政治和国际组织内（例如联合国），可以被视作为一个政治实体（见第二章第六节）。即使他们本身没有共同的外交政策，至少他们在国际和世界政治中是有着相同价值观和相同利益的志趣相投的角色。另一方面，强大而活跃的公民社会在时刻提醒着，民主只有始终受到非国家行为体的影响并加以实施时才是存在的。同时，当政策制定的授权来自人民时，授权才是合法的。

尽管北欧各国在地缘战略关切、历史经验和战略依存关系方面存在一定的差异，但北欧内部关系的特点则表现在核心利益、相互呼应、共同机构、总体的群体认同和信任方面的兼容性。此外，北欧整体还在各种国际组织中开展了行动和合作，旨在实现国际稳定、解决冲突和建设和平。北欧国家也在寻求在国际危机处理中扮演重要角色，发挥作用的领域从和平调解到联合国维持和平以及欧盟危机管理行动。

以上我们介绍了北欧地区“合”的一面，我们也应当介绍它的多元差异的存在以及北欧国家对差异的处理。尽管北欧合作与融合非常成功，北欧在国际组织中也有着相同价值观和政策，但“统一性中也包含差异”（Heininen，2015）。北欧国家既不属于同一个经济和政治联盟，也不属于同一个军事集团。1397 年至 1523 年期间是五个北欧国家唯一一次归属于一个统一的管辖——卡尔马联盟之下。从经济角度来看，在 20 世纪 70 年代北欧国家被纳入欧洲自由贸易联盟。1994 年以后它们属于欧洲经济区（EEA）的成员。

21 世纪初期，北欧地区一直处于经济、地缘政治和政治上的碎片化状态：其中三个国家——丹麦、芬兰和瑞典——是欧盟成员国。另外两个——冰岛和挪威——是欧洲自由贸易区（EFTA）成员国。尽管格陵兰和法罗群岛属于丹麦王国，但它们却也不属于欧盟。五国中只有芬兰属于欧元区。

相应地，三个北欧国家——丹麦、冰岛、挪威——属于北大西洋公约组织（北约），但芬兰和瑞典不属于北约。因此，北欧地区至少在安全或军事安全意义上还不是一个一体化地区（参见 Bailes and Cottey 2006）。若从北极事务上看，有两个北欧国家——丹麦和挪威——是五个北冰洋沿岸国之一（另外三个北冰洋沿岸国是俄罗斯、加拿大和美国），另外三个北欧国家——芬兰、冰岛和瑞典——则不属于北冰洋沿岸国。

这种“统一中的差异”现象也体现在立法的实际障碍中，也体现在由于缺乏深层政治和经济的利益而无法走向一体化，或建立联盟上。尽管如此，如前所述，北欧基于其共同的社会和民主的价值，通过在若干社会领域以及环境和人类安全问题上的合作努力，已经完成了大多数功能性合作。

北欧的和平缔造

北欧和平是北欧模式的一个重要的存在方式。这意味着在过去的 200 年里，北欧国家之间既没有战争也没有武装冲突。到目前为止，最后一次战争是 1815 年丹麦和挪威之间的战争。从那以后，虽然芬兰参加了 20 世纪的几次战争，丹麦、冰岛和挪威也参加了第二次世界大战，但没有一次是北欧内部的战争。在本书涉及的北极问题上，北极国家之间还存在少数争议和分歧，例如加拿大与美国在西北航道的法律地位问题上，加拿大与丹麦在汉斯岛主权归属问题上。至于挪威与俄罗斯在巴伦支海划界的争端，在2010年双方通过一项具有法律约束力的协议得到最终解决。然而，这些争议也都不是在两个或两个以上的北欧国家之间发生的。当然，北欧国家之间也会因利益的分歧产生一些矛盾，比如冰岛和挪威之间曾因为渔业问题进行了长期谈判，但北欧国家之间的国家主权或边界并没有争议或分歧的。在两个以上北欧国家之间的区域治理和利益分配问题上往往都有共同委员会来加以管理，例如，芬兰和挪威之间的边界河流特诺河就设有特别委员会，芬兰—挪威—瑞典边界点的基尔皮斯耶尔维地区也得到有效的综合治理。

卡考维奇（Kacowicz）将和平分为三种类别：1. 负面和平（该地区大多数国家只是满足于基本关系的现状）。2. 实现稳定的和平（既无国内冲突也无国际冲突）。3. 深度相互依赖的和平（共享政治制度和国际机制）。据此，北欧地区在1945年后一直处于稳定的和平时期，冷战结束后是一个“低度紧张地区”。到21世纪后已经成为一个地区性安全复合体，尽管还称不上是一个多元化的安全社区（参见2003北欧和平年鉴）。

北欧国家之间稳定的关系是基于他们不会相互争斗，并确定能以和平的方式解决所有争端的基本预期。这种对和平发展的期望是通过深度的交流和沟通达成的。北欧和平常常被视为一个运作良好的“安全共同体”的例子。关于北欧和平以下五个因素特别值得提及：第一，从地缘战略角度看，北欧处于欧洲一个安静角落；第二，民族差异和文化差异并不显著，尽管那里住有许多民族和少数民族；第三，北欧决策者的偏好结构使他们的选择最倾向和平的结果；第四，政治文化提供了支撑；第五，“相互依赖”和共同体制的意识在发挥作用（参见2003北欧和平年鉴）。

总而言之，“北欧和平”是“多元统一”和北欧“例外主义”的一个例子。它包括人与国家之间的团结意识，以及共同的文化遗产、历史和现代价值观，包括平等意识、合法性信念、可信的公民社会与福利国家关系。21 世纪初的北欧地区在地缘政治方面具有极高的稳定性，这为区域治理和人民幸福奠定了一个良好的基础。

北欧合作的启示

在 19 世纪末和 20 世纪初，北欧国家在全球大动荡的背景下，在政治和文化上处于欧洲的边缘。从欧洲中心国家的角度来看，这个地区非常贫穷且毫无趣味。但是到了 20 世纪末和 21 世纪初，北欧国家虽然仍处于地理边缘，但已不再处于政治边缘或文化边缘。北欧国家属于全球最富有的福利国家群体，北欧地区的社会发展也具有国际吸引力。更重要的是，北欧合作成为全球范围内关注的新兴对象。

基于现代区域建设和深入的一体化进程，北欧式的合作成为政府间合作和互信的天然基础，以及社会、工业和贸易实现国际化的基础。北欧合作与一体化的宝贵经验包括北欧福利国家模式、积极有为的公民社会、以及维护稳定和北欧和平。数十年前北欧国家之间率先通过护照免检和联合劳动力市场来实现北欧的政治和经济一体化，为后来在欧洲一体化迈出第一步开了先河。

“多元一体，求同存异”可以概括为北欧国家包括自治区之间一种特质。然而，在 21 世纪，北欧福利国家发展模式一方面受到新自由主义方式引导的全球化资本主义的挑战，另一方面受到通过直接反对接收难民、间接反对全球化的民粹主义的极右翼运动和政党的挑战。在全球市场和贪婪的全球化资本主义世界中，坚信凭借环境治理、社会福利和人权政策的遗产以及其地缘政治地位，北欧国家及其人民在全球事务中，以及全球化的北极事务中具有发挥积极主动作用的独特潜力。

第三节　北极治理：北欧国家与中国的合作

上海国际问题研究院　杨　剑
芬兰拉普兰大学　拉塞·海宁恩（Lassi Heininen）

北极治理的北欧角色

随着气候变暖和北极冰层的加速融化以及冰面的急剧缩小，因其蕴藏丰富的能源矿产资源和潜在的新航路开发的巨大前景，北极正日益从地缘政治、经济的边缘转向地缘政治、经济的热点，北极治理也成为全球治理关注的焦点。近年来，作为北极国家和北极理事会以及巴伦支欧洲—北极地区等区域和次区域治理机制成员国，挪威、丹麦、瑞典、芬兰和冰岛等北欧五国在北极治理上的重要作用日益凸显，成为北极治理中重要的驱动力量。

从北极地区自有人类居住迄今的历史来看，北极经历了一个不断从地缘政治、经济边缘向地缘政治、经济中心转变的曲折历程，其对全球政治、经济、环境的重要性正在日益显现。随着全球化和多极化的深入发展，全球政治形势和政治生态正在持续发生深刻转变，为中小国家在全球治理和地区治理中发挥重要作用提供了有利契机和重要舞台。作为北极国家，北欧五国利用其特殊的区位优势，在北极区域治理和次区域治理中扮演着更加突出的角色。北欧合作的影响在冷战后期北极地区地缘政治中显而易见（见第五章）。北欧国家在国际北极合作中发挥了重要作用，并从一开始就为合作提供了真正的附加价值。例如，北极八国以芬兰倡议为基础，于1991年签署了《北极环境保护战略》（AEPS）。这份文件作为一个政府间合作的基础最终导致了1996年北极理事会的成立。具有深度合作和一体化基础的北欧，可以被解读为是北极地区现代区域建设和在社会方面开展建设性合作的核心（Heininen，2015）。

北欧五国不仅构成了北极国家的多数，8 个北极国家中北欧就占到了 5 个；而且还是涉北极重要治理机制的倡导者和参与者，如北极现有治理机制都是在北欧国家倡导下建立起来的；更是北极治理取得重大效果的主要推动者和行动者，如巴伦支欧洲—北极地区合作机制所取得的特别明显的成效；加上北欧五国传统的密切合作和机制化建设，如北欧理事会（The Nordic Council）的不断发展。因此，北欧五国虽均为中小国家，但在北极区域和次区域治理中却展现出了远超其实力之上的作用和能力。

北欧五国均为北极国家，但又都是幅员较小的国家，共同的政治、经济体制和共同的理念和文化，使其北极战略具有共同性、整体性和包容性。北欧五国相对而言都有较强的国际视野和开放态度，主张积极参与国际合作，致力于在全球、地区和双边层次上开展多层次的合作，欢迎各种国际性、区域性（次区域性）组织及其他国际行为体在北极治理上发挥更大的作用，显示出更多的包容性。由于各国地理位置和内外政策的差异，五国对北极的关注并非完全一致，出台的北极战略文件也先后不一，侧重点亦有所不同，存在着一定的差异性。

北欧五国都想借北极地缘政治、经济上升之际，极力推动北欧五国在北极事务上发挥真正重要的甚至是领导作用，特别重视涵盖北欧五国的北极理事会在北极治理机制中的核心作用，强化其功能和权威性。如北极理事会 2011 年通过的具有法律约束力的《北极搜救协定》和 2003 年通过的《北极海洋油污预防与反应合作协定》，都是在北欧五国积极倡导和推动下达成的。北欧五国通过次区域组织，如北欧部长理事会和巴伦支欧洲—北极地区合作机制等，强化五国相互间的协调，力求在北极治理决策程序中展示其整体性，增强其发言权和影响力。北欧国家突出北极发展问题，包括能源、资源的开发、利用和可持续性，北极地区基础设施的建设和发展，北极航道、航空网络的开辟和拓展，气候变化和环境保护的适应和保护等，使其成为各国经济发展新支撑。另外北欧国家北极战略都具有较强的人文关怀和社会因素，强调了保护原住民独特文化和参与北极治理决策权利的重要性。

而在双边合作中，北欧国家也以域内国家特别是邻国合作为重。

如丹麦就特别重视同美国的合作，而芬兰更重视同挪威和俄罗斯的合作，挪威则强调了同俄罗斯合作的重要性。如芬兰和瑞典均为欧盟成员国，对欧盟形成北极战略并实质性参与北极治理有更多的期望，而丹麦（虽也为欧盟成员国）、挪威、冰岛却对欧盟参与北极治理并不热心。再如丹麦、挪威、冰岛等均为北约创始成员国，对北约介入北极事务持一定欢迎态度，而坚持中立的瑞典和芬兰等国则更加强调综合安全。

北极整体上仍然处于和平的状态，为北极的环境治理、科学考察以及经济活动提供了基础。然而在2010年以后，从全球范围内我们还是感知到许多动荡和不确定因素，例如世界其它地区的战争和冲突、宗教极端主义、国际恐怖主义的抬头以及打击恐怖主义带来的新的后果，以及俄罗斯与西方关系紧张，矛盾日益加剧。在现代发达社会中不平等现象也有日益加剧趋势。这些动荡和不确定因素很可能会让我们失去北极的高度稳定和深化合作的基础。对于位于该地区的北欧国家来说，这是一个大问题，且应该是一个真正的问题。如果失去了北极稳定的成功故事，那么北欧人也有将失去部分北欧既有合作与融合以及一些北欧模式的风险。

中国北欧北极合作

中国是近北极国家，在环境、气候变化、经济开发、资源利用、科学研究等领域与北极地区有着密切的联系。开展北极研究的国际合作是认知北极的重要途径。北欧是北极的知识中心和科技中心，它既包括五个独立的国家，又是一个有机的共同体，在北极安全、环境保护、原住民权益等问题上有共同的利益诉求，与中国在北极科学研究和可持续发展等领域有着深远的合作前景。2013年5月15日，在瑞典北极城市基律纳召开的北极理事会第八次部长会议上，中国被批准成为北极理事会正式观察员国。北欧五国对中国观察员国资格持支持和欢迎态度，对中国参与北极事务的推动和促进作用不容忽视。

2018年1月，中国政府发表了其北极政策白皮书，在白皮书中强调了与北极国家的合作，其中重点提到了对北欧国家的合作内容。合作是中国参与北极事务的有效途径。合作就是要在北极建立多层次、全方位、宽领域的合作关系。通过全球、区域、多边和双边等多层次的合作形式，推动北极域内外国家、政府间国际组织、非国家实体等众多利益攸关方共同参与，在气候变化、科研、环保、航道、资源、人文等领域进行全方位的合作，积极推进北极科研国际合作，推动建立开放包容的国际北极环境监测网络，支持通过国际北极科学委员会等平台开展务实合作，鼓励中国科学家开展北极国际学术交流与合作，推动中国高校和科研机构加盟“北极大学”协作网络（北极大学理事会秘书处设立于芬兰拉普兰大学）。2012 年，中国与冰岛签署《中华人民共和国政府与冰岛共和国政府关于北极合作的框架协议》，中国支持各利益攸关方共同参与北极治理和国际合作。支持“北极—对话区域”、北极圈论坛、“北极前沿”、中国—北欧北极研究中心等平台在促进各利益攸关方交流合作方面发挥作用。北极富含地热、风能等清洁能源。中国致力于加强与北极国家的清洁能源合作，推动与北极国家在清洁能源开发的技术、人才和经验方面开展交流，探索清洁能源的供应和替代利用，实现低碳发展。

2012 年 4 月，时任国务院总理温家宝访冰之际，国家海洋局与冰岛外交部共同签署了《海洋与极地科技合作谅解备忘录》。该《备忘录》的签订推动了 2012 年 8 月“雪龙”号极地科学考察船访问冰岛以及 2013 年中冰达成共建极光观测台等具体合作项目。同时，中国与其他北欧国家在自然科学与社会科学领域的合作研究与交流也深入发展。2004 年中国在挪威主权管辖范围下的斯瓦尔巴群岛建立了首个陆基科学考察站——黄河站；中国与芬兰阿克北极技术公司（Aker Arctic）也合作开展新建极地考察破冰船的概念设计与建造。中国极地研究中心则与挪威极地研究所、芬兰气象研究所、冰岛研究中心等北欧国家极地研究机构建立了长期的双边合作关系，为推动多边合作机制的建立奠定了坚实的基础。

在 2013 年 6 月召开的第一届“中国—北欧北极合作研讨会”上，中国极地研究中心主任杨惠根提议将中冰北极研究合作扩展到北欧五国，并倡议建立中国—北欧北极研究中心。这一建议得到相关研究机构的热烈响应和积极支持。2013 年 12 月，中国—北欧北极研究中心正式宣告落成。该中心旨在打造一个多元、多边、注重实效性和开放性的北极社会科学研究的合作平台与学者网络，增进对北极及其全球影响的认识和理解，开拓北极研究前沿，围绕国际北极热点和重大问题开展合作研究和国际交流，促进在全球意义下北欧北极的可持续发展以及中国与北极的协调发展，为中国积极参与北极事务和国际合作服务。

中国与北欧在北极事务上的合作是本书的一个重点。但本书的作者们有这样一种理念，那就是把中国北欧之间关于北极事务的合作放在全球治理的大时代背景下加以考虑，放在中国和北欧双边整体合作的框架下来认识。北欧国家在过去一百多年的发展过程中，逐渐形成了自己独特的发展模式和合作模式。中国在过去改革开放 40 年的时间里，在充分吸收中国传统文化和全球先进文化的基础上，也形成了自己的发展和合作模式。本书的作者们希望能通过本书向中外读者介绍两种发展模式的特点，讲好中国故事，讲好北欧故事，展现来自不同国家、不同文化、不同政治和经济体制的专家如何一起成功地工作。在涉及到气候变化问题，涉及到北极的发展和保护的问题上，中国和北欧如何在全球化的世界和全球治理中进行富有成效的合作。中国与北欧的合作模式是一种创新战略伙伴式的合作模式，基于全球治理的长远目标，基于治理系统的优化，基于创新要素的集成，其目标是实现合作双方的互赢以及人类与自然环境共生共荣。我们试图将中国与北欧在北极事务上的合作视作一种全球治理问题的国际社会建设。这种合作模式的探讨在学术上应当是有趣的，在政治上也是有吸引力的，更重要的是能够产生双赢和多赢的局面。

参考文献

［瑞］英瓦尔·卡尔松、［圭］什里达特·兰法尔主编：《天涯成比邻——全球治理委员会的报告》，中国对外翻译出版公司，1995 年版。

张幼文等著：《探索开放战略的升级》，上海社会科学院出版社，2008 年版。

张沛："北欧国家与北极治理"，参见杨剑等著：《北极治理新论》，时事出版社，2014 年版，第 205—220 页。

习近平："共同构建人类命运共同体"，2017 年 1 月 18 日中国国家主席习近平在联合国日内瓦总部的演讲。

中华人民共和国外交部网站。https：//www. fmprc. gov. cn/web/wjbxw_673019/t1465214. shtml.

Bailes, Alyson and Cottey, A. (2006). "Regional Security Cooperation in the Twenty-First Century." SIPRI Yearbook 2006: Armaments, Disarmament and International Security. Oxford University Press.

Heininen, Lassi (2017). "The Arctic, Baltic and North Atlantic Cooperative Regions in the 'Wider Northern Europe': Similarities and Differences." Journal of Baltic Studies 48: 4 (2017) Special issue. (Published online: 25 Apr 2017). Ed. by Stefan Gänzle, University of Agder, Kristiansand.

Heininen, Lassi (2015). "The Nordic countries and the Arctic - 'Why do the Nordic countries not take joint action?'". Keynote-presentation at 'Security and Governance in the Globalized Arctic: Nordic and International Perspectives' Matchpoints Seminar at Aarhus University, 12 - 13 November 2015.

Heininen, Lassi, Ahola, Joonas and Frog (2014). "'Geopolitics' of the Viking Age? - Actors, Factors and Space." Fibula, Fabula, Fact: The Viking Age in Finland. Eds. by Joonas Ahola & Frog with Clive Tolley. Studia Fennica Historica. Finnish Literature Society: Vantaa, 2014. pp. 296 - 320.

Heininen, Lassi and Ahola, Joonas (2004), "Norden." Baltic Region-Conflicts and Co-operation. Road from the Past to the Future. Estonia: Euro-University, 2004. pp. 312 - 313. The English Edition.

Ingólfsdóttir, Auður H (2016). Climate Change and Security in the Arctic: Feminist analysis of values and norms shaping climate policy in Iceland. PhD Dissertation at University of Lapland. Defended in December 2016.

Kangas, Olli and Palme, Joakim (2005). Social Policy and Economic Development in the Nordic Countries: An Introduction. Social Policy and Economic Development in the Nordic Countries. Great Britain: Palgrave Macmillan 2005. pp. 1 - 16.

Korhonen, Kaisa; Tiilikainen, Teija; Ulkopoliittinen instituutti (2011) Norden - making a difference?: possibilities for enhanced Nordic cooperation in international affairs:

the Norden 2020 project report. Helsinki: Finnish Institute of International Affairs 2011.

Kurunmäki, Jussi ; Strang, Johan (2010) Rhetorics of Nordic democracy. Helsinki: Finnish Literature Society. VARASTOKIRJASTO The New North of Europe. Perspectives on the Northern Dimension (1998) . Eds. by Heininen and Käkönen (edited) . Tampere Peace Research Institute, Research Report, No. 80, 1998. Tampere.

Nielsson, Egill (2013) . "The West Nordic Council and its Arctic Engagement." The Arctic Yearbook 2013, 366 – 372.

The Nordic model – challenged but capable of reform (2014) . Eds. by Tarmo Valkonen and Vesa Vihriälä. Copenhagen: Nordic Council of Ministers, TemaNord 2014: 531.

Partanen, Anu (2016) . The Nordic Theory of Everything: In search of a better life.

Rottem, Svein Vigeland (2016) . The Arctic Council: Vision, structure and participation. FNI Report 4/2016.

Sinnemäki, Kaius, Portman, Anneli ja Tiili, Jouko (2016) . Reformaation jäljestä tämän päivän yhteiskunnassa. Tieteessä tapahtuu 4/2016, 30 – 35.

Wallenberg, Jacob (2017) . An interview on Nordic economic cooperation for Helsingin Sanomat (HS) . HS October 30, 2017, A24.

Wendt, Frantz (1981) Cooperation in the Nordic countries: achievements and obstacles. Stockholm/Sweden: The Nordic Council 1981.

（本章翻译：陈雪；校对：杨剑）

第二章

北欧国家和北欧地区

本章首先简要介绍北欧国家及其自治区和民主发展的历史；其次，介绍北欧地区的民族认同、自治和国家建设以及萨米人等原住民发展情况；第三，评估北欧地区资源、能源和工业状况；最后，介绍北欧国家的外交政策和贸易政策。

第一节　北欧国家及其自治区历史概览

芬兰拉普兰大学　萨拉·卡里奥亚维（Salla Kalliojärv）

公元800—1100年，维京时期，北欧人（Norsemen，古挪威人）远航至北大西洋诸多岛屿探险、定居，并不断侵扰、劫掠欧洲沿海地区，在欧洲沿海和河流两岸定居。他们不仅在法罗群岛、冰岛和格陵兰岛以及瑞典的瓦兰吉等地建立了定居点，还在波罗的海和拉多加湖地区（Lake Ladoga）从事贸易（甚至南至黑海和地中海沿岸地区开拓海外贸易）。

1261—1262年，挪威王国兼并格陵兰和冰岛。

大约1300年起，芬兰纳入瑞典王国（直至1809年）。

1323年，瑞典和诺夫哥罗德（俄罗斯）签署了《巴赫基南岛和平条约》（The Pähkinänsaari Peace Treaty）。

1380—1814年，挪威附属于丹麦帝国（包括法罗群岛、格陵兰岛和冰岛）。

1397—1523 年，瑞典、丹麦和挪威等所有北欧国家组成卡马尔联盟。

1523—1814 年，北欧地区主要由两部分组成：哥本哈根治下的丹麦、挪威、法罗群岛和格陵兰岛、冰岛等西部地区；斯德哥尔摩治下的瑞典、芬兰等东部地区。

1751 年，挪威和瑞典划分边界，萨米人正式成为北欧国家的公民。

1807—1808 年，瑞典在拿破仑战争中失败，将芬兰及奥兰群岛（Åland Islands）割让给俄罗斯。

1814 年，丹麦在拿破仑战争中战败，将挪威割让给瑞典。瑞典和挪威建立联盟。

1852 年，挪威和芬兰边界关闭。

1889 年，挪威和瑞典边界关闭。

1905 年，瑞—挪联盟终结，挪威获得独立。

1905 年，芬兰举行全民选举（恢复自治，公民取得平等、普遍选举权）。

1917 年，芬兰获得独立。

1918 年，冰岛建立共和国，但仍附属丹麦，外交政策仍受制于丹麦（直至 1944 年）。

1920—1922 年，根据国际联盟关于奥兰群岛的条约，奥兰群岛获得自治（群岛属于非军事区）。

1944 年，冰岛独立。

1948 年，法罗群岛获得丹麦授权建立地方自治政府。

1949 年，丹麦、冰岛和挪威加入北大西洋公约组织（NATO，北约）。

1959 年，丹麦、挪威和瑞典加入欧洲自由贸易联盟（EFTA，芬兰于 1961 年加入）。

1962 年，丹麦、挪威、瑞典、芬兰和冰岛五国签署了“北欧条约”，亦即《赫尔辛基协定》，首次以国际公约的形式确立了北欧国家之间的合作模式。

1973 年，丹麦加入欧洲经济共同体（European Economic Community，

EEC）。

1979 年，格陵兰获得丹麦授权建立地方自治政府。

1990 年，挪威批准国际劳工组织（International Labour Organization，ILO）169 号公约。

1995 年，芬兰、瑞典加入欧盟。

2001 年，芬兰加入欧洲货币联盟（EURO）。

2005 年，挪威签署芬马克法案（the Finmark Act）。

2009 年，格陵兰在丹麦王国中获得自治地位。

表 2－1　北欧国家及其自治区概览

	面积（km^2）	人口	人类发展指数（HDI）	中值年龄	语言	宗教
瑞典	447435	9851017	0901，排名第 14	41.2	瑞典语	路德教，伊斯兰教，（五旬节教派）
挪威	323781	5213985	0944，排名第 1	39.2	挪威语，萨米语	路德教，伊斯兰教，天主教
丹麦	43561	5707251	0923，排名第 4	41.5	丹麦语	路德教，伊斯兰教，非特定教派
芬兰	338430	5487308	0883，排名第 24	42.6	芬兰语，瑞典语	路德教，非特定教派东正教
冰岛	103492	332529	0899，排名第 16	35.9	冰岛语	路德教，非特定教派无教派
格陵兰岛	2166086	56483	—	33.8	丹麦语	路德教，因纽特人至上信念

续表

	面积（km^2）	人口	人类发展指数（HDI）	中值年龄	语言	宗教
法罗群岛	1399	49188	—	37.7	法罗语，丹麦语	路德教，无特定教派无教派

Source：www. ssb. no. http：//denmark. dk. www. tilastokeskus. fi. CIA World Factbook

第二节　北欧北极地区的民族认同、自治和国家建设

挪威特鲁姆瑟大学　拉斯穆斯·G·伯特尔森
（Rasmus GjedssØ Bertelsen）

这一节主要介绍西北欧地区民族认同、自治和国家建设的历史、现状及未来发展。从本质上来说西北欧也许是北极最具活力的地区。中国和其他域外国家有必要了解该地区政治、经济和科学相融合的发展历程。本节也将简要对比北欧北极其他地区，如巴伦支地区。尽管其发展进程不及西北欧地区影响深远，但巴伦支地区在民族认同和自治的发展也有其特殊历程。

北欧北极由不同的区域构成：一是西北欧地区，主要包括法罗群岛、格陵兰岛和冰岛等地；二是巴伦支地区，主要包括北部的挪威、瑞典和芬兰（以及俄罗斯西北部，但它不在本章论述范围）等地。两个地区共同之处在于均是北欧自由民主、福利社会型小国地区，不同之处除了在地理、人口、社会经济发展上各有差异，每个国家关于其自治政府和国家建设的宪政发展也各具特色，这也是本节着重讨论的内容。从地理、人口和社会经济方面来说，两个地区也有所不同。

巴伦支地区，即北部的挪威、瑞典和芬兰位于以陆地为主的区域，总人口超过160万，地区生产总值超过660亿美元。该区域是整个北极地区基础设施最为完善的地区。西北欧地区则是一个以海洋为中心

的分散区域，距离遥远，人口稀少，只有44万人左右，地区生产总值约210亿美元，该地区3/4的人口和经济总量集中在冰岛。

外界若想对北欧北极的历史、现状和未来发展情况有所认知，最重要的是要了解这两个地区的民族认同、自治和国家建设的动力。本节的目的就是介绍这两个地区的历史、现状和未来可能的发展轨迹，以便让中国和其他域外国家了解该地区发展情况并与这些地区的行为体开展合作。

几个世纪以来，北极一直处于西方主导的国际政治、经济和安全体系中，这是认识这一地区发展情况的前提。国际体系的发展塑造了北极并深刻影响着地方和原住民的生存发展（Heininen，Southcott，2010）。我们需要时刻牢记这段漫长的、过去被忽略和遗忘的北极国际发展史，而不应被当前新的北极全球利益的话语所干扰。当前国际体系发展特征表现为全球化以及中国和亚洲的崛起，这也将塑造北极的未来发展（Li，Bertelsen 2013，Bertelsen，Li & Gregersen 2016，Bertelsen，Gallucci 2016）。当前北欧北极发展也受到欧洲右翼民粹主义兴起的影响。这种民粹主义传统上主要针对外国人和移民，最近丹麦人民党（Dansk Folkeparti）已经借此攻击格陵兰自治政府。挪威、瑞典和芬兰的民粹主义政党也正以此反对萨米人的权利。

西北欧地区：独立、地方自治和国家建设

西北欧地区地处北大西洋地区，有的过去是，有的现在还是丹麦王国的海外属地。其中包括冰岛共和国、法罗群岛和作为海外自治领地的格陵兰等。西北欧地区一直并可能继续作为北极最具政治活力的地区。当前和未来的宪政发展主要涉及类似丹麦王国的法罗群岛和格陵兰等地区的政治地位及其可能的最终独立（Bertelsen，2014）。了解这些宪政发展对于像中国或其他域外国家参与西北欧地区政治、经济活动或科学发展活动十分重要。因此，我将简要概述这一地区历史和宪政及其未来可能的发展轨迹。在此基础上（包括简要介绍巴伦支地区的基础上），我将提示中国和其他域外行为体参与北欧北极地区活动

应吸取的历史经验。冰岛、法罗群岛和格陵兰在处理与丹麦的关系上采取了相似的政策，因此研究这些政策对于中国和域外国家理解现在的西北欧地区很有必要。

（一）当代欧洲理念和地缘政治下的丹麦王国

丹麦王国如今作为北极国家，历史缘由要回溯到维京时期和中世纪。现在拥有斯堪的纳维亚人及其语言和文化的冰岛和法罗群岛，就是公元800年至900年挪威维京（海盗）扩张遗留的产物（其中也包括格陵兰和北美，但未持续；还有英国爱尔兰，但它不在本节讨论范围内）。法罗群岛（公元1000年后）、冰岛（公元1262年）和格陵兰岛（公元1000年后）这些独立的维京联邦最终臣服于新兴的挪威王国强大的威慑力。经历代王朝统治和通婚联姻，丹麦和挪威于1380年结盟。这为今天的丹麦王国成为北极国家奠定了基础。1397年，丹—挪联盟和瑞典共同组成卡尔马联盟，直到1523年，瑞典退出。关于丹麦和北大西洋的历史，请参阅（Jespersen 2011，Karlsson 2000，Fleischer 2003）。

丹麦—挪威王国是欧洲大国政治非常重要的一部分，欧洲大国政治也深刻影响到了北大西洋。认识目前的政治现状，我们需要回溯到法国大革命（1789年）和拿破仑战争（1790—1815年）时期，这一时期的民族自由主义意识和地缘政治遗产（丹麦—挪威联盟解体）是理解目前西北欧地区政治现状及发展所必需的知识背景。

丹麦—挪威王国并未能成功将自己置身于拿破仑战争之外。丹麦—挪威拥有一支当时最大的海军舰队，成为英国皇家海军潜在的竞争对手。而英国海军上将纳尔逊（Nelson）以其战略天才的头脑最终消灭了皇家海军的三个主要对手：1798年在尼罗河战役（阿布基尔湾）击败法国海军；1801年，在哥本哈根海战中击溃丹麦—挪威海军；1805年，在特拉法加战役中，打败法国—西班牙海军舰队。失去共同的海军舰队使得丹麦、挪威与法罗群岛、冰岛和格陵兰岛的联系处于英国海军控制之下。从此以后，北大西洋的丹麦便被外国强权统治，先是受英国统治，二战以后又受到美国霸权的影响。

丹麦在陆地上受到拿破仑军队的威胁（1801 年曾遭到英国袭击），迫使丹麦—挪威加入拿破仑同盟。之后，丹麦在与英国签订的《基尔和平条约》（the Kiel Peace）中，被迫将挪威割让给瑞典，但这个条约附带一个或许令人讶异的声明，即丹麦仍保留对北大西洋挪威的三个属地——法罗群岛、格陵兰岛、冰岛的统治权，尽管这三个地区历史上曾是挪威王国的一部分。英国可能更倾向于选择羸弱的丹麦来作为北大西洋的管理者，而不是由瑞典领导的斯堪的纳维亚及北大西洋区域力量来主导。1814 年的《基尔和平条约》使丹麦保留法罗群岛、格陵兰岛和冰岛的统治权，形成了现在的西北欧地区格局。如果当时挪威继续统治法罗群岛、格陵兰岛和冰岛，那么现在北大西洋、挪威和丹麦都将是截然不同的面貌。今天仍能感受到的另一个深刻影响是在思想领域，即民族自由主义。

自 19 世纪 30 年代以来，丹麦王国一直受到欧洲民族自由主义的影响，这也是法国大革命的思想遗产。民族自由主义是伴随民族自治权和自决权的民族认同思想意识一同成长起来的。丹麦（丹麦—挪威）王国是历史悠久、跨海洋的多民族国家，历史上人口包括丹麦人、挪威人、法罗人、格陵兰人、冰岛人、日耳曼人（石勒苏益格—荷尔斯泰因属地，国王是世袭公爵）以及少部分的狂热的殖民者。

因此，民族自由主义思潮过去和现在都对这样一个国家具有极大的破坏性。这样的国家只能通过绝对君主专制进行统治，每个个体只是绝对君主专制的国民而不是民族国家的公民。对一个民族认同程度低且还在衰弱的跨海洋、多民族国家来说，民族认同与国家主权的意识自然并且持续地对国家产生高度腐蚀削弱作用，就像今天的丹麦王国。

（二）冰岛独立史

让丹麦王国在北大西洋解体，这一思潮起源于 19 世纪 30 年代在哥本哈根的冰岛学生和知识分子。1830 年前后，他们在民族自由主义思潮的启发下开始了推动政治独立的进程，并在 1918 年获得主权独立，1944 年冰岛共和国宣告成立。这种进程同时也深受丹麦和欧洲政治发展的影响。1849 年，丹麦成为君主立宪制国家，这成为民族自由主义浪潮席卷欧洲的一个象征。丹麦民族自由派试图将冰岛纳入丹麦这个新的宪政民族国家，但冰岛在独立政治领导人 Jón Sigurðsson 带领下拒绝加入。丹麦民族自由派领导人同样试图整合石勒苏益格—荷尔斯泰因州丹麦人聚集地区，此举引发了 1848—1850 年战争（丹麦胜利）和 1864 年丹麦同普鲁士和奥地利的战争（丹麦战败）。很显然，民族自由主义的思想已经对丹麦国家造成破坏性的影响（Jespersen 2011，Karlsson 2000）。

1874 年，冰岛作为丹麦王国海外独立体，颁布了第一部宪法。1904 年，冰岛获得自治，确保冰岛控制了行政权、立法和内部司法权，并于 1918 年成为与丹麦形成共主联盟的独立主权国家。丹麦于 1918 年欣然同意冰岛的主权和自决权，目的在于为自 1864 年惨败后生活在德国统治下石勒苏益格—荷尔斯泰因地区的丹麦人争取同样的权利，以迎合伍德罗·威尔逊总统关于民族自决权的思想，

1918 年丹麦—冰岛的共主联盟是一个高度创新的模式，可以迅速建立一个小型的北大西洋主权国家。正因为如此，1918 年的联盟为法罗群岛和格陵兰岛的未来提供了宝贵经验。1918 年协议条款中指出，冰岛（自然地）实行独立外交，但它在全球范围内事务则由丹麦外交机构代表负责。同时，在冰岛海岸警卫队建设过程中，丹麦海军将继续在冰岛周围进行护渔行动。25 年后丹麦和冰岛任何一方都可以单方面解除关系。20 世纪 20 年代后期，冰岛议会（Althingi）宣布冰岛将会在 25 年后的最早时刻解除与丹麦的共主联盟关系（Bertelsen，2014）。

1940 年 4 月 9 日，当丹麦（包括挪威）被纳粹德国入侵并占领时，丹麦自然不再能够在外交上代表冰岛。1940 年 5 月 10 日，因担心德国从挪威占领冰岛，英国抢先占领冰岛，这也反映了冰岛在北大西洋的关键性战略地位。1941 年 7 月，美军取代英国占领了冰岛。二战期间，英美先后的占领，给冰岛社会、经济、文化和技术等发展留下深刻烙印。根据 1918 年协议的安排，1944 年 6 月 17 日，冰岛宣布正式成立共和国。由于丹麦各界对 1918 年协议条款了解甚少，这件事在

纳粹占领下的丹麦引起了极大的恐慌。

冰岛独立进程的重要教训主要反映在冰岛社会以及丹麦和冰岛的双边关系上。对于冰岛社会来说，1918 年独立主权的获得和建立共和国的明确路径，使得冰岛的政治体系能够充分关注其社会经济问题和冰岛在世界上的地位问题。在 1918 年以前，冰岛政治体系注重与丹麦的关系而分散了对社会经济问题的关注。同样，与丹麦的双边关系问题也引起了法罗群岛，特别是格陵兰政治家的更多关注。

冰岛共和国成立后不断发展外交、安全和贸易关系。1946 年加入联合国；1952 年加入北欧合作（北欧理事会）；1949 年成为北约创始成员国；1951 年与美国签订了双边防务协议，根据这一协议，美国在基夫拉维克（Keflavik）设立海军空军军事基地；1970 年加入欧洲自由贸易联盟，现为欧洲经济区成员国。主权的转让和共和制度的建立解决了丹麦和冰岛之间的政治矛盾。如今，双方享有友好的近邻关系和经济、文化、教育等的纽带联系，并成为在联合国亲密的北欧伙伴和北约的盟友，及在欧盟/欧洲经济区等方面的重要合作伙伴。

回顾冰岛的独立史，对比即将追随这一模式的法罗群岛和格陵兰，很明显，北大西洋属地争取从丹麦独立出去需满足三个国内条件：(1）人力资本：足够以自己的模式管理自己的社会；（2）财政自给自足：能够为国家的社会运作提供资金；（3）独立的政治意愿（Bertelsen，2014）。

冰岛于 1918 年成为主权国家，正是因为它满足了这三个条件。首先，冰岛国内形成了完善的初等、中等、职业以及越来越多的高等教育模式，在此基础上拥有了非常庞大的人力资本，并与丹麦、其他北欧国家以及欧洲、北美建立起来强大和卓有成效的人才交流。此外，由于当时冰岛的福利社会模式还未开展，到 1918 年，冰岛拥有了足够的财政基础。冰岛的福利国家模式和其他北欧国家一样是十几年后在本国经济基础上才开始发展起来的。最后，冰岛在议会选举和全民公决中一直团结一致，渴望走向独立。

（三）法罗群岛：北大西洋另一个微型国家

追随 19 世纪 30 年代在哥本哈根的冰岛学生和知识分子的脚步，19 世纪后期，在哥本哈根的法罗学生受到了民族自由主义的启发，民族自由思想的觉醒激发了法罗人的独立政治运动意识，推动法罗群岛于 1948 年获得地方自治，并在 2005 年扩大了自治权。在纳粹德国占领丹麦后，英国随即于 1940 年 4 月 11 日控制了法罗群岛，这一外部因素也在一定程度上促进了法罗群岛于 1948 年争取地方自治权的进程。（有关法罗群岛历史的概述，请参见 Schei，Moberg 2003）。

英国的占领反映了法罗群岛在北大西洋安全上的关键战略地位，这也影响了丹麦和北约在冷战期间对法罗群岛的政策（Thorsteinsson，1999）。二战期间，法罗群岛由丹麦总督实施管理，法罗群岛郡议会（Løgtingið）充当立法机关，拥有实际上的自治权。法罗群岛通过向英国出口鱼类产品赚取外汇，尽管德国的鱼雷和地雷干扰了法罗群岛的海上活动，让法罗群岛的民众付出了巨大的生命代价。因此二战后法罗群岛无法恢复到二战前的自治状态。最终，法罗群岛 1948 年争取到了广泛的地方自治权，在许多方面都类似于 1904 年冰岛获得的自治权。

在完善的中小学、职业教育和不断增长的高等教育组成的教育体系下，法罗人拥有了优秀的人才资源。法罗人也乐于海外留学，尽管法罗群岛在人力资源上也存在一定程度上的人才外流，特别是女性群体，并且相当多的法罗人选择在丹麦学习，难以保证与其他国家建立广泛的国际交流。由于拥有强大的人力资源，在政府、教育、医疗保健、商业等各个领域，法罗群岛社会主要是由法罗人管理的（Bertelsen，Justinussen &Smits 2015，Reistrup，Rógvi 2012）。同格陵兰一样，法罗群岛也获得丹麦政府一笔补助金来支撑堪比其他北欧国家一样的福利国家模式。尽管产业上过于依赖渔业，法罗群岛已经发展成为一个高度发达的经济体，因此，从丹麦获得的补助金仅占法罗群岛国内生产总值的 5% 左右。

可以说，法罗群岛在很大程度上满足了实现完全独立所需的人力资源和财政自足的两个条件。然而，法罗群岛选民在独立还是继续与丹麦联合这个问题上存有分歧。法罗群岛不断发展进步，推动教育国际化、经济多样化和全球化，法罗人认同正在脱离丹麦（正如丹麦认同正在脱离北大西洋一样）。我们有理由相信法罗群岛朝着更加独立的方向发展，最终将获得完全独立和主权。

法罗群岛的政治制度可从冰岛的先例看到许多迹象。在 1998 年，有独立意识的法罗政府提议与丹麦组建“1918 联盟”式的关系，但被丹麦政府拒绝。因为 1998 年提案中，法罗群岛和丹麦并未向“丹麦—冰岛 1918”协议那样迅速摆脱财政上的联系。当法罗群岛决定独立时，它很可能像 1918 年协议安排的那样向共和国过渡，特别是丹麦皇室在法罗群岛和格陵兰仍然非常受欢迎。这样，北大西洋就会有一个在社会、文化、经济、语言等方面与冰岛有许多相似之处的、独立的微型国家。很难预测这种发展的时间表。在稳定的环境下，法罗人和丹麦人的身份可能会潜移默化地转变，直到在法罗群岛社会形成一个完全独立的巨大共识。如果遭到其他地缘政治的冲击，如一次世界大战，也可能会触发各种突变。

法罗群岛的独立不会改变其地缘政治和地缘战略角色。虽然很难预测未来的地缘政治环境，但假设体系制度不变，我们有理由相信法罗群岛将继续留在北约，最有可能成为如同冰岛 1949 年以后那样的非军事成员国，并有可能与英国，或者是一个独立的苏格兰，或者是挪威签订双边防务协议。法罗群岛未与丹麦一起于 1973 年加入欧洲共同体，也可能将作为欧洲经济区成员继续与欧盟发展双边关系。

（四）格陵兰：第一个原住民小型国家

格陵兰过去一直是丹麦的殖民地。在 1953 年，在宪法改革中以享有同等宪法权利和地位的海外属地并入丹麦。这个举动很大程度上是受到全球去殖民化浪潮以及联合国对殖民主义谴责的影响，尽管这不是丹麦政府愿意接受的（关于格陵兰历史的概述，参见 Fleischer，2003）。

在 20 世纪 60 至 70 年代的哥本哈根，格陵兰的青年学生受冰岛和法罗群岛的学生群体影响，逐渐增强了国家和政治意识。这一点在一部记录片中得到了很好的证明。在该片中，由格陵兰青年学生在70年代早期组建的第一支摇滚乐队SUME，用格陵兰语进行了演唱。格陵兰政治意识觉醒的另一个触发来自于世界各地的原住民政治意识的觉醒，特别是北美地区原住民争取到了土地赔偿协议。这一新政治激进主义使格陵兰于1979年获得地方自治权，并在2009年扩大了自治权，格陵兰获得了国家自决权。

我们采用上述的三个内部条件对格陵兰独立运动进行评估是有意义的。关于争取独立的政治意愿，格陵兰民众显然存在着广泛而普遍的、并且强烈的独立愿望。格陵兰所有的主要政党都将最终获得独立作为党纲的一部分。民意调查表明，当社会经济发展到一定程度，格陵兰人便希望争取独立，但格陵兰和丹麦对此却有两种相互对立的解读，这将在一段时间之后在丹麦引起巨大震动。格陵兰人意图非常明确，当社会经济发展有了独立的可能并且不会造成太大的福利损失，他们便会寻求独立。而许多丹麦人希望格陵兰永远都不可能自我管理或建立一个可持续发展的经济，所以他们将格陵兰人的这种观点理解为这种独立永远不会实现。丹麦人的这种理解自然意味着，一旦他们认为的格陵兰政府不能自治且不会实现经济可持续发展的设定不复存在，丹麦就将面临重大震动，这将给丹麦王国、北大西洋和北极带来灾难性的后果。既然独立所需的政治意愿条件已经满足，再来看看人力资本和财政自足这两个条件。

在人力资本方面，格陵兰处境比冰岛或法罗人困难得多。格陵兰在政府、商业、教育、医疗等领域非常依赖外部（主要是丹麦和其他北欧国家）的人力资源。2014年5月，丹麦技术大学的Kåre Hendriksen博士在西西缪特（Sisimiut）的艺术技术学院（ARTEK）教授一门北极博士课程时说道，大约有700名丹麦大学毕业生和约300名格陵兰大学毕业生在格陵兰工作。任何与格陵兰政府、商界、教育界有过接触的人，对格陵兰的这些外在影响都了然于心。对外部人力资源的依赖导致格陵兰的语言、文化和机构发展受到很大影响。

在政府服务、商业、医疗或教育等方面的语言通常是丹麦语而不是格陵兰语，这对格陵兰公民、消费者、病人以及学生来说显然有很大的不便。外界可以想象一下，如果在格陵兰，社会服务、接待或教育都是以非自己母语比如用丹麦语来进行，是一种什么样的场景。格陵兰对外部人力资源的依赖对组织系统也有着破坏性的影响。最近很多没有经验，特别是没有格陵兰经验的丹麦大学毕业生去格陵兰岛寻找第一份工作，一到两年后积累了工作经验再回到丹麦工作。这种缺乏经验和快速更替的工作模式很大程度上破坏了格陵兰当局、企业、医疗机构或教育机构的组织建设。

关于格陵兰在人力资本方面能否实现自给自足的能力，丹麦的一个非常普遍的看法是，格陵兰人口的绝对规模太小（约56000人），不可能满足像医生和工程师等职业方面的需求。认为一个小规模社会无法实现人才自给自足本身就是一个有趣的谬论。为什么一定的人口量需要有超过自给能力的人力资源来满足社会需求（假设有足够的教育）？然而，对比法罗群岛的情况，很快就推翻了基于绝对人口规模的说辞，并清楚地显示出这实际上是教育水平和质量的问题。如前所述，法罗群岛基于以法罗语为主的完善的、初级、中级、职业和高等教育体系和成功的人才交流培养了大量的人力资源，得以在政府、企业、医疗保健、教育等领域发挥作用。但出于社会、文化和地理方面的困难，格陵兰在人才质量和人才保留等许多方面存在严重的问题。与法罗群岛相比，如果格陵兰解决了教育问题并建立起与法罗群岛相当的人力资源，格陵兰就能满足独立的条件。

第三个条件是能够实现财政独立或者有能力独立发展公共服务。这对格陵兰来说似乎是一个相当棘手的问题。在地广人稀的格陵兰，为了保持与丹麦和其他北欧国家同样的福利国家模式和标准，其在财政上非常依赖丹麦每年提供的35亿克朗（约5亿美元）的整体补助资金。此外，丹麦政府还提供7000万美元用于在格陵兰的国防。几十年来，摆脱对丹麦整体补助金的依赖一直是格陵兰政府的当务之急。格陵兰在经济上十分依赖渔业发展，以可持续模式管理的渔业可以年复一年地量产，但同样会有明显的局限，这也是经济增长所不能克服的。另外，格陵兰幅员辽阔，矿产丰富，水力发电潜力以及海洋油气发展潜力很大，但其生产成本过高。

格陵兰对财政独立的设想通常与近海石油、采矿等自然资源的收入以及由水电供能、铝冶炼厂等联系在一起。然而，这些设想并不可行。从世界市场的矿产价格和必要的采矿规模来看，这里的条件很难弥补满足财政独立要求的缺口。除非发现巨大的石油资源，否则很难实现这一目标。这些财政限制以及人口太少而无法提供医生和工程师等职业需求的说辞常常会瓦解格陵兰独立愿望的基础。

2013 年秋，北极能源峰会在阿库雷里开幕，时任冰岛总统奥拉维尔·拉格纳·格里姆松（Ólafur Ragnar Grímsson）就格陵兰经济提出了一个令人深思的论点。格里姆松反对格陵兰追求以近海石油和采矿为基础的想法，认为这根本上是不可持续的。相反，格里姆松指出格陵兰巨大的水电潜力并勾勒未来发展场景——在未来技术进步的条件下，通过海底电缆将环保的水电直接传输，或通过水电转化成氢气传输至西欧或美国东北部，供应绿色电力。格里姆松的这一愿景在当前还不可行。然而，格里姆松提醒我们，技术跳跃可能会彻底改变格陵兰财政独立的可能性。

从格陵兰独立的三个内部条件看，以下情况是很明确的：首先，格陵兰在与丹麦和第三方国家的合作上应注重保证格陵兰教育质量和人才保留及交流，确保格陵兰的人才资源，使其能够以自己培育的格陵兰人用自己的语言服务本地公民、顾客、病人和学生群体。第二，要实现财政独立，加强人力资本可大大促进格陵兰公共和私营经济的发展，并提高工作效率，但这还不够。以确保格陵兰在价值创造上的显著提高，格陵兰和外部合作伙伴应该考虑到高科技以及在寒区/海洋生物技术、可再生能源、空间技术等领域的突破性技术发展，这些技术也依赖于格陵兰人力资源的显著改善和国际化进程。

近几十年来，西方政治体系中右翼民粹主义政党崛起，这些政党一般都是反外国和反移民的，尤其是穆斯林移民。这样的政党在北欧国家也出现了支持率和议会影响力提升的趋势，如丹麦人民党（Dansk Folkeparti）、挪威进步党（Fremskrittsparet）、瑞典民主党（Sverigesdemokraterne）和正统芬兰人党（Perussuomalaiset/Sannfinl Ndarna）。冰岛在2017年秋随着人民党（Flokkur fólksins）参加选举，议会的政治光谱也增加了新的成分。

至于格陵兰，在2015年大选后丹麦人民党成为执政的右翼多数党，就将注意力转向格陵兰。多数派拒绝任命两位都是左翼成员的格陵兰议员中的其中一位担任丹麦议会格陵兰委员会的主席，而是把丹麦自由党议员马库斯·克诺斯（Marcus Knuth）任命为首位非格陵兰人的格陵兰委员会主席，这也是20多年来首次由非格陵兰人担任此职位。在2016年，阿列卡·哈蒙德（Aleqa Hammond）在被社会民主党开除并承诺不反对自由党政府后获得了主席职位。丹麦人民党最近强烈反对格陵兰自治政府，并表达了他们希望暂停自治的意愿。这种观点与逐步实现更全面的自治进程背道而驰，而这也是格陵兰和丹麦几十年来发展和思考的特点。这种观点对丹麦和格陵兰的关系是非常有害的，它将形成一种普遍社会话语和丹麦民族认同，进而发展成为一种封闭的和拒绝其他文化、语言和种族的民族认同。

巴伦支地区：社区自治与土地利用冲突

相比之下，巴伦支地区在萨米人原住民民族认同和自治过程中也有一段特别的历程。萨米人是欧洲唯一的原住民（格陵兰自1985以来不再是欧盟的一部分）。斯堪的纳维亚北部的发展是挪威、瑞典和芬兰（历史上曾是大丹麦—挪威或瑞典—芬兰或芬兰—俄罗斯国家的一部分）国家内部殖民主义和人口向北扩张侵略萨米人的传统地区的历史（关于俄罗斯和苏联部分的内容不在本节讨论范围内）。这种北向扩张对萨米人的殖民对萨米社区同化、寄宿学校和语言、文化丧失等有着严重的影响。

在整个20世纪，斯堪的纳维亚萨米人在维护自身权益方面的政治表现变得越来越积极。第一届挪威萨米人会议于1917年在特隆赫姆（Trondheim）举行。北欧萨米理事会成立于1956年，是今天萨米理事会（北极理事会永久参与者）的前身。20世纪70年代的阿尔塔水电站冲突和传统驯鹿牧场的洪灾使得挪威萨米人权利和利益问题成为挪威政治的前沿问题。1989 年，挪威萨米议会成立，1993 年瑞典萨米议会成立，1996 年芬兰萨米议会成立。

由于地理和人口因素，身份认同、自治问题和国家建设问题在巴伦支地区呈现出与西北欧地区完全不同的发展特征。巴伦支地区的萨米人自治集中在个人和社区的文化和教育问题上，而不是像西北欧地区实现领土全面自治。巴伦支地区的政治冲突往往是围绕着土地使用的冲突，而不是像西北欧地区追求政治独立。这种差异的原因主要在于地理和人口因素相互影响的区别。

不同于跨越海洋的丹麦王国，挪威（除了没有原住民的斯瓦尔巴德和无人居住的南大西洋前哨基地布维群岛以外）与瑞典和芬兰在地理上都是毗连的国家。挪威北部、瑞典和芬兰的萨米人是这些毗连区域的少数民族，不像冰岛人、法罗人和格陵兰人在丹麦海外地区占据绝大多数人口。因此，我们有理由相信萨米人政治认同和自治是以个人和社区为导向的、关注教育和文化问题，而不是像跨越海洋的王国丹麦那样以地理为基础的自治。

萨米少数民族与当地多数人以及挪威、瑞典和芬兰地方政府之间的政治冲突主要在于土地使用矛盾。作为一种重要的文化功能，传统的萨米经济活动是驯鹿牧养，它是一种游牧和粗放型的土地放牧活动。在萨米人、当地居民和国家之间的土地使用上，其他经济和基础设施活动，如采矿、度假屋、风力发电场、筑坝（如上文提到的阿尔塔冲突）和基础设施，例如公路、铁路、电力线等，很有可能在萨米人、地方居民和地方政府之间原住民在驯鹿放牧方面产生零和冲突。

关于挪威、瑞典和芬兰政治中的民粹主义倾向，需要一提的是，挪威进步党在政党官网上主张解散挪威萨米议会和反对萨米人的特殊权利。瑞典民主党人反对萨米人独有的驯鹿放牧权，称这是对其他瑞典人的歧视。瑞典民主党领袖比约恩·索德德尔（Björn Söder）在《每日新闻》（Dagens Nyheter）接受采访时声称，犹太人和萨米人就是非瑞典人的瑞典国民例子。

中国方面参与北欧北极地区合作应吸取的经验

几个世纪以来，北极一直是西方主导的国际政治、经济和安全体系不可分割的一部分，这对北极社区产生了深远影响。这种嵌入性在北欧北极的两个区域—西北欧地区和巴伦支地区都是非常明显的。如今影响北极的国际体系进程是全球化（压缩了社会之间的时间和空间）和权力转移：从西方国家到东方国家，从国家行为体到非国家行为体。因此，我将为在北欧北极地区参与活动的中国和其他域外行为体就身份认同、自治和国家建设等问题总结一些参考经验。我将集中讨论西北欧地区，因为那里的宪政变化将比巴伦支地区具有更深刻的地缘政治影响。

冰岛、法罗群岛和格陵兰岛的比较表明，实现独立需要三个内部条件：人力资本、可持续的财政和政治意愿。冰岛因为满足了这三个条件于 1918 年成为独立主权国家。当未来法罗群岛和格陵兰能达到这一步，独立也指日可待。丹麦王国目前的特征是三种民族认同之间渐行渐远，没有迹象显示这一发展会有所改变。不同的身份认同不断增加丹麦王国内部的政治压力。对所有党派来说，最优方案将是通过各方共同努力，满足法罗人和格陵兰人独立的全部条件。丹麦王国政治发展的历史脉胳对外界来说并不显而易见，并且右翼民族主义和民粹主义（如丹麦人民党）开始在丹麦与格陵兰关系上扮演一个喧嚣而令人不安的角色。中国和其他外部行为体必须意识到这一政治历史发展以及最近的政治事态发展，并仔细斟酌如何应对这些事态发展。

权力转移是国际历史上反复发生并且非常危险的阶段，当前中国崛起的世界环境也不例外（或者更确切地说，中国不是崛起，而是回复到与历史上相当的世界经济地位，但这个过程是在一个更加全球化的环境中发生的）。权力转移过程中通常会滋生对崛起中的大国极度不信任，这也明显表现在对中国本身，也特别体现在对中国在北极的利益的关注。在 2012—2013 年间，格陵兰对中国投资者和劳工合作参与伊苏阿（Isua）大型铁矿石开采抱有非常大的希望和期望。这些期望导致丹麦人对格陵兰和中国都产生了深深的信任危机。因此，中国对丹麦政府政治历史进程的理解和谨慎从事是特别重要的。而丹麦、法罗群岛和格陵兰通晓自己的共同历史、了解北大西洋在环北极和更广泛的国际体系中的地位也是同样重要的。

丹麦必须了解丹麦王国在北大西洋的漫长发展史。200 年来，在不同的民族认同驱动下，北大西洋一直争取更多的独立并且最终朝着完全独立的方向发展。没有理由相信这条发展曲线会发生改变，也没有理由相信丹麦人、法罗人和格陵兰人的身份认同会相互接近形成一种共同的丹麦王国（Rigsf Lælleskab）身份。这一长期的历史发展趋势将会在当前的国际体系背景下继续。现今的问题在于美国在格陵兰首要的国家安全利益，欧洲在格陵兰战略资源如稀土元素和铀上的利益，以及中国的崛起和参与。丹麦在与美国和欧盟在格陵兰几十年的合作中，了解了美国和欧盟在格陵兰的利益。但人们对于北极如何受全球化和权力转移的影响并没有足够的认识，对于与美国和欧盟并列为世界三大经济体的中国。将成为格陵兰一个重要的政治、经济和科学合作者的现实，也没有足够的认识。丹麦各方必须要知道格陵兰不是中国的优先选项，而只是其无数涉外利益中的一个。

中国必须对法罗群岛和格陵兰的身份认同、提升自治权以及可能的最终独立这一长期发展有所理解。这对丹麦各方来说可能也不都是了如指掌。中国可以通过教育和科研合作，在促进和开发国际化的格陵兰人才资源上发挥积极和建设性的作用。格陵兰的学者和专业人士也有必要了解亚洲，并在亚洲建立起合作网络和积累经验。同样，中国也可助推以可持续性、高科技和突破性技术为基础的格陵兰经济，这有助于中国应对自身可持续发展的挑战。以这种方式参与格陵兰商业、技术和发展可能要比数千中国劳工参与的大规模采矿项目产生的不信任感少得多。中国应寻求三边（中国—格陵兰—丹麦）或多边（中国—格陵兰—北欧，中国—格陵兰——欧洲，中国—格陵兰—美国）合作机会，因为这样的参与可以确保透明度并建立信任。中国必须意识到格陵兰在丹麦政治右翼民族民粹主义趋势中的作用。

中国必须敏锐地察觉到美国在格陵兰的国家安全利益和欧洲在格

陵兰的战略资源利益，应该向美国（和丹麦以及格陵兰）发出明确的信号，表明中国理解美国在格陵兰周围的国家安全战略利益，包括用于远程、早期预警、导弹防御和太空战争的图勒（Thule）雷达系统，以及格陵兰在北大西洋所具有的海上和空中控制权的战略地位。中国需要谨慎地向美国（丹麦和格陵兰）传递这样一种信号——中国只是在政治、经济和科学方面与格陵兰进行合作，这一合作反映了中国在全球范围内的普遍参与，并不会威胁到美国在格陵兰的国家安全战略利益。同样的情况也适用于欧盟与格陵兰的战略矿产，只是情况没那么尖锐。多边政治、经济和科学平台可能是确保这些信号和行动的最佳场合。

关于巴伦支地区，中国参与方必须了解萨米人政治和萨米人融入挪威、瑞典和芬兰政治和社会事务的历史和实践。中国已经熟知作为北极理事会永久参与方的萨米理事会，也熟悉如国际驯鹿养殖中心，中国驯鹿牧民还和其建立了合作关系。任何中国投资者，如在北部挪威、瑞典或芬兰投资风力发电场或基础设施，应充分意识到围绕这种投资发生土地使用冲突的潜在可能性。观察挪威进步党、瑞典民主党和正统芬兰人党等右翼民族主义和民粹主义政党在国家内政所发挥的作用，中国还必须意识到这些政党都把反对萨米人政治和利益作为政党规划管理巴伦支地区的一部分。

参考文献

Bertelsen, R. G. 2014, "Devolution and withdrawal: Denmark and the North Atlantic, 1800 - 2100" in Security and Sovereignty in the North Atlantic, ed. L. Heininen, Palgrave Macmillan, pp. 9 - 27.

Bertelsen, R. G. & Gallucci, V. F. 2016, "The Return of China, Post-Cold War Russia and the Arctic: Changes on Land and at Sea", Marine Policy, vol. 72, no. October, pp. 240 - 245.

Bertelsen, R. G., Justinussen, J. C. S. & Smits, C. 2015, "Energy as a developmental strategy for North Atlantic microstates in search of independence: creating knowledge-based energy sectors in Iceland, Faroe Islands and Greenland" in The Handbook of the Politics of the Arctic, eds. G. Hønneland & L. C. Jensen, Edward Elgar Publishing.

Bertelsen, R. G. , Li, X. & Gregersen, M. H. 2016," Chinese Arctic science diplomacy: an instrument for achieving the Chinese Dream?" in Global challenges in the Arctic region: sovereignty, environment and geopolitical balance, eds. S. Iglesias Sanchez & E. Conde Perez, Ashgate, Abingdon, pp. nd – nd.

Corgan, M. T. 2002, Iceland and its alliances: security for a small state, E. Mellen Press, Lewiston, N. Y.

Fleischer, J. 2003, A short history of Greenland, Aschehoug, Copenhagen.

Heininen, L. & Southcott, C. (eds) 2010, Globalization and the circumpolar North, University of Alaska Press, Fairbanks, AK.

Jespersen, K. J. V. 2011, A history of Denmark, 2nd edn, Palgrave Macmillan, Houndmills, Basingstoke, Hampshire ; New York.

Karlsson, G. 2000, The history of Iceland, University of Minnesota Press, Minneapolis, MN.

Li, X. &Bertelsen, R. G. 2013, "The Drivers of Chinese Arctic Interests: Political Stability and Energy and Transportation Security" in Arctic Yearbook 2013, eds. L. Heininen, H. Exner – Pirot & J. Plouffe, Northern Research Forum; University of the Arctic Thematic Network on Geopolitics and Security, http://www.arcticyearbook.com, pp. 1 – 16.

Reistrup, H. & Rógvi, H. á. (eds) 2012, Exit Føroyar, Sprotin, Vestmanna.

Schei, L. K. & Moberg, G. 2003, The Faroe Islands, Birlinn, Edinburgh.

Thorsteinsson, J. 1999, Færoya í kalda krígnu: Hernaðarmál og politikkur. Avegisfrágreiðing um støðu Føroya í kalda krígnum (The Faroe Islands in the Cold War: Military affairs and policy. Report on the status of the Faroe Islands in the Cold War), Løgmansskrivstovan (Prime Minister's Office), Tórshavn.

第三节 北欧公民社会及其转型

格陵兰大学 玛丽亚·阿克仁(Maria Ackrén)

本节将介绍北欧国家的公民社会及其对北欧各地区的影响。根据有关这些问题的文献，北欧国家总是被认定为拥有强大的公民社会和高度发达的社会资本。这是“北欧”被视为“合作的区域”的重要原因（参见第一章）。有研究者在 2016 年做的对比中发现，“公民自愿参与”在社会民主和自由福利国家中最为普遍，最不常见于后社会主义和地中海国家。普遍信任度在社会民主化的北欧是最高的，其次是自由和保守的政体。在社会安全保障薄弱的东欧和南欧地区的信任度也最低（Kääriäinen and Lehtonen，2006）。所有北欧国家（丹麦、芬兰、冰岛、挪威和瑞典）在不同领域如文化、教育、艺术、和平、自然等领域组成了各种组织和协会。那么，在国际环境下，特别是在与北欧国家的关系上，公民社会面临的挑战是什么？

理论背景

在理论和规范传统范围内，公民社会通常是与公民美德和社群主义美德结合在一起的，如利他主义、义工、慈善、宗教、非营利性组织等，其大量活动被视为提供公共产品，以教育、保健和社会福利等方式服务于公众利益（Trägårdh，2010）。在这种情况下国家一般被认为是对公民社会自治以及公民自由的威胁。然而，在北欧国家，大型公民社会不仅存在于大型的国家和公共部门，而且与国家也密切相关。在北欧国家，公民社会主要以自愿协会、社会运动和公共交流平台为主要特点（Trägårdh，2010；Wijkström and Zimmer，2011；参见第三章第二节）。

古希腊和古罗马的公民社会思想与政治共同体是同义的。正如亚里士多德（Aristotle）所反映的，城邦或城市国家的公共生活是人类联合的最广泛的形式。现代公民社会的解读则与欧洲 18 至 19 世纪快速的欧洲社会变革有关：工业革命的开展，资本主义经济体系的发展，以及随后到来的代议制民主个人权利和自由意识的提升。这些变化促进了良好社会的概念化，也导致了非政治的公民社会和政治国家之间的分野（Heywood，2013：6；Levinsen，2013）。

公民社会的概念在 20 世纪 80 年代被重新提出，但这一术语真正通行是在 20 世纪 90 年代。这场政治辩论是围绕着福利国家以国家为中心的政策批判而展开的，一些学者则探讨福利国家的走向和公民社会未来所能发挥的作用。其他辩论主要关注志愿服务对社会服务和第三部门（第三部门通常被这个领域的作者用作公民社会的同义词）就业能力的影响（Humlesj，2014）。另一方面，苏联解体开启了东欧国家的民主化进程，这也使人们注意到公民社会，将其视为挑战专制政权的解放力量。右翼和左翼知识分子和评论员在密集的学术和公开辩论中也采纳了公民社会的概念（Levinsen，2013）。一个共同的“北欧”（Norden）概念在冷战时期也逐渐流行开来，并被看作是试图在两极世界中建立和稳定北欧安全平衡的一种驱动力（Götz，2003）。

公民社会组织为多元社会奠定了基础。在这个社会中，不同的利益集团都可以参与，实现共同目标。另一个重要的特征是不同利益团体和组织的总和造成了政治权力的分散化和一种政治文化，其导向是公民享有平等的机遇。反映这些社团组织的路径主要有三种：社群主义、自由主义和民主路径。

社群主义路径强调社会凝聚力和共同价值观的重要性，以其对自由主义和个人主义的批判而闻名。社群主义的路径延伸了公民社会的范围。这些社团组织不仅以志愿服务为基础，而且还包括家庭、宗教团体、文化和国家公民等组织（Levinsen，2013）。北欧国家一开始就被看作是社群主义观点的典范。过去的农民价值观已经转变为北欧的价值观，即人口密度相当稀少和地主制度不够发达；自中世纪以来就拥有政治权利的传统自耕农（yeoman）；路德教的个人和群体观念社会，都推动了各种社会运动和相当虚弱的资产阶级地位（Götz，2003）。农民的价值观伴随着以农民观念、边缘地理位置、原始特征、甚至贫穷为中心的自我感知（Götz，2003）。

自由主义路径是关注于个人自由，包括个人交往的自由。根据古典自由主义，公民社会的各种即国家之外的整个领域，包括在自由市场上经营的私营商业公司。公民社会的各种协会以多种形式为社会做出贡献（Levinsen，2013）。在本节后面提到，根据新的趋势，自由主义的路径现在在北欧国家占主导地位。

民主路径既吸收了社群主义理念，也吸纳了自由主义理念，然而，它更关注有助于和促进民主的多种机制。通常，采纳民主方式的公民社会被视为涉及公民的政治社会化和教育，公民社会组织有助于公众权衡，反过来也涉及协会所代表的利益、其政治抵制能力以及和政治体制的协作和合作。在某些情况下，社会资本与高度的公民参与和社会信任程度相关（Levinsen，2013）。这种路径一直是北欧民间社会的关键基础，但这种情况即将发生改变。

北欧国家和公民社会

北欧国家被视为就业率高、贫困程度和不公正率低以及生活水平高的国家。北欧国家在大多数国际排名上都表现良好（另见第三章第二节）。北欧福利国家的模式涉及到高度的社会信任度、和谐的劳资关系以及专业且值得信赖的国家官僚机构，并以先进的自由民主制度为特征（参见第一章；Schøyen and Takle，2014）。所谓的北欧模式建立在三大支柱之上：经济治理（包括宏观经济政策和产业政策）、公共福利和有组织的工作（Dlvik，2013：47）。公民社会存在于公共福利和有组织的工作支柱中。北欧国家往往具有不同形式的公民社会形态，以关注文化、体育和其他休闲活动的社团为中心。这些形态的社团组织通常吸引最多的成员，而宗教机构、慈善机构和社会福利在这方面并不突出（Wijkström and Zimmer，2011）。一些数据显示出在芬兰自愿者行动中，公民参与的比例达到33%，挪威和瑞典的比例则达到52%。相比之下，其他欧洲国家志愿服务参与的比例通常只有15%（Matthies，2006：59）。

北欧公民社会过去的特点是成员基础广泛、自愿工作（根据个人成员身份）、基于规则和民主的组织结构。北欧公民社会组织的主要部分是以自愿工作为基础的，而在盎格鲁—撒克逊社会则更多地建立在作为被动成员的捐赠者基础之上。北欧公民社会组织还被视为“民主学校”，他们经常探讨如何对某一特定社会成功地平衡“旧”和“新”、精英和阶层之间的利益做出贡献（Schøyen and Takle，2014；Matthies，2006；Trägårdh，2010；Wijkström and Zimmer，2011）。志愿式的生活似乎培养了与积极的政治公民身份相和谐的方向。但是，不同程度的政治活动与协会的性质以及参与的强度是一致的（Amnå，2006）。加入一个公民社会组织的动机各不相同，但最常见的动机是学习、职业目标、个人价值观、社会和援助目的（Schøyen and Takle，2014；Matthies，2006；Trägårdh，2010；Wijkström and Zimmer，2011）。

此外，北欧公民社会组织处在实践民主大众运动的中心，而不是像慈善传统需要依赖志愿者和筹款。北欧型公民社会中以提供“呼吁”（即倡导和利益代表）以及休闲活动为核心。大多数公民社会组织是以表达功能（如艺术、文化和体育）为主。然而，由于基层压力是通过对中央政府的民主进程来施加的，有时这些组织也被用作在政党制度和政治选举之外施加影响的渠道（Wijkström and Zimmer，2011；Trägårdh，2010；Schøyen and Takle，2014）。在某种程度上，公民社会反过来成为福利国家的社会后盾。当公共服务和政党不能履行其职责和承诺时，就需要公民社会来作为合作伙伴解决社会面临的问题（Amnå，2006）。

在过去30年中，志愿组织的平均成员人数不断增加。例如，根据一些调查数据，每个丹麦人平均是3.5个自愿协会的成员。积极参与志愿工作的人数也一直有所增加，尽管最近的趋势显示在过去的十年里出现过停滞（Matthies，2006）。

北欧国家以福利国家与公民之间的关系为主要特征，它源于高度的社会信任和社会参与。另一个重要的特点是拥有一个开放、自由和多样化的媒体，以此来作为民主公共领域的一个条件。北欧国家社会民主的主导地位也对福利政治产生了影响，这就产生了社会公民权利的概念，导致一般社会服务的提供形式与其他国家不同（Götz，2003）。

北欧地区的变化趋势

今天，北欧国家以拥有各种各样的公民社会组织为特征。受全球化影响，公民社会不断扩大。公民不再只作为某个一政治团体的成员，取而代之的是参与不同组织设置的多重成员身份。公民社会组织现在挑选成员更多的是建立在个体基础上，而不完全是建立在一个集体目的基础上（Wijkström and Zimmer，2011；Trägårdh，2010）。

一种转变是公民社会组织开始向其他国家机构甚至企业转变，促进和倡导特定的价值观、愿景和理想（例如企业社会责任）。另一种转变是为服务生产提供话语权，在这些服务中，社会福利和会员身份是合二为一的。例如，传统工会过去一直是政府重要的合作伙伴，现在则被组织内的保险或者服务部门所取代。特定协会的成员拥有了更多的服务供给。第三个转变是从会员费和国家资助转向以筹资和自愿工作或其他灵活的资源收集方式（Wijkström and Zimmer，2011；Schøyen and Takle，2014）。

北欧公民社会过去以其庞大的、三层次的、以成员为基础的、几乎是基于数以百计甚至数千个小型协会的联合结构而闻名，呈现出一种国家的“伞式结构”组织。然而，现在我们看到会员率明显下降，这也随之导致了个人作为捐赠者而不是成员逐渐附属于组织。另一种趋势是较小的组织消失，而较大的组织幸存下来（Wijkström and Zimmer，2011）。

企业或管理层的“对话”也对北欧公民社会组织产生了影响。效率、专业精神、社会投资和企业家精神等表达方式已经成为公民社会议程上的共同概念和价值观。北欧公民社会发展越来越趋同于盎格鲁—撒克逊公民社会的传统，这也可能与新的公共管理政策和其他正在进行的北欧模式改革有关（Trägårdh，2010；Wijkström and Zimmer，2011）。北欧模式可能会逐渐消失，以便在一个日益全球化的世界中让位于更加普世的理念和价值观。

公民社会的另一个趋势是，它似乎也给想要在地方、区域甚至国家各级建立新政党的政治创业者留下了空间。有些事例如一些团体抗议缩小紧急治疗规模的政策，产生了一些地区和地方卫生方面的政党；另一个例子是在妇女收容所协会平台基础上建立一个政党（Amnå，2006）。

结论：一种国际展望

在过去的 30 年中，我们经历了国际、跨国组织和协会的巨大增长，特别是应对减贫、社区发展、公民权利、和平建设和民主化的人道主义组织，以及保护动物权利和应对气候问题的环境组织增长最快。这里仅提及少数我们找到的一些最大的组织，如乐施会（Oxfam），援外社（CARE）、世界宣明会（World Vision）、大赦国际（Amnesty International）、拯救儿童（Save the Children）和绿色和平组织（Greenpeace）等。这些组织都在推动各国的项目并努力影响国家和国际决策机构的政策。

还有一种叫做是“全球公民社会”。因为许多国际组织在全球范围内开展工作，并在许多国家设有办事处。还有一些被国际组织倡导的普遍价值观和理念所引导，例如普世主义、个人主义、理性自愿主义和世界公民，期待将这些规范包含在他们的全球公民、全球正义、全球赋权和全球和平规划中（Heywood，2013）。由于现代技术的发展，这些协会和组织以快于以往任何时候的速度到全球各地发展，世界各地人们之间的相互联系、以及通过脸书（Facebook）或其他社交媒体途径组织和协调各种活动变得十分容易。这也推动传统的协会和组织变得更加普遍化。

但是，我们必须记住，每个公民社会都有自己的特点和传统以及它的地区和国家属性。理念、概念和组织公民社会方式的传播永远不会产生统一的结果，因此也将永远为不同形式的公民社会留有发展空间。

参考文献

Amnå, Erik（2006）．“Still a trustworthy ally? Civil Society and the transformation of Scandinavian democracy”，Journal of Civil Society，Vol. 2，No. 1，pp. 1 – 20.

Dølvik，Jon E.（2013）．Grunnpilarene i de nordiske modellene. NordMod 2030. Delrapport 1. Fafo – rapport 2013：13.

Götz，Norbert（2003）．‘Norden：Structures That Do Not Make a Region′，European

Review of History: Revue européenne d'historie, Vol. 10, No. 2, pp. 323 - 341.

Heywood, Andrew (2013). Politics. Fourth Edition. Basingstoke, UK and New York, USA: Palgrave Macmillan.

Humlesjö, Inger (2014). Review Essay: 'Civilsamhället klämt mellan stat och kapital' av Hanna Hellin, Lars Skov Henriksen, Lars Trägårdh ochPer Selle (red.) (2014): Civilsamhället klämt mellan stat och kapital. SNS Förlag. In Respons 2/2014.

Kääriäinen, Juha and Heikki Lehtonen (2006). 'The Variety of Social Capital in Welfare State Regimes - A Comparative Study of 21 Countries', European Societies, Vol. 8, No. 1, pp. 27 - 57.

Levinsen, Klaus (2013). 'Civil Society and the Public Sphere', pp. 171 - 188 in-Benedikte Brincker (ed.): Introduction to Political Sociology. DK: Hans Reitzels Forlag.

Matthies, Aila - Leena (ed.) (2006). Nordic civic society organisations and the future of welfare services - A model for Europe?. TemaNord 2006: 517. Copenhagen: Nordic Council of Ministers.

Schøyen, Mi Ah and Marianne Takle (2014). 'Nordic Civil Society: School of Democracy or Organised Individualism?' Available at: http://news.sgi - network.org/news/details/2012/1212/theme - democracy - sustainability/nordic - civil - society/ (Accessed 15.03.2017).

Trägårdh, Lars (2010). 'Rethinking the Nordic welfare state through a neo - Hegelian theory of state and civil society', Journal of Political Ideologies, Vol. 15, No. 3, pp. 227 - 239.

Wijkström, Filip and Annemette Zimmer (2011). "Introduction: Civil Societies beyond Membership and Movements", pp. 9 - 24 in Filip Wijkström and Annemette Zimmer (eds.): Nordic Civil Society at a Cross-Roads-Transforming the Popular Movement Tradition. Baden-Baden: Nomos.

第四节　萨米人——三个北欧国家和俄罗斯的原住民

芬兰拉普兰大学　劳拉·奥尔森（Laura Olsén）

本节将讨论萨米人的总体情况。萨米人作为原住民，主要生活在芬兰、瑞典和挪威三个北欧国家的北部地区以及俄罗斯北部。尽管在每个国家都是少数民族，但他们有着强大的文化和民族意识。在过去几个世纪里，他们在他们所生活的地区成功地保持了萨米文化和传统的活力。这一节将详细地阐述他们共同的文化特征和传统生活模式，讨论他们在北欧三国里实现自决的程度。最后，也将简要提及萨米人的北欧合作情况。

萨米人背景

萨米人是居住在北欧三个国家挪威、瑞典和芬兰以及俄罗斯的原住民。萨米人的传统家园地区被称为萨米 Sápmi（萨米语言），从俄罗斯科拉半岛延伸到挪威北部、芬兰和瑞典直至达勒卡里亚，跨越四个国家的国界。萨米人在这四个国家中都是少数民族，且在不同国家萨米人的官方地位各不相同。在挪威，政府批准劳工组织第 169 号公约（ILO Convention No. 169，国际劳工组织关于独立国家土著和部落民族的公约）后，萨米人于 1990 年被正式承认为原住民（Allard，2017a，318）。在瑞典，1977 年，萨米人已经被议会宣布为该国的原住人口（Allard，2017b，343 – 344；Prop。1976/77：80；Kru 1976/77：43），然而在立法上，萨米人仍然被等同于一个少数族群。在瑞典宪法——《政府组织法》（the Instrument of Government）中，萨米人也被视为“民族”（people），但按照政府法案（Prop. 2009/10：80，189），这实际表明萨米人拥有“……作为被国家认可的原住民的特殊身份地位”。在芬兰，《芬兰宪法》认可萨米人为原住民（Constitution of Finland（731/1999）；Heinämäki，2017，22.）。在俄罗斯，萨米人在法律意义上指包括北部地区、西伯利亚和俄罗斯联邦远东地区的原住少数民族（Rohr，2014，9）。

特别是在过去的一个世纪里，萨米人不得不面对他们在北欧三国和俄罗斯的生活条件上的许多巨变，这些变化不可避免地对其文化和传统生计产生影响（参见 Allard & Funderud Skogvang，2015；Olsén et al. 2017，52 – 53；Heikkinen，2002，80 – 94）。基督教堂的出现和民族国家边界的建立分化了他们的传统家园；19 世纪和 20 世纪国家同化政策的强力施行时期以及挪威、芬兰和瑞典的政治发展和事件，自然而然地在萨米人和国家之间的关系留下烙印。尤其是那些同化期在萨米群体留下的精神创伤仍然历历在目。但关于历史和代际创伤对萨米人生活影响的学术知识和综合研究依然缺乏（Stoor，2016，9；Sanks，2017，11）。

芬兰国家已决定开启与萨米人的和解进程并审视他们在历史上遭受歧视的经历（Finnish Government，19. 10. 2017）。然而，就在本文撰写的时候，这个进程仍然处于筹备阶段，甚至处理这些问题的委员会的任务和名称仍在协商中（YLE，9. 1. 2018）。同样，在挪威，议会已投票同意设立一个委员会以调查针对萨米人和克文族（Kven）的不公正行为（Stortinget，Dokument 8：30 S（2016 - 2017），Innst. 493 S（2016 - 2017）；Staalesen，22. 6. 2017），而在瑞典特别是在萨米人中，关于设立真相委员会的必要性的讨论也很活跃（Andersson，3. 3. 2017）。

尽管存在各国历史上对萨米人的不同政策，萨米人自始至终保持和延续着他们的强大和独特文化认同。现在萨米人有了自己的政治机构，芬兰、瑞典和挪威都有一个代表萨米人的政治实体，即萨米议会。萨米议会的赋权因各国立法不同而有所差异。从理论上讲，萨米人在北欧国家的地位相对较好，但仍有许多问题需要在国家层面上进一步改进，如萨米人在决策结构中的地位及其自决权等（Heinämäki et al. 2017）。

由于萨米人不得不适应北欧社会的结构，产生了既积极的也消极的文化碰撞。现代社会发展特别是一些技术发明给发展带来了许多积极的方面，但同时也对诸如传统生计的习惯、传统知识的传承等提出了一些挑战。在传统萨米人的生计方面，传统知识是基石，如驯鹿放牧、捕鱼、狩猎和采集等，这也是萨米文化的一个重要组成部分（Olsén et al. 2017，19 - 25；Helander - Renvall，2016；Markkula & Helander - Renvall，2014.）。

萨米人的世界观、文化和传统生计

长期以来，萨米人的历史根源一直是研究人员深感兴趣的问题，特别是对萨米族裔出现时期的看法观点各异。萨米族的起源很可能是有别于农业人口的，但是语言学家对于这个分离过程是在3000年前就已开始或者仅仅在纪元（Common Era）开始之后产生有着不同的看法（Lehtola，2015，31－35；Aikio，2000，45－48.）。然而，几个世纪以来，北欧地区国家已经发生了文化碰撞，其中一些文化碰撞相较于其他文化碰撞对萨米文化发展产生了更显著的影响。下文将讨论其中的一些文化碰撞和萨米人具体的文化特征。

和许多其他原住民一样，在基督教以前，萨米人的传统信仰也是基于对自然环境、自然元素和自然诸神的崇拜，如水神、风神、太阳神和狩猎之神。因为传统生计与大自然密切相关，所以不同的仪式，例如处理狩猎的庆典都是很重要的（Pennanen，2000，218－219.）。萨满教是文化的一部分，根据莱托拉（Lehtola）的解读，萨满的智慧部分源于有关自然和环境的传统知识和解读不同自然迹象的能力（Lehtola，2015，45；Sergejeva，2000，225.）。11世纪，基督教开始向北方蔓延，到了14世纪，萨米人开始接受基督教洗礼（Pennanen，2000，218－219.）。到17—18世纪，基督教真正开始在萨米族群中占据一席之地（Itkonen，1984，62；Pennanen，2000，219），它的影响在今天的萨米文化中仍然可见（Lehtola 2015，61）。

19世纪萨米人中最有影响力的人之一是拉尔斯·莱维·莱斯塔迪乌斯（Lars Levi Laestadius），他自己也是萨米人。他开启了基督教复兴，称之为福音派公理主义（莱斯塔迪乌斯主义，Laestadianism），并覆盖了北欧三个国家的部分萨米地区（Pennanen，2000，219－220；Lehtola，2015，61－63.）。15—16世纪，科拉半岛地区萨米人被皈依为东正教（Itkonen，1984，83；Pennanen 2000，220.）。东正教会比萨米西部的教会更加包容，甚至接纳了一些萨米人古老的传统仪式和神话，以至于后来也影响了宗教和教会在东方萨米文化中的作用

(Pennanen，2000，220)。

尽管受到基督教的影响，萨米人特别是从事传统生计的人依然延续了与自然和原有传统要素的密切联系。萨米人仍然尊重许多圣地。有些地方非萨米人也非常熟悉，但他们往往不向社群以外人士展露(Olsén et al. 2017，32)。在他们传统的世界观中，萨米人认为自己是自然的一部分，而不是自然的主人（Markkula & Helander - Renvall，2014，10，12；Näkkäläjärvi & Juntunen，2011，6；Ol śen et al. 2017，22 - 23)。这在萨米传统生态知识的整体主义中也很明显，他们认为人类与周围的自然并不是分离的（Markkula&Helander - Renvall，2014，12)。

传统萨米人的生计始终与萨米人居住的自然环境和土地密切相关。半游牧状态的驯鹿放牧、捕鱼和制作手工艺品（北萨米语：Dodji）可能是其中最有名的活动，也包括狩猎、诱捕、采集等，自18世纪以来农业也被认为是萨米人的生计手段（Sámediggi，2014；Koivurova et al. 2015，12；Josefsen，2010，5)。不同的萨米人根据居住地区不同，其主要生活方式也不同，但驯鹿放牧在众多生计中仍然占有独特的地位。这可能也是萨米人最明显的文化特征（Sámediggi，2014)，并且至今仍是很多家庭主要收入的传统生计来源之一（Näkkäläjärvi & Juntunen，2011，12)。尤其是在他们的传统家园地区，萨米人除了他们的主要职业之外，也经常涉足其他传统生计，这可以为家庭带来一些额外收入或满足营养需求（Koivurova et al. 2015，12)。

此外，手工艺品展示了萨米人与自然的联系，因为大部分材料都是从自然中收集的，手工艺品的装饰往往也是受到自然的启发。这也是萨米文化的显著特征，不同的萨米人群体有他们自己独特方式来制作手工艺品（Näkkäläjärvi & Juntunen，2011，8；Olsén et al. 2017，50.)。萨米人所穿的传统服装（北部萨米语称为gákti，但不同的萨米语有自己的词来形容服装）非常重要且是显示其认同的标志，根据不同地区的萨米人的起源和归属而有所不同。因此，传统的服装可以显示穿着它的人的家庭和地区以及其个人的特点（Lehtola，2015，15 - 17.)。

农业最初不是萨米文化和生计的一部分，它是由 17 和 18 世纪的移居者带到北欧国家萨米家园区域的（Aikio et al. 2000，68）。在挪威，迁徙者起初没有继续前往萨米的最北部地区，因为那里的自然条件不适合农业（Lehtola，2015，49）。

芬兰在 1809 年之前是瑞典的一部分，一直在瑞典国王的统治下。直到 17 世纪后半叶，瑞典国王以“拉普兰边界”将移民和萨米人的地区分隔开来，但由于 1673 年和 1695 年颁布的拉普兰定居法令，迁移者开始抵达拉普兰定居（Lehtola，2015，49 – 51.）。因此，那些生活在这两种文化的交汇点上的人们受到了两种文化的影响。从南方迁来并代表农耕文化的迁徙者，不得不向习惯于生活在北部地区的萨米人学习一些生存方式（Pääkkönen，2008，194 referring to Tegengren，1952；Hiltunen，2007，348）。随着时间的推移，类似的过程也发生在其他方面，一些萨米人慢慢地被农耕文化同化了（Pääkkönen，2008，195 ；Lehtola，2015，51 – 52；Aikio et al. 2000，68.）。

如今，通常是出于工作或学习原因，许多萨米人已经从他们传统的家乡地区搬到了更大的城市，例如赫尔辛基、奥斯陆、斯德哥尔摩，他们自然也经常从事其他职业而不再是传统职业（Lehtola，2015，136；Koivurova et al. 2015，12.）。这也对萨米文化和传统生计产生了影响，因为在萨米人家园地区之外，与传统生计和传统知识的联系可能不那么牢固和紧密。例如，在芬兰，那些居住在家园之外的萨米人并没有享有如捕鱼或其他自然活动的同等权利，这使得他们更难从事传统生计（Näkkäläjärvi & Juntunen，2011，12.）。

萨米人在北欧国家的地位：历史和制度视角

几个世纪以来，萨米的核心区域一直是各国权力博弈的核心。特别是在 20 世纪，各国确定的边界和关于边界的规定常受到各类冲突和事件的影响。1751 年，挪威和瑞典之间的边界建立，萨米人不得不成为其中一个国家的正式公民（芬兰在 1809 年之前属于瑞典）。为了避免将不同的萨米族彼此分离，保障其在两国传统使用可再生自然资源的权利，两国还实施了一项边界条约附件，称为拉普兰附录（Lapp Codicil），也被称为萨米人大宪章（Magna Charta of the Sámi）（Lantto，2010，544－546；Pedersen，2012，61－68；Allard&FunderudSkogvang，2015，4.）。

19 世纪，边界和边界规定开始发生变化。在规划新条约时，萨米人的权利无法在各国政策中扮演重要角色了。在 1852 年挪威与芬兰和 1889 年瑞典与芬兰之间边界关闭时，萨米人就失去了诸如在双方边界饲养驯鹿的权利（Lantto，2010，547－548；Allard&Funderud Skogvang，2015，4）。

这并不是那个世纪萨米人政治在北欧国家，特别是挪威和瑞典发生的唯一变化。大约同一时间挪威也开始了一段黑暗的挪威化（Norwegianization）政治时期，并被贯彻到不同的社会结构中，从学校系统到国家立法。其政治目的是把萨米人同化入挪威社会，比如试图禁止在学校使用萨米语（Minde，2005.）。瑞典做法有些不同，作为国家萨米政策的一个重要组成部分就是将萨米人与社会其他部分相隔离（Lantto & Mörkenstam，2008.）。1917 年芬兰独立后，对萨米人也延续了类似的政策（Lehtola，2015，71－74；Josefsen et. al. 2015，35－36.）。

20 世纪上半叶，也是北欧国家萨米人政治开始更加具有组织性的阶段，第一个萨米人组织在这个时候建立（Lehtola，2005，11.；Valkonen，2017，178.）。20 世纪 50 年代，北欧萨米人开始合作并于 1953 年在瑞典举行了第一届北欧萨米人会议。北欧萨米理事会成立于 1956 年，它至今仍然是一个积极活跃的组织，现以萨米理事会（Saami Council）而闻名于世（Rantala，2004，2－4；Valkonen，2017，180.）。1973 年萨米人代表团在芬兰成立，这也是萨米议会的前身。这是萨米人朝着积极改进在北欧社会结构中地位的一个重要举措（Mörkenstam et. al. 2016，10－11）。最终由于萨米人崛起，在国家层面伸张权利，加上其他在萨米地区发生的重要事件的共同推动，1987 年挪威根据萨米法案（Sámi Act）成立了第一个萨米议会，随后芬兰在 1993 年、瑞典在 1995 年相继成立萨米议会（Mörkenstam et. al. 2016，10－13）。

在国家层面，这三个国家的萨米议会是萨米人实现自决权的重要政治实体（Mörkenstam et. al. 2016）。正如阿那亚（Anaya）（Mörkenstam et. al. 2016，10）所指出的："萨米人议会是挪威、瑞典和芬兰的萨米人实现自决的主要工具，它们是土著自治和参与决策的重要模式，也激励着世界其他地方类似机构的发展。"（UN 2011，art 37.）然而，在最近的研究中，萨米议会实现萨米人自决权的能力遭到质疑，甚至被质疑能否被视为一个联合的北欧模式。从每个国家的历史到当前的政治和法律制度乃至局势的许多因素都已影响到对萨米议会的自决权。萨米议会的地位和授权在每个国家的许多方面各不相同，而它们提升萨米人的自决权的权威也经常遭到来自国家和国内多数人的抵制（Mörkenstam et. al. 2016；Josefsen et. al. 2015.）。

北欧国家萨米人的地位：法律视角

如今，挪威、瑞典和芬兰通常被认为是相当类似的社会，代表了某种特定的北欧价值观。但仔细对比，这显然只是在某种程度上适用于特定问题。原住民的地位就是一个很好的例子（也可参见：Allard，2015，49）。这三个国家中只有挪威批准了国际劳工组织第169号公约，各国为落实萨米人的权利设立了不同的前提。关于萨米民族的国家立法也各不相同，这种差异源自于其历史进程。例如，在批准国际劳工组织第169号公约之后并部分作为其结果，挪威政府与萨米议会签署了一项协商协议（NOU 2007：13，Den nye Sameretten）。这一协定提升了萨米人的权利，增加了萨米人权利立法起草过程的可能性（Allard 2015，49－55.）。此外，挪威在2005年签署了"芬马克法"（Finnmark Act No. 85 17. 7. 2005），以便按照劳工组织第169号公约第14条的要求承认和确定萨米人的传统土地。后来还成立一个特殊的机构叫芬马克委员会（Finnmark Act，2005，29），以执行这一身份验证进程（Ravna，2011，423；Ravna，2013.）。

在瑞典，"驯鹿牧养法"（Rennäringslag 1971：437）是规定萨米人法律地位的主要法令，但萨米人在某种程度上也受到瑞典《政府组织法》的保护（Bengtsson，2015，65；Allard，2015，50；Lantto & Mörkenstam，2008.）。然而，瑞典宪法提供的保护与挪威和芬兰相比还是被认为最为薄弱。尽管作出了一些努力，有关萨米人问题的立法仍未改革（Allard，2015，50－51.）。

在芬兰，萨米人作为原住民的权利受到了芬兰宪法的保护（731/1999，ch 2，s. 17，para. 3；Heinämäki，2017，22）。"萨米议会法"（1995 年）第 4 节对萨米家园地区作了界定，第 9 节也提到当局有义务对关于萨米人的某些重要事项与萨米议会进行谈判协商（The Act on Sámi Parliament 974/1995）。除此之外，萨米人也在其他诸如"采矿法"（10.6.2011/621）和"萨米语言法"（1086/2003）等其他重要法案中被提及。尽管在芬兰的立法中萨米人的权利得到了相对较好的保护，但最近的研究表明，有许多方面仍待改进（Heinämäki et. al. 2017）。

除了国家立法之外，国际法以及如何将其落实到各国的国家立法中对于实现萨米人的自决权利方面也发挥着重要作用（Mörkenstam et. al. 2016，39；Heinämäki et. al. 2017.）。在提高萨米人的地位以及统一北欧三国的法律地位的相关活动中，最近的一个发展是"北欧萨米公约"（the Nordic Sámi Convention）。"公约"内容是三个萨米议会和挪威、瑞典和芬兰三国的代表之间谈判进程的成果（Heinämäki，2017，33；Pohjoismainen saamelaissopimus.）。公约引发了三个国家的萨米人和非萨米人关于是否赞成批准的讨论，而目前，就在本文撰写之时，北欧萨米人公约尚未得到批准。

不同的萨米族群

1. 芬兰萨米人的人数估计约为 10000 人（The Sámi Parliament，2016，3），俄罗斯约 2000 人，瑞典约 15000—20000 人，而在挪威大约在 50000 人至 70000 人之间（Heinämäki，2017，22）。

2. 萨米人经常被认作是同一种人，他们在许多场合也认为他们是同一种人（Pettersen 2015，165 referring to Smith 2005.），但有不同的萨米人群体生活在这四个国家地区。这些群体有自己不同的萨米语和文化特征，而他们的传统生计也根据居住地区不同而各不相同。

3. 芬兰有三个不同语言的萨米族群：北部萨米人、伊纳里萨米人和斯科尔特萨米人；在瑞典有五个：卢莱萨米人、北部萨米人、南部萨米人、皮特萨米人和于默萨米人；挪威有四个：南部萨米人、卢莱萨米人、北部萨米人和斯科尔特萨米人；俄罗斯三个：斯科尔特萨米人、基尔丁萨米人和泰尔萨米人。所以总共有九个不同语言的萨米族群（Lehtola 2015，11－13）。

—萨米议会

4. 萨米议会在国家和国际上代表萨米人。

5. 挪威、瑞典和芬兰各国，都有自己的萨米人议会代表本国的萨米人。

6. 萨米议会议员每四年选举一次（974/1995，section 19；LOV－1987－06－12－56 Sameloven，section 2－3；SFS 1992：1433 Sametingslag，Ch. 3 section）。

7. 每个萨米议会都有自己的选民名册，只有被列入该国的选民名册的萨米人才能在萨米议会选举中投票（974/1995，sections 21 & 23；LOV－1987－06－12－56 Sameloven，section 2－5 & 2－6；SFS 1992：1433 Sametingslag，Ch. 3 section 3）。

8. 在法律基础上，萨米议会的责任在三个北欧国家各不相同。他们在社会中的地位和授权以及代表系统上也各不相同（Mörkenstam et al. 2016，13.）。比较每个国家的萨米议会地位，挪威和芬兰的萨米议会有更多的职责，而他们及其在决策中的地位也比瑞典萨米议会的地位更高（Allard 2017b，347. See also Mörkenstam et al. 2016）。

—萨米理事会和萨米议会理事会

9. 萨米理事会（原为北欧萨米理事会）成立于1956年，是一种自愿性质的、非政府理事会。它每年大约举行两次会议，其工作是基于最高决策机构——萨米会议的决定。萨米理事会在挪威、瑞典、芬兰和俄罗斯都有会员组织，旨在促进萨米人在所有这些国家的权利和利益（Sámiráddi 18. 5. 2017.）。

10. 萨米理事会也在北极理事会、巴伦支欧洲——北极理事会原住民工作组、联合国经济和社会理事会以及北极理事会等国际论坛上代表萨米人（Sámiráddi 18. 5. 2017. ）。

11. 萨米议会理事会（SPR）是一个合作机构，所有北欧国家的萨米议会以及两名俄罗斯常驻代表参与其中。SPR 特别处理涉及萨米人作为一个民族或跨国萨米人的问题。它还为萨米议会提供了长期合作的论坛（Saamelainen parlamentaarinen neuvosto，2011）。

结论

本节概述了居住在挪威、瑞典和芬兰北欧三国的萨米人情况。

介绍了萨米人的一些特殊文化特征和传统生计并简要讨论了他们在北欧社会中的地位。本文并非要述及萨米文化的所有方面，也并非要论及影响萨米人当前在北欧社会地位的所有事务，而是要触及一些重要的问题。作者在本节自始至终反映了北欧社会和北欧国家是如何影响萨米人生活的。纵观历史，文化碰撞显然对萨米人及其文化造成了重大影响，而在许多情况下，萨米人传统生活方式显然也不得不适应这些变化。

特别是在 20 世纪，萨米人在国家以及世界层面形成它们的政治代表。即使他们采纳了北欧社会的一些政治结构，但也设法保持了其传统和传统世界观。如今，萨米文化非常活跃，人们为自己的民族背景感到自豪。尽管挪威、瑞典和芬兰在其历史上涉及萨米人的国家政治方面有一些较黑暗的时期，但强调三国在萨米人事务上的积极面也是重要的。北欧萨米公约就是一个很好的例子，如果在与萨米议会相互理解的情况下获得批准，这种在三个不同国家的地区有关一个原住民的公约将在世界上独树一帜（YLE 21. 11. 2016）。

参考文献

Aikio，Ante（2000），“Suomalais – saamelaisesta kantakielestä nykyisiksi saamelaiskieliksi”. In Pennanen，Jukka & Näkkäläjärvi，Klemetti（ed.）：Siiddastallan，Siidoista kyliin. Jyväskylä: Gummerus Kirjapaino Oy, 42 – 47.

Aikio, Samuli; Näkkäläjärvi, Klemetti & Pennanen, Jukka (2000), "Maatalous saamelaiselinkeinoksi 1700 – luvulla". In Pennanen, Jukka & Näkkäläjärvi, Klemetti (ed.): Siiddastallan, Siidoista kyliin. Jyväskylä: Gummerus Kirjapaino Oy, 68 – 71.

Allard, Christina (2015). "Some characteristic Features of Scandinavian Laws and their Influence on Sami matters". In Allard, Christina & Funderud Skogvang, Susann (ed.), Indigenous Rights incandinavia: Autonomous Sami Law. pp. 49 – 64. Surrey: Ashgate Publishing Limited.

Allard, Christina (2017a), "Norway". In Heinämäki, Leena; Allard, Christina; Kirchner, Stefan; Xanthaki, Alexandra; Valkonen, Sanna; Mörkenstam, Ulf; Bankes, Nigel; Ruru, Jacinta; Gilbert, Jéremie; Selle, Per; Simpson, Audra & Olsén, Laura: Saamelaisten oikeuksien toteutuminen: kansainvälinen oikeusvertaileva tutkimus. Valtioneuvoston selvitys – ja tutkimustoiminnan julkaisusarja, 4/2017. Rovaniemi: Lapin yliopistopaino, 311 – 340.

Allard, Christina (2017b), "Sweden". In Heinämäki, Leena; Allard, Christina; Kirchner, Stefan; Xanthaki, Alexandra; Valkonen, Sanna; Mörkenstam, Ulf; Bankes, Nigel; Ruru, Jacinta; Gilbert, Jéremie; Selle, Per; Simpson, Audra & Olsén, Laura: Saamelaisten oikeuksien toteutuminen: kansainvälinen oikeusvertaileva tutkimus. Valtioneuvoston selvitys – ja tutkimustoiminnan julkaisusarja, 4/2017. Rovaniemi: Lapin yliopistopaino, 341 – 360.

Allard, Christina & Funderud Skogvang, Susann (2015), Indigenous Rights in Scandinavia: Autonomous Sami Law. Surrey: Ashgate Publishing Limited.

Bengtsson, Bertil (2015), "Reforming Swedish Sami Legislation: A Survey of the Arguments". In Allard, Christina & Funderud Skogvang, Susann (ed.), Indigenous Rights in Scandinavia: Autonomous Sami Law. pp. 49 – 64. Surrey: Ashgate Publishing Limited.

Heikkinen, Hannu (2002), Sopeutumisen mallit, Poronhoidon adaptaatio jälkiteolliseen toimintaympäristöön Suomen läntisellä poronhoitoalueella 1980 – 2000. Suomalaisen kirjallisuuden seura. Helsinki: Hakapaino Oy.

Heinämäki, Leena (2017), "Saamelaisten oikeudet Suomessa". In Heinämäki, Leena; Allard, Christina; Kirchner, Stefan; Xanthaki, Alexandra; Valkonen, Sanna; Mörkenstam, Ulf; Bankes, Nigel; Ruru, Jacinta; Gilbert, Jéremie; Selle,

Per; Simpson, Audra & Olsén, Laura: Saamelaisten oikeuksien toteutuminen: kansainvälinen oikeusvertaileva tutkimus. Valtioneuvoston selvitys – ja tutkimustoiminnan julkaisusarja, 4/2017. Rovaniemi: Lapin yliopistopaino, 22 – 85.

Heinämäki, Leena; Allard, Christina; Kirchner, Stefan; Xanthaki, Alexandra; Valkonen, Sanna; Mörkenstam, Ulf; Bankes, Nigel; Ruru, Jacinta; Gilbert, Jéremie; Selle, Per; Simpson, Audra & Olsén, Laura (2017), Saamelaisten oikeuksien toteutuminen: kansainvälinen oikeusvertaileva tutkimus. Valtioneuvoston selvitys – ja tutkimustoiminnan julkaisusarja, 4/2017. Rovaniemi: Lapin yliopistopaino.

Helander – Renvall, Elina (2016), "Traditional ecological knowledge, snow and Sámi reindeer herding". In Helander-Renvall, Elina (ed.), Sámi society matters. Rovaniemi: LUP Lapland University Press 2016, 30 – 41.

Hiltunen, Mauno (2007), Norjan ja Norlannin välissä. Enontekiö 1550 – 1808. Asukkaat, elinkeinot ja maanhallinta. Oulun historiaseura. Oulu: Scripta historica 32.

Itkonen, T. I. (1984), Suomen lappalaiset vuoteen 1945. Porvoo: WSOY.

Josefsen, Eva (2010), The Saami and the national parliaments: Channels for political influence. IPU & UNDP. Available at: http://www.ipu.org/splz-e/chiapas10/saami.pdf. (Accessed 18.5.2017) Josefsen, Eva; Mörkenstam, Ulf & Saglie, Jo (2015), "Different Institutions within Similar States: The Norwegian ans Swedish Sámediggis". Ethnopolitics. 14: 1, 32 – 51.

Koivurova, Timo; Masloboev, Vladimir; Hossain, Kamrul; Nygaard, Vigdis; Petrétei, Anna & Vinogradova, Svetlana (2015)," Legal Protection of Sami Traditional Livelihoods from the Adverse Impatcs of Mining: A Comparison of the Level of Protection Enjoyed by Sami in Their Four Home States". Arctic Review on Law and Politics. Vol 6, No 1, pp. 11 – 51.

Lantto, Patrik (2010), "Borders, citizenship and change: the case of the Sami people, 1751 – 2008.", Citizenship studies, 14: 5, 543 – 556.

Lantto, Patrik & Mörkenstam, Ulf (2008), "Sami Rights and Sami Challenges". Scandinavian Journal of History, 33: 1, 26 – 51.

Lehtola, Veli-Pekka (2015), Saamelaiset: Historia, yhteiskunta, taide. Inari: Puntsi.

Markkula, Inkeri &Helander-Renvall, Elina (2014), Ekologisen Perinnetiedon Käsikirja. Arktisen keskuksen tiedotteita 59. Rovaniemi: Lapin yliopistopaino.

Minde, Henry (2005), "Assimilation of the Sami - Implementation and Cosequences". gáldu čála - Journal of Indigenous Peoples Rights. No 3/2005.

Mörkenstam, Ulf; Josefsen, Eva & Nilsson, Ragnhild (2016), The Nordic Sámidiggis and the limits of Indigenous Self-Deteramination. Gáldu Čálá, Journal of Indigenous Peoples Rights. 1/2016.

Näkkäläjärvi, Kelmetti & Juntunen, Suvi (2011), "Johdatus saamelaisten perinteiseen tietoon". Raportissa Biologista monimuotoisuutta koskevan yleissopimuksen alkuperäiskansojen perinnetietoa käsittelevän artikla 8j: n kansallisen asiantuntijatyöryhmän loppuraportti, 6 - 14.

Olsén, Laura; Harkoma, Assi; Heinämäki, Leena & Heiskanen, Heta (2017), Saamelaisten perinnetiedon huomioiminen ympäristöpäätöksenteossa. Juridica Lapponica 41. Rovaniemi: Lapin yliopistopaino.

Pedersen, Steinar (2012), "The Coastal Sámi of Norway and their rights to traditional marine livelilhood". Arctic Review on Law and Politics. Vol. 3, 1/2012, pp. 51 - 80.

Pennanen, Jukka (2000)," Uskonnollisten maailmankuvien kohtaaminen". In Pennanen, Jukka &Näkkäläjärvi, Klemetti (ed.): Siiddastallan, Siidoista kyliin. Jyväskylä: Gummerus Kirjapaino Oy, 218 - 220.

Pettersen, Torunn (2015), "The Sámediggi Electoral Roll in Norway: Framework, Growth and Geographical Shifts, 1989 - 2009." In Berg-Nordlie, Mikkel & Saglie, Jo & Sullivan, Ann (ed.) Indigenous politics: institutions, representation, mobilization. United Kingdom: ECPR Press.

Pääkkönen, Erkki (2008). Saamelainen etnisyysja pohjoinen paikallisuus- Saamelaisten etninen mobilisaatio ja paikallisperustainen vastaliike. Rovaniemi: Lapin yliopisto.

Rantala, Leif (2004), Historiikki. Saamelaisneuvosto 50 vuotta. 18. Saamelaiskonferenssi 7. - 9. 10. 2004.

Ravna, Øyvind (2011), "The Process of Identifying Land Rights in parts of Northern Norway: Does the Finnmark Act Prescribe an Adequate Procedure within the National Law?" In Gudmundur, Alfredsson & Koivurova, Timo & Hossain Kamrul (eds.) The Yearbook of Polar Law, Vol 3: 423 - 453.

Ravna, Øyvind (2013), Finnmarkslovenog retten til Jorden i Finnmark.

Rohr, Johannes (2014), Indigenous peoples in the Russian Federation. IWIGA Report 18. Available at: http://www.iwgia.org/iwgia_files_publications_files/0695_HumanRights_report_18_Russia.pdf. (Accessed 18.5.2017)

Sergejeva, Jelena (2000), "Luonnonläheisyys uskonnon perustana". In Pennanen, Jukka & Näkkäläjärvi, Klemetti (ed.): Siiddastallan, Siidoista kyliin. Jyväskylä: Gummerus Kirjapaino Oy, 221-227.

Smith, C (2005) (ed.) Nordisk Samekonvensjon: Utkastfra finsk-norsk-svensk-samisk ekspertgruppe: oppnevnt 13. November 2002 avgitt 26. oktober 2005, Oslo: Ekspertgruppe.

Tegengren, Helmer: En utdod lappkultur i Kemi Lappmark, Studier i Nordfinlands kolonisationshistoria, Acta Academiae Aboensis, Humaniora XIX. 4, Abo 1952.

Valkonen, Sanna (2017), "Kuvaus saamelaisten itsehallinnon kehittymisestä sekä saamelaisuuden määrittelyn ja saamelais- ja alkuperäiskansakeskustelun taustoista ja tapahtumista Suomessa". In Heinämäki, Leena; Allard, Christina; Kirchner, Stefan; Xanthaki, Alexandra; Valkonen, Sanna; Mörkenstam, Ulf; Bankes, Nigel; Ruru, Jacinta; Gilbert, Jéremie; Selle, Per; Simpson, Audra &Olsén, Laura: Saamelaisten oikeuksien toteutuminen: kansainvälinen oikeusvertaileva tutkimus. Valtioneuvoston selvitys- ja tutkimustoiminnan julkaisusarja, 4/2017. Rovaniemi: Lapin yliopistopaino, 176-223.

法律文件

Finnmark Act No. 85 17. 7. 2005

The Instrument of government, 1974, Sweden (amendments in 2010).

LOV-1987-06-12-56 Sameloven.

Mining Act (621/2011)

NOU 2007: 13, Dennye Sameretten

Sámi language act (1086/2003)

SFS 1992: 1433 Sametingslag.

Rennäringslag 1971: 437.

Constitution Act 1999 of Finland, 731/1999.

The Act on Sámi Parliament 974/1995, Finland

其他文件

Innst. 493 S (2016-2017), Innstilling fra kontroll- og konstitusjonskomiteen om Representantforslagfra stortingsrepresentantene Kirsti Bergstø og Torgeir Knag Fylkesnes om en sannhetskommisjon for fornorskningspolitikk og urett begått mot det samiske og kvenske folk i Norge.

ILO Convention No. 169 1989. "Indigenous and Tribal peoples Convention".

Kru 1976/77: 43, Kulturutskottets betänkande 1976/77: 43, med anledning av propositionen 1976/7780om insatser för samerna jämte motioner.

Pohjoismainen saamelaissopimus. Ministry of Justice of Finland. Available at: http: //www. oikeusministerio. fi/material/attachments/om/valmisteilla/kehittamishankkeet/g4buHTb GR/Pohjoismainen_ saamelaissopimus. pdf.

Prop. 1976/77: 80, Propositionen 1976/77: 80, om insatser för samerna.

Prop. 2009/10: 80, Regeringens proposition 2009/10: 80, En reformerad grundlag.

Saamelainen parlamentaarinen neuvosto 2011, Saamelaisen parlamentaarisen neuvoston yhteistyösopimus.

The Sámi Parliament, Saamelaiskäräjien toimintaohjelma ja taloussuunnitelma 2016 - 2019.

Stortinget, Dokument 8: 30 S (2016 - 2017), Representantforslagfra stortingsrepresentantene Kirsti Bergstø og Torgeir Knag Fylkesnes om en sannhetskommisjon for fornorskningspolitikk og urett begått mot det samiske og kvenske folk I Norge.

UN 2011, Report of the Special Rapporteur on the situation of human rights and fundamental freedoms of indigenous people, James Anaya. The situation of the Sami in the Sápmi region of Norway, Sweden and Finland. A/HRC/18/XX/Add. Y.

网络资源

Andersson, Camilla (3. 3. 2017), samer. se, "En sanningskommission gör synligt det som varit undertryckt och förtryckt". Available at: http: //www. samer. se/5447. (Accessed 14. 1. 2018)

Finnish Government, 19. 10. 2017, "Hallitus käynnistää saamelaisten sovintokomission valmlimstelun". Press releases. Available at: http: //valtioneuvosto. fi/artikkeli/-/asset_publisher/10616/hallitus-kaynnistaa-saamelaisten-sovintokomission-valmistelu. (Accessed 17. 1. 2018)

Sámediggi (2014), Elinkeinot. Available at: http: //www. samediggi. fi/index. php?option = com_ content&task = blogcategory&id = 235&Itemid = 371. Accessed 18. 5. 2017)

Sámiráddi 18. 5. 2017, About the Saami Council. Available at: http: //

www. saamicouncil. net/en/about-saami-council/. (Accessed 18. 5. 2017)

SANKS (2017), Plan for suicide prevention among the Sùmi people in Norway, Sweden, and Finland. (English version) Sùmi Norwegian national advisory unit on mental health and substanceabuse (SANKS) & Saami Council. Available at: http://www. saamicouncil. net/fileadmin/user_ upload/Documents/Eara_ dokumeanttat/Suicide_ plan_ EN. pdf. (Accessed 17. 1. 2018)

Staalesen, Atle (22. 6. 2017), Barents Observer, "Parliament decided Norwegian injustices against Sámi, Kven peoples will be examined". Available at: https://thebarentsobserver. com/en/life-and-public/2017/06/parliament-decides-norwegian-injustices-against-sami-kven-peoples-will-be. (Accessed 14. 1. 2018)

Stoor, Petter, (2016), Kunskapssammanställning om samers psykosociala ohälsa. Sametinget. Available at: https://www. sametinget. se/rapport_ psykosocial_ ohalsa. (Accessed 17. 1. 2018)

YLE 21. 11. 2016, "Sámesoahpamušas ráđđádallet Roavenjárggas – Guovtte beaivvis sámedikkiid ovddasteaddjit áigot čilget sámirivttiid". Available at: http://yle. fi/uutiset/osasto/sapmi/samesoahpamusas_ raadallet_ roavenjarggas_ _ guovtte_ beaivvis_ sa medikkiid_ ovddasteaddjit_ aigot_ cilget_ samirivttiid/9305955. (Accessed 21. 11. 2016)

YLE 9. 1. 2018, "Valtion ja saamelaisten välinen sovintoprosessi etenee riekon askelin – "Minä olen pakkosuomalaistamisesta hyvä esimerkki". Available at: https://yle. fi/uutiset/3 – 10012682. (Accessed 14. 1. 2017)

第五节 北欧国家的资源、能源和产业

芬兰赫尔辛基大学 玉西·霍塔里(Jussi Huotari)
挪威南森研究所 伊达·F·索尔维德
(Ida Folkestad Soltvedt)

北欧合作的主要特点体现在北欧国家的能源和产业政策上。各部门之间存在着先进模式的合作，遵循“多样性中的统一、统一中的多样性”的格言。如在电力市场，电力部门之间是高度合作的。然而，

与之并行的是电力生产和并入电网的方式却是多种多样的。总之，自然资源及其开发利用在北欧国家基础产业发展中发挥着至关重要的作用，并进一步推动了北欧福利国家的发展。上述格言在这一领域也同样有效。一方面，各国有着共同的在较短的时间内从贫穷农业经济到开放市场经济的发展轨迹。另一方面，北欧国家在产业上也存在着明显的差异。本节将从北欧地区的资源、能源和重点产业的异同方面进行阐释。

资源

自然资源在北欧国家发挥着关键作用。不过，当我们比较这些国家的时候，其内部也存在着显著的差异。大片海域和水路给予了西北欧国家——冰岛、格陵兰和法罗群岛以及挪威——获得丰富的海洋资源的渠道。首先是鱼类资源，还有挪威的碳氢化合物等，这些均有利于不同产业部门的发展，一方面是作为一种原材料，另一方面则以潮汐和水力资源的形式提供了可再生能源。瑞典和芬兰作为以陆地为主的国家，其大型水库，即湖泊和河流也非常重要，但它们的关键战略资源是森林。除可再生资源外，北欧地区的基岩含有多种矿物、金属和石油资源。因此，原材料的开发、贸易、出口和提炼构成了北欧国家经济以及经济发展的重要基石。

自然资源具有重要的经济意义，北欧国家也设法遏制了所谓的“资源诅咒”或“荷兰病”，这种被认为是对资源富集区域及其经济的共同威胁（Cappelen and Mjøset 2013；Indra Overland 2018）。北欧模式和福利国家体系对自然资源治理结构发展有至关重要的作用。此外，北欧模式也影响了行政结构的基础，即区分商业、政策制定和国家治理机构的监管活动，这些机构都有自己独特的作用。例如，在如何使石油和天然气收入造福于整个社会以及如何组织石油产业价值链的治理方面，挪威被视为全球典范。特别是自“石油基金”建立以来，在石油收入方面，2015 年度财富达 7.5 万亿挪威克朗（SSB 2016，39；Thurber，Hults，and Heller 2011；Tordo，Tracy，and Afraa 2011）。除了资源治理模式之外，研究与开发在防止“资源诅咒”方面也发挥了关键作用。研发和原材料加工在北欧国家有着悠久历史（Kuisma 2006；Thurber and Tangen Istad 2012）。而且，对炼油能力的投资极大地促进了北欧国家加工产业的诞生和进步。

北欧国家以创新的方式利用自然资源而闻名全球。比如“以森林为本的生物经济”、风力发电技术、采矿和近海石油钻探技术。虽然北欧国家成功地解决了“资源诅咒”问题，但各国严重依赖自然资源相关商品的出口和贸易。正因为这个原因，该区域容易受全球经济趋势和波动的影响。例如，全球经济下滑对芬兰、法罗群岛和格陵兰的影响很大，导致矿业和石油部门的外国投资推迟。此外，甚至北欧最富有的国家挪威，也受到油价下跌和经济下滑的影响。

由于北欧地区在全球范围内以其纯净清洁自然环境而闻名于世，对环境的保护和管理被看作是一种资产，或者是北欧模式的基石之一。单个北欧国家以及北欧作为地区整体都十分强调可持续性发展、环境保护和气候问题，但在自然保护和资源开发目标之间还是存在一些矛盾。一方面，由于北极海域海冰的融化，新的化石燃料能源变得可开采，新的鱼群迁徙到北部海域。西北欧国家和挪威都颁发了可从其领海勘探碳氢化合物的许可证（Government of Greenland 2014；Føroya landsst ýri 2016；CIA 2017）。采掘业也迁到了芬兰和瑞典的北部地区，北极圈内新的采矿地点前景广阔并正在开发（Regerienskansliet 2013；TEM 2013）。另一方面，北冰洋和大陆架的产业发展增加了北欧环境退化的风险。因此，目前的资源发展趋势正在测试北欧模式的价值。而且，这也表明资源治理方和土地使用方存在着利益争端。

资源开发中的不同利益引起了北欧国家、国际组织以及环境组织（如绿色和平组织）之间的争议，以及公民社会与行业之间的争议。北欧国家之间的分歧通常出现在国家海洋边界和那些区域的资源利用上。北欧国家间最主要的争端与边界水域渔业捕捞和其他海洋捕捞有关（如虾和鲭鱼）（Spijkers and Boonstra 2017）。然而，这些冲突都是基于经济理性，正如一些冲突事例展现的那样，例如 20 世纪 80 年代初期，挪威和丹麦就格陵兰岛和扬马延岛之间捕捞引发的争端，20 世纪 90 年代，冰岛和挪威关于巴伦支海和斯瓦尔巴德群岛捕鱼权的争端（Archer 1996）。除经济之外，与国际组织的争端也源于自然资源的永久主权问题，如格陵兰和欧盟，后者禁止海豹产品的贸易。虽然大部分分歧都以附加或仲裁等和平方式解决，但也有北欧国家愿意在必要时以强制措施保护其领海的例子。此外，国际组织与北欧国家之间的争端可以被视为一个例证，表明国际上对北极地区的利益在日益增长。

海洋产品的利用并不是资源利益冲突的唯一问题，林业、风电、水电和采掘业都面临当地、地区和国家层面的抵制。这些分歧通常涉及传统的生计、土地使用和环境问题。如芬兰国家林务局（Metsähallitus，负责森林管理的国有机构）和驯鹿牧民合作社关于在伊纳里（Inari）传统驯鹿牧场伐木之间的争端（Saijets and Rasmus 2017）。类似争端的例子还出现在瑞典和芬兰拉普兰地区的采矿和驯鹿放牧之间，以及挪威的旅游、捕鱼和石油工业之间。因此，利益冲突的和解基本上是一种资源管理方式，目的是要在争端方之间达成一种妥协和双方都能接受的协议。因此，不同的参与管理的方法，例如环境和社会影响评估以及经营社会许可证的施行，都在北欧得以应用（Heikkinen et al. 2013；Bambulyak et al. 2015）。

虽然从农业经济到工业化发生了巨大的变化和转变，并进一步发展到服务型经济，但丰富自然资源的开采、加工和贸易对北欧经济发展还是至关重要的。一方面，地理资源分布保证了农村地区仍然有人居住，另一方面，出于文化和环境原因，资源开发引发了工业和居民的抵触和利益冲突。然而，自然资源的勘探、开采、运输和生产需要熟练的劳动力和大量的能源保障。本节的下一部分专门介绍北欧的能源领域。

能源

气候相对寒冷，能源密集型产业和低人口密度，特别是地处偏远地区等这些特征能有效描述北欧人最主要的能源需求。然而，北欧国家能源状况有着巨大的差异。例如，丹麦和挪威在能源方面自给自足：丹麦得益于其风力发电能力，挪威得益于水力发电能力，其容量在2015年占到国家GDP的15%，以及重要的化石燃料资源，其中大约90%的产量用于出口（SSB，Ministry of Finance 2016）。不同的可再生能源，如森林生物燃料、潮汐、风能和水力发电以及地热能源，在法罗群岛、芬兰、格陵兰、冰岛、瑞典和奥兰群岛等能源结构中都有着重要作用，但这些国家和地区都依赖于化石燃料进口作为它们主要的能源资源（Weber and Smith 2016）。

北欧国家在能源问题上有着长期的合作。100多年前，瑞典和丹麦就铺设了第一根连接两国的电力电缆。北欧国家之间的合作在1972年北欧部长理事会（Nordic Council of Ministers）成立后形成机制化，并在1980年首次召开的能源部长会议上得到巩固。合作的主要动力是建立战略愿景的政治意愿（Ollila 2017，9）。这方面的主要例子是北欧共同电力市场（Nordpool），在绿色能源转型方面取得了重大进展。因此，就解决碳排放强度的技术而言，北欧的电力组合比世界其他地区提前了25年，该地区的气候和能源政策目标是全球最具雄心的（Weber and Smith 2016）。这种趋势也彰显在国家气候和能源政策战略中，该战略确定了在2040至2050年间将北欧转变为一个碳平衡区域的目标。

该区域显示出国内生产总值和与能源相关的二氧化碳排放量稳步脱钩，同样，能源供应中二氧化碳的浓度也在稳步下降。尽管如此，国家对于逐渐脱钩的政策各不相同。例如，在瑞典，这一成就在一定程度上源于成功转型为以生物能源取暖，另一个原因则是20世纪70年代大规模扩大使用核能；而在冰岛，地热能在减少排放方面发挥了关键作用。一般情况下，北欧能源供应是围绕着综合供热供电发电厂

（CHP）来组织的，其运作是通过生物质、废物资源和广泛的集中供热基础设施将能源分配给消费者。但这个传统组织方式的经济可行性和它的技术特征逐渐面临多变的市场基础的挑战。此外，燃料市场和生物质资源国际竞争的加剧，如风能和太阳能分布式技术价格的下降，以及对核能安全要求的提升，改变了北欧能源的面貌（IEA 2016，31－35）。然而，能源面貌的转型为北欧国家之间更深入的能源合作提供了可能性，同时也为更好地利用该区域丰富的可再生能源潜力创造了机会（Ollila 2017）。尽管能源需求一直高于经济合作与发展组织（OECD）平均水平，但到目前为止，北欧的“绿色转型”在供应链环节上仍是最成功的。

为实现能源和气候政策目标，北欧国家必须想办法降低能源需求强度，特别是在工业、运输和建筑等最大的能源消费领域。除丹麦外，北欧所有经济体都依赖能源密集型产业。正由于此，2013 年产业部门占到了终端能源使用总数的三分之一以上（IEA 2016，72）。能源密集型产业也在二氧化碳的排放量上占有巨大的比重。但就排放水平而言，也存在着“统一中的多样性”。与丹麦、芬兰和瑞典排放量有所减少的情况相反，自 20 世纪 90 年代以来，挪威的排放量一直在增加（Weber and Smith 2016，110）。这也有因可循，一方面是由于挪威石油和天然气工业的增长，另一方面则是结构性变化，特别是芬兰和瑞典的纸浆和造纸工业发展。

北欧地区冬季相对寒冷、阴暗，城市面积小，农村面积大，这是建筑和交通能源需求的基本现实。北欧国家中人口稀少的中小城市地区占主导地位，这限制了公共运输方式（IEA 2016，107－108）。因此，基于长距离的运输需求大，汽车的数量相对较高。此外，汽车主要装备的是由油基燃料运转的内燃机。因此，运输部门是绿色转型的最大挑战，也是气候和能源政策的关键优先事项之一。北欧国家在其国家战略中用不同的方式应对交通运输带来的挑战。这些措施包括诸如对电力和低排放车型的补贴和税收减免，道路收费定价策略，推广公共交通、增加骑自行车和步行基础设施。尽管如此，在实现重型运输、航运和航空业的绿色转型方面，仍有更深更广的合作空间。

除运输部门外，建筑物的能源需求也很大。不过，这一领域已经成功地改善了能源强度并减少了排放，部分原因是由于在农村地区也增加了空间加热电力的使用。丰富的可再生能源潜力及其更优化的调度以及新的分布式技术在这方面一直起着关键的作用。用于取暖和供电的发电厂也被改造成通过生物质、废物和天然气来运行，取代了煤和柴油。尽管如此，国家能源战略仍存在变数。分化最明显的资源之一是核能，北欧国家只有芬兰和瑞典两个国家有核反应堆。目前，瑞典有十个反应堆，提供该国 40% 的电力需求（Edberg and Tarasova 2016，172）；而芬兰有四个反应堆，发电量占电力总量的三分之一以上（Finnish Energy 2017）。芬兰在未来的电力生产中也会依赖核能并正在增加其核能容量，第五座反应堆正在建设中，第六座核反应堆建设许可申请也已经提交政府（MEAE 2017）。核能的未来在瑞典则更为复杂也更具争议。根据瑞典立法，禁止建造新的反应堆，但也并不是完全禁止，在一定条件下可能替换现有的反应堆（IEA 2013，95）。

北欧地区能源供应绿色转型取得成功，在国际上做出了很好的榜样。但在能源效率方面却并不如预期。北欧国家的消耗很高，尤其是冰岛和挪威，这两国的人均消费量在世界上位居前列（IEA 2016，37）。这部分原因是与空间供热和工业使用电力有关，但也与石油市场波动和更好地利用可再生资源禀赋情况下易获得相对便宜的能源有关。强化智能电网技术使得额外的容量可传输到北欧电力市场进行交易，将促进北欧地区的能源效率和供应安全（Weber and Smith 2016，120－121）。此外，如果北欧国家关于能源未来享有共同的愿景，它们就能够在国家研发和基础设施领域增强合作。尽管如此，能源禀赋与其他资源一样，在该地区的核心产业发展中发挥了关键作用。本节最后一部分讲述北欧国家的重点产业。

产业

利用丰富的自然资源和巨大的能源潜力，一直是北欧产业发展的重心。正如在本节前面所提到的，北欧国家非常依赖以陆地和海洋中开采的原材料为基础的产业。此外，该地区产业发展经历了巨大的变化，它们已经从贫穷的农业国家转变为相对富裕的福利国家，现在主要以服务业为主导。基础产业如工程、林业、采矿和采石、碳氢化合物，以及生产加工业如纸浆和纸、化学、石化和铝等，在该地区的发展中起着至关重要的作用。产业发展不仅是首都之外的、靠近资源的城市建设的重要动力，也是农村基础设施建设较发达的主要原因之一。地区产业发展中的一些结构变化，造成了经济发展的不平衡。一方面，这是对国际组织譬如世贸组织、欧盟和欧洲货币联盟以及欧洲经济区等作出承诺的结果。另一方面，或许更为重要的是，产业结构的重大变化是全球经济中国际竞争加剧的结果。尽管如此，北欧国家的经济依然表现良好，成功地应对了全球化挑战，因为该地区也是世界上第十二大经济体（2016 年 NCM）。

北欧国家之间在关键产业和区域发展上存在着“统一中的多样性”。一般来说，首都圈地区是增长最快的地区，而资源开发特别是采掘业的发展，提升了挪威和瑞典北部地区的人均生活水平。然而，正如在资源部分中已经指出的，外围地区的增长是基于一个单一的产业：奥兰的交通运输、瑞典诺尔博滕的采矿、挪威北部渔业和碳氢化合物的开发。此外，这也使得区域经济发展在未来全球经济中变得具有脆弱性，并且进一步超出了北欧国家的政治和经济控制（Lindberg 2016，76－77）。在全球化时期，整个地区的共同趋势是生产和研发部门的分离。于是公司将生产部门转移到外部。一方面，这意味着工作场所数量的减少，另一方面，对熟练劳动力的需求却正在增加。此外，重点产业的转型迫使各国实现经济多样化，从而为新兴产业的出现或进一步发展传统产业留出了空间。

挪威碳氢工业的发展就是该产业领域内成功地应用创新技术和资源管理的一个杰出案例（Thurber and Tangen Istad 2012）。石油部门不仅是挪威经济的主体，而且海上石油和天然气、能源效用以及碳捕获和储存技术也是出口最多的产品（Statoil 2017）。除采掘业外，同样的观察结果也适用于加工和机械工业，如林业、纸浆与造纸和工程业。例如全球林业、电子和造船工业的变化在国家和地区层面都对芬兰的经济结构产生了重大影响。林业的结构变化迫使业界作出反应，发展更多创新的木材资源利用方式。从这个意义上说，全球化一直是芬兰和瑞典生物经济和森林相关产品发展和成功的关键因素。

芬兰、挪威和瑞典的产业发展主要集中在林业、采掘业，而西北欧国家的主要产业则与海洋开发有关。海产品加工、水产养殖和渔业通常是法罗群岛和格陵兰最大资方和主要的出口产品（Hagstova Føroya 2016；Statistics Greenland 2016）。渔业对冰岛也非常重要，渔业、制造业和服务业共同构成冰岛经济的三大支柱（Statistics Iceland 2015）。与其他北欧国家相比，丹麦产业部门略有不同，因为它并不依赖自然资源。丹麦的重点产业是围绕研发而形成的，主要在医药、海洋可再生能源、家具、服装和农业等领域，这些产业增长率最高（Statistics Denmark 2016）。

除了传统的第一产业和第二产业之外，旅游业已经成为一个关键的服务出口产业，这也有助于区域发展和创造就业。而乡村地区的旅游业是非常重要的，因为这个产业被认为是对传统产业的一种替代或补充。北欧国家吸引游客的原因是多方面的，包括自然体验、沿海旅游、文化之旅、城市旅游、商务会议和学术会议等。如在冰岛雷克雅未克举行的北极圈大会，在过去的几年里已经成为世界上最受欢迎和最著名的北极聚会之一。一方面，旅客人数的增加部分原因是北欧国家成功的市场营销和商业战略的效应。另一方面，也不应低估该地区和平与政治稳定的影响，以及运作良好的基础设施和清洁环境的带动作用。

尽管在过去几年中出现了积极的趋势，但旅游业还是很容易受到全球经济发展的影响。此外，经济趋势是北欧国家旅游业主要的分隔线之一。在 2008—2014 年期间，丹麦、芬兰、冰岛和瑞典的留宿旅客平均数有所增加，但同一时期，挪威经历了逆向发展（Smed Olsen 2016）。部分原因源于挪威克朗的高汇率。这反而增加了邻国芬兰和瑞典的挪威游客数量。此外，跨边界旅游业对区域发展尤其重要。例如，芬兰东部和丹麦南部的经济发展与访问这些地区的俄罗斯和德国游客的数量密切相关。

冰岛的国际游客比例普遍高于其他北欧国家。这是冰岛航空公司“辐辏”模式的结果，该模式以凯夫拉维克机场作为欧洲与北美之间的“主要枢纽”（Smed Olsen 2016，98，100）。与前一年相比，2016 年到冰岛留宿游客增加了 40% 以上（Óladóttir 2017）。这一增长对经济产生了重大影响，因为 2016 年旅游业收入超过了该国 GDP 的三分之一，并且预计还会进一步增长（WTTC 2017）。除冰岛外，芬兰航空公司也采取了冰岛航空公司的“辐辏”模式，专营欧洲和亚洲之间的交通（Finnair 2016）。直飞亚洲市场的航班增加了日本和中国到芬兰的游客数量。旅游业的增长在经济方面的影响也是明显的，因为该领域的经济影响与林业和农业是同等的（Statistics Finland 2016）。直飞亚洲和北美的航班增强了北欧地区的通达性。这与全球对北欧模式的兴趣一起，共同推动地区旅游业成为北欧地区增长最快的产业之一。

结论

本节主要介绍了北欧自然资源、能源体系以及重点产业的发展，这三者之间紧密相连，共同构成了北欧模式支柱之一。将开发重要禀赋的能力推进到具有优质产品研发的能力，对福利国家的诞生是必不可少的。然而，如果没有广泛的能源资源和运输基础设施来保证充足的能源供应，这也难以实现。经济与全球市场的相互依赖以及国际竞争的加剧，迫使北欧产业适应新的形势。这意味着一方面产业必须促进产品升级，另一方面，产业成果要多样化并发现诸如生物经济那样的新产业。在全球转型中，北欧国家相对来说做得比较成功，正如能源领域的例子所显示的那样。此外，北欧国家的气候和能源政策目标是世界上最有雄心的。北欧在资源开发、能源和产业方面的协作有着悠久的历史。然而，合作有时也会与国家利益和国际义务发生冲突，如丹麦、芬兰和瑞典的欧盟成员国身份。不过，为了应对气候变化等未来挑战，还需多方合作。然而，从全球的角度来看，北欧区域可以作为在自然资源、能源和工业等有争议的领域实现区域合作的一个案例。

参考文献

Archer, Clive (1996) . The Nordic Area as a "Zone of Peace." Journal of Peace Research 33 (4): 451 - 67.

Bambulyak, Alexei et al. (2015) . Resource Management Regimes in the Barents Sea. In AnatoliBourmistrov et al. (eds.) International Arctic Petroleum Cooperation: Barents Sea Scenarios, Abingdon, Oxon, GBR: Routledge, 53 - 76.

Cappelen, Ådne and Lars Mjøset (2013) . Can Norway Be a Role Model for Natural Resource Abundant Countries? In Augustin K. Fosu (ed.) Development Success: Historical Accounts from More Advanced Countries, Oxford: Oxford University Press, 44 - 72.

CIA (2017) . The World Factbook: Iceland. https://www.cia.gov/library/publications/the-world-factbook/geos/ic.html (April 8, 2017) .

Edberg, Karin and Ekaterina Tarasova (2016) . Phasing out or Phasing in: Framing the Role ofNuclear Power in the Swedish Energy Transition. Energy Research and Social Science 13: 170 - 79.

Finnair (2016) . Strategy. https://investors.finnair.com/en/finnair-as-an-investment/strategy (January16, 2018) .

Finnish Energy (2017) . Electricity Generation. https://energia.fi/en/energy_sector_in_finland/energy_production/electricity_generation (January 11, 2018) .

Føroya landsst yri (2016) . Oil Exploration on the Faroese Continental Shelf.

Government of Greenland (2014) . Greenlands Oil and Mineral Strategy 2014 - 2018. Nuuk: Government of Greenland. http://www.govmin.gl/images/stories/about_bmp/publications/Greenland_oil_and_mineral_strategy_2014-2018_ENG.pdf.

Hagstova Føroya (2016) . Faroe Islands in Figures 2016. Argir: Statistics Faroe Islands. http://www.hagstova.fo/sites/default/files/Faroe_Islands_in_figures_2016.pdf.

Heikkinen, Hannu I Élise Lépy Simo Sarkki and Teresa Komu (2013) . Challenges in Acquiring a Social Licence to Mine in the Globalising Arctic. Polar Record (Roach 2007): 1 - 13. http://www.journals.cambridge.org/abstract%7B_%7DS0032247413000843.

IEA (2016) . Nordic Energy Technology Perspectives. Oslo, Norway: IEA Publishing. http://www.nordicenergy.org/wp-content/uploads/2016/04/Nordic-Energy-Technology-Perspectives-2016.pdf.

—— (2013) . OECD Development Co-operation Peer Reviews Energy Policies of IEA Countries: Sweden 2013. Paris: IEA. /content/book/9789264196254-en.

Indra Overland (2018) . Introduction: Civil Society, Public Debate and Natural ResourceManagement. Public Brainpower: Civil Society and Natural Resource Management: 1 - 22. https://www.researchgate.net/publication/320656629_ Introduction_ Civil_ Society_ Public_ Debate_ and_ Natural_ Resource_ Management.

Kuisma, Markku (2006) . Metsäteollisuuden Maa: Suomi, MetsätJa Kansainvälinen Järjestelmä 1620 – 1920. (2nd ed.) Helsinki: Suomalaisen Kirjallisuuden Seura.

Lindberg, Gunnar (2016) . Economic Development: Economically Strong but Crisis Still Shows. In Julien Grunfelder, Linus Rispling, and Gustaf Norlén (eds.) State of the Nordic Region 2016,

Stockholm: NORDREGIO & Nordic Council of Ministers, 72 - 83.

MEAE (2017) . Government Report on the National Energy and Climate Strategy for 2030. Riku Huttunen (ed.) . Helsinki: Ministry of Economic Affairs and Employment.

Ministry of Industries and Innovation (2014) . The Icelandic National Renewable Energy Action Plan for the Promotion of the Use of Energy from Renewable Sources in Accordance with Directive 2009/28/EC and the Commission Decision of 30 June 2009 on a Template for the National Renewable Energy Action Pl. https://ec.europa.eu/energy/sites/. . . /dir_ 2009_ 0028_ action_ plan_ iceland__nreap.pdf.

NCM (2016) . Nordic Statistics 2016. Karl Munch Haagensen and Ulla Agerskov (eds.) . Copenhagen: Nordic Council of Ministers. http://norden.diva-portal.org/smash/get/diva2: 1040725/FULLTEXT03.pdf.

Óladóttir, Oddn ý Þ óra (2017) . Tourism in Iceland in Figures. Reykjavik: Iceland Tourist Board. https://rafhladan.is/bitstream/handle/10802/9964/toursim_ in_ icland _ infigf2014.pdf? sequence = 6.

Ollila, J (2017) . Nordic Energy Co-Operation: Strong Today - Stronger Tomorrow. Nordic Council of Ministers. http://www.nordicenergy.org/wp-content/uploads/2017/08/Nordic-Energy-Co-operation-Strong-today-stronger-tomorrow.pdf.

Regerienskansliet (2013) . Sweden's Minerals Strategy. Stockholm: Ministry of Enterprise, Energy and Communications Sweden. www.regeringen.se/mis.

Regeringskansliet (2017) . The Swedish Government's Climate Initiatives - Three Years into the Electoral Period. http://www.government.se/articles/2017/10/the-swedish-governments-climate-initiatives--three-years-into-the-electoral-period/ (January 4, 2018).

Saijets, Maiju and Linnea Rasmus (2017). Controversy over Logging in Inari, Finland, about to Escalate Again. The Independent Barents Observer. https://thebarentsobserver. com/en/life-and-public/2017/11/controversy-over-logging-inari-finland-about-escalate-again.

Smed Olsen, Lise (2016). Tourism: A New Economic Driver? In Julien Grunfelder, Linus Rispling, and Gustaf Norlén (eds.) State of the Nordic Region 2016, Stockholm: NORDREGIO & Nordic Council of Ministers, 96 - 105. http://www. nordregio. se/en/Publications/Publications-2016/State-of-the-Nordic-Region-2016/.

Spijkers, Jessica and Wiebren J. Boonstra (2017). Environmental Change and Social Conflict: TheNortheast Atlantic Mackerel Dispute. Regional Environmental Change 17 (6): 1835 - 51.

SSB, Ministry of Finance, Macroeconomic indicators for the petroleum sector 1971 - 2015 (2016).

Availableat http://www. norskpetroleum. no/en/economy/governments-revenues/Statistics Denmark (2016). Statistical Yearbook 2016. Ulla Agerskov, Margrethe Pihl Bisgaard, and Pia Dyrby Poulin (eds.). Copenhagen: Statistics Denmark. www. dst. dk/yearbook.

Statistics Finland (2016). Statistical Yearbook of Finland 2016. Volume 111. Sirkku Hiltunen, Nina Koivula, Seija Laine, and Tarja Ruuskanen (eds.). Helsinki: Statistics Finland. http://www. stat. fi/tup/julkaisut/tiedostot/julkaisuluettelo/yyti_stv_201600_2016_16179_net. pdf.

Statistics Greenland (2016). Greenland in Figures 2016. http://www. stat. gl/publ/da/GF/2016/pdf/Greenland in Figures 2016. pdf.

Statistics Iceland (2015). Statistical Yearbook of Iceland. Svava Guðjónsdóttir (ed.). Reykjavik: Statistics Iceland. https://www. statice. is/media/49296/landshagir2015. pdf.

Statistics Norway (SSB), Dette er Norge 2016: Hva tallene forteller (2016). Available at http://ssb. no/befolkning/artikler-og-publikasjoner/_attachment/274437?_ts=1567e828450.

Statoil (2017). Statoil's Climate Roadmap: Creating a Low Carbon Advantage. Oslo: Statoil https: //www. statoil. com/content/dam/statoil/image/how-and-why/climate/A4-climate-roadmap-digital. pdf.

TEM (2013) . Suomi Kestävän Kaivannaisteollisuuden Edelläkävijäksi-Toimintaohjelma. Helsinki.

Thurber, Mark C. and Benedicte Tangen Istad (2012) . Norway's Evolving Champion: Statoil and the Politics of State Enterprise. In David G. Victor, David R. Hults, and Mark Thurber (eds.)

Oil and Governance: State-Owned Enterprises and the World Energy Supply, Cambridege UK: Cambridge University Press, 599 - 655.

Thurber, Mark C David R Hults and Patrick R P Heller (2011) . Exporting the "Norwegian Model": The Effect of Administrative Design on Oil Sector Performance. Energy Policy 39 (9): 5366 - 78. http: //dx. doi. org/10. 1016/j. enpol. 2011. 05. 027.

Tordo, Silvana Brandon S Tracy and Noora Afraa (2011) . National Oil Companies and Value Creation. Washington D. C.

Weber, Ryan and Benjamin Donald Smith (2016) . The Future of Nordic Climate and Energy. In Julien Grunfelder, Linus Rispling, and Gustaf Norlén (eds.) State of the Nordic Region, Stockholm: NORDREGIO & Nordic Council of Ministers, 106 - 21. http: //www. nordregio. se/Templates/NordRegio/Pages/PublicationPage. aspx? id = 4050&epslanguage = en.

WTTC (2017) . Economic Impact 2017 Iceland. London: World Travel and Tourism Council. https: //www. wttc. org/-/media/files/reports/economic-impact-research/countries-2017/iceland2017. pdf.

第六节　北欧国家的外交政策和贸易政策

芬兰拉普兰大学　玛格丽特·塞拉 (Margrét Cela)

北欧五个国家都认为自己是小国，它们都依赖于和平、稳定、国际合作及法治来发挥其影响力，实施其政策。北欧国家尽管规模较小，但有着高度全球化的经济，它们共同构成了世界第十二大经济体 (Nordic Council of Ministers, 2016, 5)。虽然各国在外交和贸易政策上有一些共同特点，但也因其优先事项、机构参与、能力、优势和地缘政治地位等差异而有所不同。这一节将更详细地研究北欧国家的外交和国际贸易政策。

许多研究人员都做过关于小国研究，包括小国应当如何在国际体系中发挥影响力，维护其安全利益并努力实现其最大化的国家整体利益。小国有一些共同的特征，它们将自己的优势，如外交官的非正式性、灵活性和自主性，运用于外交谈判。在他们认为特别重要的具体问题上，他们也拥有相对较大的权力。因为小国没有和大国一样的人力资源，它们就需要考虑优先性以便最大限度地发挥影响力并获益，但由于它们通常拥有较小范围政治和经济利益，往往也就更加自然地考虑优先次序（Thorhallsson and Steinsson，2017，2－4）。

北欧国家在人权、环境、解决冲突与发展问题等事务上拥有相对来说更大的影响力（Ingebritsen，2002，13）。此外，它们在一些特殊的利益领域相对来说也有更大的影响力，如冰岛在渔业事务上，挪威在石油和天然气方面。

地缘政治背景

虽然北欧国家关系密切，合作历史悠久，有着许多共同的价值观，但其优先考虑事项也是在其他外部因素的影响下形成的，如其地理位置、东西部邻国、制度联盟、实力和资源等。冷战期间，其外交政策常常被视为对发展问题和南北问题的共同关注。由于积极参与联合国任务、对联合国做出资金贡献和对联合国各类机构工作上的支持，北欧国家被认为是国际主义者和联合国的积极支持者（Laatikainen，2003，413－14）。

冷战时期也是各国外交和贸易政策在发展方向上出现差异的时期。挪威、冰岛和丹麦都是北约的创始成员国，芬兰和瑞典决定保持中立。丹麦、挪威和冰岛都拒绝在和平时期外国军队入驻：丹麦和挪威是为了确保苏联不会入侵（Kaplan，2004，25），由于1940年德国的入侵导致中立失败（Riste 2001，159－164）。由于意识形态的原因，冰岛成为一个不设军事力量的和平小国，但却最大限度地发挥其在政治上和物资上的优势，在与美国关系中形成威慑（Jóhannesson，2004，120，123－4）。冰岛在与美国谈判时，还利用了其在当时的地缘战略重要性及其与苏联和东欧集团的关系。然而，在整个冷战时期，与美国的防御联盟一直备受争议，要求美国撤军的呼声经常会体现在政治议程上（Jóhannesson 2004，117）。丹麦的政策受到其在格陵兰的地位和美国与格陵兰签署防御协定的时机的影响，因为这一协定是在丹麦被德国占领时签订的，丹麦议会直到占领结束才批准该协定。当丹麦成为北约创始成员国时，曾期望北约接管格陵兰的防卫工作，取代原有的双边协定。尽管如此，在1951年还是签订了一项新的防御协议，美国在格陵兰岛得到了三个防卫区域：图勒（Thule）、松德尔斯特罗姆（Sondrestrom）和纳萨尔苏瓦格（Narssarsuaq），在那里他们几乎拥有完全的行动自由（Petersen 2011，95－7）。相应地，为向苏联“再次保证”挪威加入北约只是为了防御目的，挪威申明一项特殊基地政策：除非受到攻击或侵略威胁，绝不向外国武装部队开放基地，并且在和平时期，挪威禁止在其领土上部署核武器（Riste 2001）。

芬兰在冷战时期奉行中立政策，也未加入北约，并与苏联保持特殊的关系和友谊（Standish 2016）。瑞典也在冷战期间采取中立政策，在两个超级大国之间维持平衡（Whitfield 2015，15－17）。尽管声称中立，但最近的研究显示，如果被卷入战争，瑞典政府还是希望得到西方集团的援助（Dalsjö 2017，17）。瑞典和芬兰如今通过北约和平伙伴关系计划与北约进行密切合作，扮演着最积极成员国的一些角色（Pyykönen 2016，48）。

北欧国家对欧洲一体化也采取了不同的做法。冰岛和挪威两国选择不加入欧盟，但它们与欧盟在广泛的事务上密切合作，例如欧洲经济区（EEA）。另外三个北欧国家丹麦、芬兰和瑞典是欧盟成员国，但是丹麦和瑞典带有选择性不参与，即不参与欧盟的某些政策。在欧盟的三个北欧成员国中，芬兰是一个最支持欧盟的国家，也是唯一一个欧元区国家，尽管最近多年来，由于金融危机和移民危机，这种支持度一直在衰退（Grøn and Wivel，forthcoming）。

北欧国家从一开始就未参与欧洲一体化。芬兰和瑞典在冷战中采取的中立立场使两国直到冷战结束才参与欧洲一体化。然而，丹麦、瑞典和挪威都是1960年欧洲自由贸易联盟的创始成员国，所有北欧国家都是欧洲经济区（EEA）的成员国。

丹麦在1973年加入欧共体，是北欧地区最早的一个。挪威已三次申请加入欧盟：第一次是1962年同爱尔兰和英国一起申请加入，但法国否决了英国的加入资格；第二次是在1967年，这一次是与英国、爱尔兰和丹麦一起，谈判直到1972年才结束，但当丹麦选民明确支持成为成员国的时候，挪威民众却很快表示拒绝；第三次尝试是在冷战后的1994年，当时挪威与瑞典、芬兰和奥地利一起申请。挪威民众再次表示了拒绝的意愿，而芬兰因国内多数票赞成而加入欧盟，瑞典也得以加入欧盟（Archer 2005；Grøn and Wivel forthcoming）。冰岛自1994年以来一直是欧洲经济区的成员，2001年加入申根，但直到2008年爆发金融危机和银行危机之后，才于2009年申请加入欧盟。当冰岛经济出现反弹后，入盟谈判在2015年也就终结了（Grøn and Wivel, forthcoming）。

尽管存在不同的制度联盟、优先事项和利益，但北欧合作已发展成为世界上最广泛的区域合作之一。由于北欧国家往往有重叠的利益和优先事项，因而它们建立起了非正式和正式的合作方式，以便在更广泛的国际合作中协调其立场。北欧理事会和北欧部长理事会就是这类政策协调的主要机制（Institute for Security and Development Policy, 2016，6－8）。近几年来，在外交和安全政策方面的合作得到北欧国家的不断支持并发展壮大。这种合作是非正式的，并未置于北欧部长理事会的机制之下。基于共同的北欧价值观和广泛的安全观，合作主要集中于如气候变化、可持续发展和北极问题等领域（Ministry for Foreign Affairs of Finland，ND －A）。

外交和贸易政策的优先事项、分歧和共同点

在国际上，北欧国家因其国际贡献而受到认可，在“全球和平指

数”（Global Peace Index）和“良好国家指数”（Good Country Index）上位列前茅（Grøn and Wivel，forthcoming）。尽管北欧国家外交政策有许多共同特点，但从它们的官方政策文件以及各国外交部长发表的政策声明和讲话中可以看出，各国优势、重点方向和优先次序各不相同。北欧与世界主要地区的外交联系和贸易联系是广泛的，表2－2以各大洲为例展现了北欧国家驻外代表的广泛程度，表2－3则展现了它们的进口和出口在各大洲的分配状况。这些表格的来源是官方政府网站，请参阅参考文献列表中的备注。

表2－2 北欧国家的外交代表（大使馆、领事馆、总领事和常驻代表团）

	欧洲	北美洲	南美洲	非洲	亚洲	大洋洲
丹麦	42	22	17	35	36	5
芬兰	33	3	5	12	21	0
冰岛	13	2	0	3	3	0
挪威	33	4	5	17	29	1
瑞典	44	23	10	31	32	1

表2－3 北欧国家的进口和出口

		欧洲	北美洲	南美洲	非洲	亚洲	大洋洲
丹麦	出口	66%	12%	2%	2%	17%	1.30%
	进口	78%	3.60%	1.30%	0.78%	16%	0.32%
芬兰	出口	67%	9.30%	2.20%	2.70%	17%	1.10%
	进口	77%	5.10%	1.80%	0.92%	15%	0.24%
冰岛	出口	80%	8.70%	1.30%	2.70%	6.90%	0.52%
	进口	64%	12%	7.10%	0.97%	16%	3.70%
挪威	出口	79%	5.50%	1.20%	1.50%	12%	0.37%
	进口	63%	8.70%	1.80%	1.50%	25%	0.19%
瑞典	出口	69%	9.30%	1.80%	3%	15%	1.20%
	进口	82%	3.40%	1.10%	0.96%	13%	0.22%

丹麦王国强调其作为负责任全球行为体的角色，在可持续发展、捍卫人权和国际法方面处于领先地位，为全球和平和稳定作出贡献（Ministry of Foreign Affairs of Denmark，ND - A）。法罗群岛和格陵兰是丹麦王国的一部分，在大多数情况下由丹麦政府负责这三个地区的外交和安全政策。为维护格陵兰和法罗群岛的利益，丹麦政府与自治政府在一些特别重要事项方面密切合作（Ministry of Foreign Affairs of Denmark，ND - B）。

丹麦的国际贸易政策是在与欧盟密切合作中实施的。在欧盟内部，丹麦是最活跃的自由贸易国家之一。通过国际贸易以及与欧盟的合作，丹麦希望加强全球范围内的自由贸易，其对外贸易的大部分（70%）是与欧盟其他成员国或有意加入欧盟的国家进行。丹麦的其他重要市场主要在北美、中国和日本（Ministry of Foreign Affairs of Denmark，ND - C）。

芬兰奉行积极的外交政策，将密切国际合作、责任共担以及全面的双边和多边关系作为优先事项（Ministry for Foreign Affairs of Finland，2017）。它强调欧盟的共同外交和安全政策（CFSP）以及芬兰可信赖的国防政策的重要性（Ministry for Foreign Affairs of Finland，ND - B）。

芬兰的外交和安全政策旨在加强其独立性和国际地位。芬兰外交事务目前面临的最突出问题包括：确保邻近地区的稳定；通过与北约伙伴关系和欧盟安全共同体，加强与北欧国家的安全合作；以及加强对外经济关系（Ministry for Foreign Affairs of Finland 2017）。

芬兰国际贸易政策的主要目标是促进开放、基于规则和自由的全球经济。欧盟是芬兰最大的市场，但芬兰也意识到大多数不断增长的市场位于世界其他地区，因此对于芬兰企业来说，开拓内外市场是非常重要的（Ministry for Foreign Affairs of Finland 2017）。在欧洲之外，芬兰向美国和中国出口了大量产品，中国是芬兰在亚洲最大的出口市场。在芬兰进口方面，中国已经超过了美国（OEC. ND - A）。

冰岛外交政策的基石是与西方、欧盟和北欧的合作。冰岛强调其参与北约、联合国和北极理事会工作的重要性（Government Offices of Iceland 2017）。此外，政府强调在所有国际参与中负责任的参与原则和国际法的重要性。冰岛的外交政策建立在其拥有相当实力的三个领域基础上：在可持续利用海洋资源、可再生能源方面的经验以及为争取性别平等的运动（Ministry for Foreign Affairs of Iceland，ND - A）。

通过欧洲自由贸易联盟（EFTA），冰岛成为欧洲经济区的一部分，使该国成为欧洲市场的一部分（Ministry for Foreign Affairs of Iceland，ND - B）。欧洲经济区受欧盟基本规则管辖，包括“货物、资金、服务和人员”四大流动自由。此外，冰岛还签订了一些双边贸易协定（Ministry for Foreign Affairs of Iceland，ND - C）。

挪威把其他欧洲国家看作是其最亲密的邻国和最重要的贸易合作伙伴，与此同时也视美国为其主要的政治伙伴（Brende 2016）。在2017年初给挪威议会的一份陈述中，挪威外交部长表示，挪威已经很好地融入了欧洲经济，而且强大到足以在全球范围内保持自己的经济竞争力。他还将挪威描述为“技术先进、前瞻和在诸如能源、金融、航运、海产食品和蓝色经济等领域资源富集的国家”（Brende，2017）。

正如部长所列出的那样，挪威外交政策的优先事项，首先是保证国家安全和挪威公民和社会的安全和保障，和其他盟友一起为北约的重建行动发挥作用。其次是加强与最亲密的友邦和盟友的关系，其他北欧国家则是最为重要的盟国。再者是发展社会。挪威认为外交和国内政策正在更加紧密地相互交织，以挪威社会价值观如自由、人权、民主、性别平等、正义、尊重环境为基础，主张并致力于人道主义和发展援助。最后，通过寻求与其他国家的良好关系和多边主义加强挪威的形象和角色（Brende 2017）。

挪威的贸易政策是通过许多国际协定来规范的，其中世界贸易组织（WTO）协定最为主要。其他重要的协定主要包括欧洲经济区以及通过EFTA达成的自由贸易协定。挪威的经济是开放的，依赖国际贸易和挪威企业的全面市场准入（Norway in Geneva，2017）。

瑞典的外交政策是以性别平等和女权主义为基础的，并且瑞典是第一个在世界上奉行女权主义外交政策的国家。这一政策将帮助世界上所有的妇女和女孩争取平等和人权（Government Offices of Sweden 2017）。女权主义外交政策也将体现在瑞典将要在2017—2018年联合国安理会开展的工作中，因为瑞典认为“安全、发展和性别平等是相互关联的”（Government Offices of Sweden，2016）。瑞典外交部长瓦尔斯特伦（Wallström）在向瑞典议会作的一份政府政策陈述中更明确表示，瑞典的外交政策基于三大支柱：人权、民主和多边合作。欧盟被认为是最重要的合作场合，瑞典希望积极地加强共同安全和国防政策（Wallström 2017，1－2）。

瑞典推崇开放、简明和公平的国际贸易环境，认为全球化提供了新的机会，同时也增加了国际贸易和投资上的竞争压力。由于贸易政策是欧洲联盟所有成员国的共同政策，瑞典在世贸组织中由欧盟代表。作为世界上最大的贸易集团（欧盟）的一部分，赋予了瑞典在世贸组织内更大的发言权（Permanent mission of Sweden in Geneva，ND）。瑞典承认亚洲是全球经济的增长引擎，并强调投资新技术和发展技术的重要性。关于亚洲，重点是促进可持续性、尊重人权和民主。虽然瑞典和中国关系正在不断发展，但双方对人权状况和地区安全政策的不同理解等被视为令人关切的问题（Wallström 2017，5）。尽管如此，中国仍是瑞典在亚洲最大的贸易伙伴，有 1 万多家瑞典公司与中国开展业务，500 多家瑞典公司在中国成立分公司。

结论

北欧国家有许多共同的价值观，在很多政策领域都有良好的表现，例如性别平等、人权和环境问题。它们国家不大却高度依赖开放的国际经济和自由贸易。通过更密切的合作，它们可以强化其促进共同利益的能力。通过合作，它们可以共享资源和信息，同时也能共担成本。尽管如此，即使北欧国家有很多共同的利益、价值观，但它们并不都是同一国际组织的成员，例如欧盟和北约。其中的原因是“多样性的统一”，即它们有不同的历史、优势和优先事项。因此，北欧合作与其他国际机制之间的关系被认为是互补的，而不是相互竞争的。

参考文献

Archer, Clive (2005). Norway outside the European Union, Norway and European integration from1994 to 2004. Routhledge, Oxon 2005.

Brende, Børge. (2016). Foreign policy address to the Storting 2016, https://www.regjeringen.no/en/aktuelt/address_ storting/id2477557/.

Brende, Børge. (2017). Foreign policy address to the Storting 2017, https://www.regjeringen.no/en/aktuelt/policy_ address/id2541960/.

Dalsjö, Robert (2017). "Trapped in the Twilight Zone? Sweden Between Neutrality and NATO".

The Finnish Institute of International Affairs. https://storage.googleapis.com/upi-live/2017/11/wp94_ trapped_ in_ the_ twilight_ zone.pdf.

Government Offices of Iceland. (2017). Policy Statement, http://www.stjornarrad.is/stefnuyfirlysing/stefnuyfirlysing-rikisstjornar-sjalfstaedisflokksins-vidreisnar-og-bjartrar-framtidar.

Government Offices of Sweden. (2017). Swedish Foreign Service action plan for feminist foreign policy 2015 - 2018 including focus areas for 2017, http://www.government.se/contentassets/bca76b4547ad46fb929ece47e7cfe26d/swedish-foreign-service-action-plan-for-feminist-foreign-policy-20152018-including-focus-areas-for-2017.pdf.

Government Offices of Sweden. (2016). Sweden has been elected to the UN Security Council, http://www.government.se/statements/2016/06/sweden-has-been-elected-to-the-un-security-council/Grøn, Caroline Howard and Wivel, Anders. (Forthcoming 2018) "Scandinavia and the European.

Union: Pragmatic Functualism reconsidered" Routhledge Handbook on Scandinavian Politics (p.269 - 280) Ed. Nedergaard, Peter and Wivel, Anders.

Ingebritsen, Christine. 2002. "Norm Entrepreneurs: Scandinavia's Role in World Politics." Cooperation and Conflict 37 (1): 11 - 23.

Institute for Security and Development Policy. (2016). Sino-Nordic Relations: Opportunities and the Way Ahead. Stockholm: Institute for Security and Development Policy. http://isdp.eu/content/uploads/2016/11/2016-Sino-Nordic-Relations-Opportunities-and-the-Way-Ahead.pdf.

Jóhannesson, Guðni Th. (2004). "To the edge of nowhere" Naval War College

Review. Washington, 2004.

Kaplan, Lawrence S. (2004) NATO Devided, NATO United: The Evolution of an Alliance. Greenwood Publishing Group, 2004.

Laatikainen, K. V. (2003). "Norden's eclipse: the impact of the European Union's Common Foreign and Security Policy on the Nordic group in the United Nations", Cooperation and Conflict, Vol. 38, No. 4, pp. 409 – 41.

Ministry for Foreign Affairs of Finland. (ND – A) Nordic cooperation on foreign and security policy. http://formin. finland. fi/public/default. aspx? nodeid = 49684&contentlan = 2&culture = en-US Ministry for Foreign Affairs of Finland. (ND – B) Foreign and Security Policy, http://formin. fi/public/default. aspx? nodeid = 49298&culture = en-US&contentlan = 2.

Ministry for Foreign Affairs of Finland. (2017). Strategic priorities of the Foreign Service. http://formin. finland. fi/public/download. aspx? ID = 168470&GUID = {B4E32990-1DB4-4C7E-903B-8D6461A4AC71}

Ministry for Foreign Affairs of Iceland. (ND – A) Foreign Policy Overview, https://www. mfa. is/foreign-policy/Ministry for Foreign Affairs of Iceland. (ND – B) Trade Policy, https://www. mfa. is/foreign-policy/trade/trade-policy/.

Ministry for Foreign Affairs of Iceland. (ND – C) External Trade, https://www. mfa. is/foreign-policy/trade/.

Ministry of Foreign Affairs of Denmark. (ND – A) Foreign Policy, http://um. dk/en/foreign-policy/.

Ministry of Foreign Affairs of Denmark. (ND – B) Greenland and the Faroe Islands, http://um. dk/en/foreign-policy/greenland-and-the-faroe-islands/.

Ministry of Foreign Affairs of Denmark. (ND – C) International Trade Policy, http://um. dk/en/foreign-policy/international-trade-policy.

Nordic Council of Ministers. (2016). Nordic Statistics. Ed. Haagensen, Klaus Munch and Agerskov, Ulla. Norcic Council of Ministers, http://norden. diva-portal. org/smash/get/diva2: 1040725/FULLTEXT03. pdf.

Norway in Geneva. (2017). Read about what the Norwegian Mission does regarding trade related matters in Geneva. https://www. norway. no/en/missions/wto-un/our-priorities/trade/norwegian-priorities/norwegian-priorities2/.

OEC. (ND – A) Finland, http://atlas. media. mit. edu/en/profile/country/fin/.

Permanent mission of Sweden in Geneva (ND) International Trade Policy, http://www.swedenabroad.com/en-GB/Embassies/Geneva/Sweden—the-UN/International-Trade-Policy/.

Petersen, Nikolaj. (2011). "SAC at Thule: Greenland in the Polar Strategy" Journal of Cold War Studies. Vol. 13, No. 2 p 90 – 115.

Pyykönen, Juha (2016). "Nordic Partners of NATO: How similar are Finland and Sweden within NATO cooperation?" The Finnish Institute of International Affairs, http://www.fiia.fi/en/publication/616/nordic_ partners_ of_ nato/.

Riste, Olav (2001). Norway's Foreign Relations – A History. Oslo, 2001.

Standish, Reid (2016). "How Finland Became Europe's Bear Whisperer", http://foreignpolicy.com/2016/03/07/how-finland-became-europes-bear-whisperer-russia-putin/Sweden abroad. (ND) Trade between Sweden & China. http://www.swedenabroad.com/en-GB/Embassies/Beijing/Business/Trade-between-Sweden – China/.

Thorhallsson, Baldur and Steinsson, Sverrir. (2017). "Small State Foreign Policy" in the Oxford Research Encyclopedia of Foreign Policy Analysis.

Wallström, Margot. (2017). Statement of Government Policy in the Parliamentary Debate on Foreign Affairs, http://www.government.se/49192d/globalassets/government/block/aktualitetsblock/utrikesdepartem entet/utrikesdeklarationen – 2017 – engelska.pdf.

Whitfield, Edward. (2015). "The 1995 enlargement of the European Union: The accession of Finland and Sweden" European Union, http://www.europarl.europa.eu/RegData/etudes/STUD/2015/563509/EPRS_ STU (2015) 563509_ EN.pdf

Iceland: http://www.iceland.is/iceland-abroad/embassies.

Denmark: https://www.embassypages.com/denmark.

Finland: http://formin.finland.fi/public/default.aspx? contentid = 327765&contentlan = 2&culture = fi-FI.

Norway: http://www.norway.info.

Sweden: http://www.swedenabroad.com.

Iceland: http://atlas.media.mit.edu/en/profile/country/isl/.

Denmark: http://atlas.media.mit.edu/en/profile/country/dnk/.

Finland: http://atlas.media.mit.edu/en/profile/country/fin/.

Norway：http：//atlas. media. mit. edu/en/profile/country/nor/.

Sweden：http：//atlas. media. mit. edu/en/profile/country/swe/#Destinations.

（本章翻译：王慧杰；校对：张沛）

第三章

世界政治中的北欧模式与合作

第一节 北欧合作大事年表

芬兰拉普兰大学 萨拉·卡里奥亚维（Salla Kalliojärvi）

1862 年，第一届北欧经济学家大会。

1872 年，第一届北欧法学家会议。

1886 年，第一届北欧劳工大会。

1907 年，北欧议会联盟成立。

1914 年，北欧君主和外交部长第一次会议（芬兰除外）。

1919 年，北欧协会（Norden Association）成立 1939 年—全体北欧国家首脑第一次正式会议。

1952 年，北欧理事会成立。

1954 年，签署北欧免除护照管制条约以及北欧共同劳动力市场条约。

1955 年，芬兰加入北欧理事会。

1955 年，社会保障联盟。

1956 年，北欧萨米理事会成立。

1957 年，护照联盟。

1962 年，《赫尔辛基条约》（该条约是为了扩大合作规模，并在尽可能多的领域实现北欧国家的统一管理）。

1967—1970 年，北欧国家间的泛经济合作谈判（NORDEK）（由于芬兰拒绝批准所拟条约，该谈判失败）。

1970 年，法罗群岛和奥兰群岛加入北欧理事会。

1971 年，北欧部长理事会和北欧青年理事会成立。

1981 年，语言协议。

1982 年，社会保障协议。

1984 年，格陵兰加入北欧理事会。

1997 年，北欧军事和平支援协调安排（NORDCAPS）。

1999 年，设立北欧驻柏林联合大使馆。

2002 年，建立可持续发展的全球契约北欧网络（GCNN）（连接了北欧 200 多个组织）。

2008 年，北欧战斗群（Nordic battlegroup）具备作战能力（包括芬兰、挪威、瑞典、爱沙尼亚、拉脱维亚、立陶宛和爱尔兰）。

2009 年，北欧防务合作（NORDEFCO）。

2014 年，北欧国家证书信息共享网络（NCIS）。

表 3－1　北欧（联合）理事会和组织机构的基本信息

北欧理事会，1952 年成立的议会机构	
选举委员会	为全体大会做准备并提交选举提案
主席团	负责整体政治事务、规划和预算
控制委员会	对北欧联合基金资助的项目进行议会管理
北欧可持续发展委员会	环境保护和自然资源管理
增长和发展委员会	推动迁徙自由和共同劳动力市场
北欧福利委员会	负责维持福利模式的相关事项
知识和文化委员会	负责文化、研究和教育相关事项

资料来源：www. norden. org.

表 3－2　北欧部长理事会职能与分工

北欧部长理事会，1971 年成立的政府间机构。北欧合作由各国总理主要负责，日常实际工作则由北欧合作部长和北欧合作委员会负责。
北欧劳工部长理事会（MR-A）
北欧商业、能源和地区政策部长理事会（MR-NER）
北欧渔业和水产业、农业、粮食和林业部长理事会（MR-FJLS）
北欧性别平等部长理事会（MR-JÄM）
北欧文化部长理事会（MR-K）
北欧法律事务部长理事会（MR-LAG）
北欧环境部长理事会（MR-M）
北欧健康和社会事务部长理事会（MR-S）
北欧教育和研究部长理事会（MR-U）
财政部长理事会（MR-FINANS）

资料来源：www. norden. org；www. nordefco；www. forsvarsmakten. se/sv/var-verksamhet/internationella-insatser/nordic-battlegroup/.

第二节　北欧福利与福利国家的理念

芬兰媒体《北欧》记者　拉塞利克·海格曼（Larserik Häggman）

本节简要介绍北欧福利及福利国家概念、北欧路径和北欧模式，以及它们和其他西方国家的不同之处。目的不在于深究各国之间的差异，而是为了从不同角度解释并分析何为北欧模式或北欧路径。从第三部门、非政府组织或人民运动的角度探讨北欧模式，包括医疗保健、劳动力市场、国家和民主等方面，以阐明北欧模式的典型特征。首先，让我们简单了解一下北欧地区发展至今的背景情况。

北欧地区发展的背景情况

19 世纪末 20 世纪初，北欧国家基本上处于欧洲和北大西洋的政治和地理边缘。在中欧和北美看来，这块地方既贫穷又无趣。20 世纪末 21 世纪初，虽然北欧国家在地理上仍处于边缘地带，但政治上却不再如此，它已是世界上最富裕的地区之一，是全世界关注的对象。北欧国家现在是世界上最具竞争力的国家。这里简单列举几项排名，比如，政治最清廉、公民生活最幸福、言论自由最广泛。在几乎所有的国际排名和调查中，北欧国家都能名列前茅。因此，在这不到一个世纪的时间里必然发生了一些事——一个贫穷、偏远而且缺少资本的地区究竟是如何发展成为世界上最繁荣的地区之一的？这个问题困惑了人们几十年。答案在于北欧的福利国家和福利社会，它是人民之家，也就是今天人们常说的“人民家园”。简而言之，答案就是北欧模式和路径。

值得注意的是，对北欧模式的关注和看法随着时间的不断变化。20 世纪 60 年代，欧美国家对此兴趣强烈，北欧模式备受推崇。冷战期间，北欧模式有时候被视为西方资本主义和东方社会主义之外的第三条道路。在过去几十年，这种偏政治化的表述则较为罕见。而几十年之后，它被认为已经过时而且注定会失败。

北欧模式和北欧路径到底是什么？这个问题的答案有很多。对这个问题的解释也很多，可以通过不同方式进行解读。需要注意的是，无论选择哪种阐述方式，在某些领域，北欧国家之间以及它们的解决方案都有所不同。但是整体来看，北欧模式作为一个共同的模式存在，具有许多核心特征。20 世纪初的北欧是贫穷的。由于局限于原材料出口、经济依赖国内市场，导致它们一直处于边缘状态。不过，挪威和冰岛的渔业、丹麦的农业、瑞典的矿业和芬兰的木材并没有像殖民地的原材料那样被过度开发。北欧国家遵循自己的发展模式，设法将自己的资源转化为精制成品和商品。

北欧发展方式的主要理念是“公平增长”（growth with equity），这种增长基于政治和社会的稳固、高水平教育（早期教育和免费公立学校）、农民和工人间的大规模合作组织以及稳定的民主环境。社会对话，也就是说国家、工会和雇主间的三方合作是非常重要的。几十年来，在国家支持下，工会和雇主间通过协商建立起互信。在此基础上，不仅工资问题得以解决，工人权利逐渐扩大，很多社会改革也得以推进。历史上，大规模事件的解决方案经常是通过这种协商达成的：一方面，劳动力市场雇佣双方之间的社会对话越来越普遍，减少了政府的介入；另一方面，在与福利相关的问题上，政府也在一定程度上较少咨询社会方面的意见。

福利国家的类型

尽管大多数现代市场经济国家都发展成为某种类型的福利国家，但它们之间存在很大差异。通过比较其不同特征，学者对福利国家进行了分类，基本分为两种：一种是为最贫穷的公民提供基本生存保障；另一种是提供覆盖面更大的各种补助和福利。北欧国家当然属于后者。更恰当的分类是三分法。这一分法是基于这样的事实：福利国家不仅是向有需求的人提供福利，同时还是主动塑造社会关系的系统。在大多数欧洲国家中，现有的社会等级制度就是为了巩固和加强现行的社会体系。比如说，19 世纪俾斯麦时期的德国，社会保险的制度设计偏向于服务具有特殊身份的人群，例如公职人员。问题在于，不同的公民群体是如何利用市场获取社会服务的，以及获取何种福利。

根据艾斯平 - 安德森的理论（Esping Andersen），可分为如下三种不同的福利模式：自由福利模式、社团主义/保守福利模式和北欧模式。第一种自由福利模式，存在于美国、加拿大和澳大利亚，它只为社会最底层的公民提供基本的生活保障，很少或者没有重新分配的目标。在这样的模式中，绝大多数能依靠市场经济生活的人和小部分无法维系生活的人之间明显不同。第二种是中欧的社团主义福利模式，它基于个人在劳动力市场中的位置，并且能巩固现有的社会结构。这种模式和天主教会有所联系并且支持传统的家庭模式。第三种是北欧或斯堪的纳维亚模式，通过提供普遍的福利来推动社会平等。在这一模式中，中产阶级也能从中受益；同时，以税收为主要来源的财政资源能在系统内不断循环流通。

北欧模式的典型特征是社会福利主要由国家（国家层面）、郡县

(county)(地区层面)或者城镇(地方层面)的公共部门提供，私人部门和志愿组织则作为补充。其次，北欧国家的社会福利具有综合性和普遍性，这意味着这一系统具有再分配性及更广泛的社会平等性。普遍性是指退休金、医疗保健、儿童保育、教育、子女津贴和健康保险等惠及所有人，不仅仅针对穷人。因此，社会福利并非依赖于每位公民个人的纳税能力。北欧模式的财政基础是依靠一般税收，而不是和职业相关的具体贡献。

北欧模式的哲学理念在于，它不像自由福利模式的国家那样，将社会福利视为底层公民的安全网，而是把它当做国家的一个组成部分，以推动经济增长、促进就业、提高生活质量。最后，北欧模式有助于家庭内部关系的平等，女性作为独立公民的身份、而不是以妻子或者母亲的身份获得福利。

上述三类模式是理论上的，分别有一些具体特征。没有一个国家会完全按照这些模式去建立自己的福利体系。在北欧国家中，尽管社会福利制度在一定程度上还是基于公民的收入，但所有北欧国家还是建立起了十分普遍的福利系统。

我们可以通过如下方式将北欧模式与自由模式和社团主义模式进行比较(Kangas and Palme 2005)：第一，公共部门的规模及公共支付转移与所提供服务的对比情况；第二，公共服务和收入转移之间的关系；第三，国民生产总值中社会支出的份额；第四，税收在社会支出的财政来源中的比重；第五，被保险人和雇主的资金分担；第六，社会保障的覆盖范围(被保险人占总人数的比重)；第七，社会保障水平(收益占工资的比重)；最后，私人福利安排的补充作用。

税收、免费教育、退休金和社会改革

在其他国家，很多由私人公司或公民组织负责管理的事务，在北欧国家则由市政当局来管理。因此，北欧国家的公共部门规模更大，而中欧国家的收入转移规模则更大。最近，随着中欧国家公共部门的发展以及北欧国家退休金和失业津贴支出的增长，这种情况已经发生了变化。对此，研究者提出了“部分趋同”的说法。

社会支出在GDP中的份额经常被用作衡量社会福利的工具。北欧模式基本上是由税收来提供财政支持，不断扩大的退休金体系则是由雇员和雇主共同支付。这使得北欧模式更接近于中欧的社团主义福利模式。但两者的一个明显区别是，在北欧国家，主要由雇主承担这笔支出。

北欧模式最重要的特征是普遍而平等的社会保障。福利水平之高也被认为是北欧国家的典型特征。如果我们看一看本世纪以来的发展，似乎普遍的原则没有变化，但是福利水平则逐渐下降，靠近中欧水平。

北欧国家的私人福利计划安排一直处于边缘地带，但最近几十年有所增长。这与福利水平的下降是同步发生的。历史上很多社会改革是自发产生，随后由国家接手，最后融入到福利体系中。

略显讽刺的是，北欧地区近期的发展总体呈现如下特征：一方面，建立一些类似北欧福利模式的制度，但又将其向中欧模式进行调整。另一方面，目前的北欧模式曾在20世纪90年代发展到最大规模，形式十分明确，其与自由模式和社团主义模式有所不同，在各类民调中处于领先位置。这些事实引发了关于当前北欧模式或北欧路径的广泛讨论。

讨论的许多问题都是关于北欧模式如何取得成功的。是由于北欧人天性比其他民族更善于合作、更加理性、更不自私自利吗？并非如此。上文其实已经给出一个更加合理的解释，即北欧市场经济的典型特征如社会实践、长期机制和历史经验等其他因素，似乎能更好地回答这个问题。

此外，一些研究者还指出了北欧社会的道德逻辑和公民个体的独立作用。根据这一理论（Berggren and Traägårdh），北欧社会将其公民从家庭和公民社会等几乎所有相关的从属和依附关系中解放了出来：穷人脱身于救济，工人独立于雇主，妻子自立于丈夫，孩子不必依赖父母，老人不必依赖子女。由此，北欧国家便成为家庭依附最少、个体最独立的社会。这些是通过福利的普遍性和国家部门的相对强大实现的，并且需要高水平的税收作为支撑。

普遍福利的结果包括儿童保育、个人税、免费教育、学生的资金资助和贷款等。与北欧国家个人主义相伴的是社会上人与人之间，以及公民与司法、行政和警务等机构之间更为广泛的信任。在欧洲价值观调查中，北欧民众对这些机构的信任度名列前茅。通过对北欧国家、德国和美国的比较可以看出，北欧的国家和个人之间有着稳固的相互关系，在美国是个人和家庭呈现出这样的牢固关系，在德国则是国家和家庭之间。

结论

以上关于北欧福利国家和北欧模式的描述和讨论告诉我们，北欧模式需要继续发展。这个模式有值得赞赏的地方，也有人说已经过时。它还可以被描述成介于社会主义和资本主义之间的第三条路，或者是对资本主义的修正方式。无论如何，北欧模式不同于其他模式，是独一无二的。

参考文献

Kangas, Olli and Palme, Joakim (2005). Social Policy and Economic Development in the Nordic Countries: An Introduction. Social Policy and Economic Development in the Nordic Countries. Great Britain: Palgrave Macmillan 2005. pp. 1 – 16.

第三节　地方政府、北欧合作及其他政策

格陵兰大学　玛丽亚·阿克仁（Maria Ackrén）

本节将讨论北欧的次国家政府：奥兰群岛、法罗群岛和格陵兰岛的政府政策是如何影响它们的国际关系和北欧合作的。这些地区的政治决策不尽相同。这些地区在国际合作方面是否反映了各自宗主国（metropolitan states）的情况？这些群岛地区如何被纳入诸如北欧理事

会、北欧部长理事会、欧盟等北欧地区组织或者国际组织的？

奥兰群岛、法罗群岛和格陵兰岛是分别属于芬兰和丹麦的自治地区。奥兰群岛在芬兰管辖之下，法罗群岛和格陵兰岛则属于丹麦王国。这些群岛如同各自国家的镜像，体现出民主和福利社会的特征；它们的公民社会也被视为各自国家的一种镜像特征，包括各种文化、体育、休闲活动（兴趣爱好）和宗教领域的协会和组织。

北欧合作

这三个岛屿地区在北欧合作中都很活跃。自治地区参与北欧合作的情况在20世纪60年代、80年代和21世纪初期被详细考察过。贡纳尔·卫特伯格（Gunnar Wetterberg）在2010年提出了建立一个“北欧联邦国家”的想法，约翰·斯特朗（Johan Strang）在2012年提出了一个共同参与的“北欧联盟”的说法（Stephan 2015）。但这些仅仅是提议，并没有成为现实的政策。

北欧理事会和北欧部长理事会是政治组织，用于组织五个北欧国家（丹麦、芬兰、冰岛、挪威和瑞典）和奥兰群岛、法罗群岛、格陵兰岛这三个自治地区间的合作。在北欧理事会中，所有立法机构都在不同的政策议题上进行合作。另一方面，北欧部长理事会则作为北欧国家和北欧自治地区的政府间论坛。和波罗的海国家、北极国家及欧盟国家开展合作是北欧合作的优先领域（Stephan 2011；Stephan 2015）。

1971年，奥兰群岛和法罗群岛成为北欧合作的成员。1979年，格陵兰岛由于开始实行地方自治而成为北欧成员，并于1983年加入北欧合作。在北欧理事会的87个席位中，三个岛屿地区各自拥有两个席位。所有的理事会成员都是从各自的地方议会中选举产生的。自治地区还可以从各自政府中选出一定数量的代表参与代表团工作，不过这些代表没有投票权。当选的成员组建自己的代表团（比如奥兰、法罗和格陵兰代表团）（Stephan 2015，74）。

北欧部长理事会的决策基于全体一致原则，而且五个北欧国家具有否决权。北欧自治地区可以参与决策过程，但仅能参与与其相关的议题的决策。北欧部长理事会所做的决定中，只有那些与自治地区相关的决定能对自治地区起到约束作用（Stephan 2015，75）。

此外，还有很多其他的北欧协会和组织。目前有约 45 家机构协会和合作组织、1500 多个不同的北欧项目在开展各类活动。北欧自治地区中最突出的是位于法罗群岛的北欧之家、位于奥兰群岛和格陵兰岛的北欧研究所。这些机构提供了广泛的文化活动，如艺术展览、节庆活动、音乐会以及其他与文化、传统相关的活动（Stephan 2015，75）。

1980 年，北欧自治地区的地位问题被提上北欧部长理事会的议程。问题在于北欧自治地区是否应该完全纳入到北欧合作中。其根本问题在于自治地区的性质、将自治地区纳入北欧合作的国际法后果以及现实条件。主要问题是北欧自治领是否能够批准只有国家作为缔约方的《赫尔辛基条约》（北欧部长理事会的基础）。这个问题之所以被提上议程，是因为法罗群岛已提出申请成为正式成员（Stephan 2015，79）。

法罗群岛在 2016 年再次申请成为北欧理事会和北欧部长理事会的正式成员。考虑到丹麦宪法，这一申请被拒绝了，因为这将有违丹麦宪法，而且这个问题应该先在丹麦和法罗群岛之间得到解决（The Faroe Islands；Regeringens skrivelse 2016/17：90-Nordiskt samarbete 2016）。

奥兰群岛一直与瑞典合作积极，因为相比与芬兰的距离，奥兰群岛在地理位置上更接近瑞典。其他原因还包括瑞典的语言和两地间良好的交通通讯。此外，两个地区间还有很多商业合作。由于历史原因，在奥兰群岛的玛丽港（Mariehamn）设有一个瑞典领事馆，这也是奥兰群岛和瑞典之间外交关系的标志（Stephan 2011）。

对于格陵兰政府来说，北欧合作一直具有高度优先权，因为其有利于提升格陵兰的国际地位。这种合作既体现在对部长级会议、会晤等类似活动的政治参与中，也体现在行政管理层面的持续合作上。格陵兰政府还强调与公民社会、志愿组织和国内外公共组织的合作（Government of Greenland；Redegørelse for Naalakkersuisuts nordiske strategi）。北欧认同在格陵兰人的自我认知中扮演了积极的角色。同质、和平、成功、慈善的北欧国际形象替代了典型的西方资本主义形象，而格陵兰也展现了这种形象。因纽特人的身份，即“北部的”（Norden）一词经常出现在家庭隐喻中（Jacobsen and Gad，2018）。

近年来，北欧在公民安全问题上的合作也成为焦点。北欧国家和地区之间达成了相关的双边和多边的国际协议。这一领域内历史最悠久的机构之一是关于国家与自治地区间救援服务的诺德雷德合作（Nordred-cooperation）。诺德雷德合作机制于 1989 年由丹麦和挪威创立，瑞典和芬兰随后（1992 年）加入，最新一位成员是 2001 年加入的冰岛。2009 年之后，《斯托尔滕贝格报告》（Stoltenberg report）和《哈加宣言》（Haga Declaration）继续扩大这项机制合作（Jákupsstovu and Berg 2014，150 - 151 ）。

国际合作

奥兰群岛、法罗群岛和格陵兰岛都开展了更高程度的国际合作。奥兰群岛是欧盟的正式成员，虽然有一些豁免权，并受到区域性永久性住所（与岛上的产权和商业权利相关）的保护；但奥兰群岛还处于欧盟的税务联盟之外，这意味着它被视作一个“第三国”（Silverstrom 2004；Ackrén 2008）。法罗群岛和格陵兰岛不是欧盟的一部分，但它们都与欧盟有双边条约。在其他前殖民地的框架内，格陵兰岛也具有“海外国家和领地”（Overseas Countries and Territories，OCT）的地位。

奥兰群岛的自治地位基于 1921 年国际联盟的一项国际决议。该决议为奥兰群岛的自治权提供了国际保证，包括继续使用瑞典语和保护奥兰文化和当地传统。奥兰群岛维护自治权的另一个基础是同年的一项关于非军事化和中立化的多边公约（此公约是基于 1856 年一项关于非军事化的国际协定）。1991 年的《奥兰自治法案》（Act on the Autonomy of Åland）则确立了奥兰群岛最新的自治状态（Stephan 2011）。

1998 年成立了一个联络小组，奥兰群岛的机构、外交部及其大使馆在这个小组中进行合作。该小组以非正式渠道的方式运作，围绕当前影响奥兰的有关事项进行讨论。其他国际合作包括：与国际海事组织（IMO）有关的航运业（芬兰是该组织的成员，奥兰可以参加芬兰代表团的筹备工作）、芬兰团队（Team Finland，这是出口行业内各方参与的组织）、2014—2020 中波罗的海项目（Central Baltic Programme 2014 - 2020，这是欧盟资助的项目）、B7（波罗的海七个最大岛屿之间形成的网络）以及国际文化和环境合作（Stephan 2011）。

法罗群岛与挪威和瑞士分别签有双边自由贸易协定，与土耳其的自由贸易协定正在讨论之中。法罗群岛是北大西洋海洋哺乳动物委员会（NAMMCO）的正式成员，也是国际海事组织（IMO）、联合国粮农组织（FAO）和联合国教科文组织（UNESCO）这三个联合国专门机构的联系成员。法罗群岛还与格陵兰一道积极参加区域渔业管理组织，如东北大西洋渔业委员会（NEAFC）、西北大西洋渔业组织（NAFO）和北大西洋鲑鱼组织（NASCO），并独立参加了南太平洋渔业管理组织（SPRFMO）。除此之外，法罗群岛还与格陵兰、冰岛、挪威和俄罗斯签署了双边协定，并在布鲁塞尔、哥本哈根、伦敦、雷克雅未克和莫斯科设有海外代表处。除了在哥本哈根的代表处外，其他代表处都是与丹麦外交部合作设立的，从而赋予法罗代表团团长（法罗群岛）外交地位。在救援任务中，法罗群岛在托尔斯港有自己的海上救援协调中心（MRCC），该中心与英国苏格兰阿伯丁的海上救援协调中心、冰岛雷克雅未克的海上救援协调中心进行合作（Jákupsstovu and Berg 2014，140）。

格陵兰也拥有各种形式的国际关系。格陵兰和冰岛、法罗群岛通过北欧大西洋合作组织（Nordic Atlantic Cooperation）和西北欧基金会（West Nordic Foundation）开展特别合作，有时被称为西北欧合作（West-Nordic cooperation）或北欧大西洋地区（NORA-region）。西北欧（议会）理事会（West Nordic Council）于 1985 年在格陵兰努克成立，成为三个西北欧国家和地区（法罗群岛、格陵兰和冰岛）议会之间的合作机构（Nielsson 2013），并与北欧理事会开展密切合作。格陵兰还通过因纽特北极圈委员会（Inuit Circumpolar Council，ICC）成员的身份与加拿大、阿拉斯加和俄罗斯的因纽特人开展合作。ICC 是在联合国系统内具有正式地位的非政府组织（NGO），还是北极理事会的永久会员。此外，1992 年以来，格陵兰持续从格陵兰议会（Inatsisartut）派出两名代表参加联合国大会的丹麦代表团。在人权委员会，丹麦/格陵兰通过土著问题常设论坛（Permanent Forum for Indigenous Issues，UNPFII）积极开展工作。格陵兰政府作为丹麦代表团的组成部分参与土著问题常设论坛和联合国土著人民权利专家机制（United Nations Expert Mechanism on the Rights of Indigenous People，EMRIP）（Jacobsen and Gad，2018）。格陵兰在海外有三个代表机构，分别在布鲁塞尔、哥本哈根和华盛顿特区。格陵兰还积极参与国际捕鲸委员会（International Whaling Commission，IWC），和法罗群岛一样，格陵兰（格陵兰政府）还与其他国家签订了若干双边协定。

结束语

全球化进程也影响了北欧三个自治地区及其与各自宗主国（metropolitan states）的关系。对于次国家区域来说，根据准外交原则（paradiplomatic principles）处理与其利益直接相关的国际事务已日益普遍。芬兰和丹麦都是欧盟成员国，因此部分主权已让渡给超国家层面，这也对自治地区参与的多级治理体系产生了影响。三个自治地区通过自治法案（Self-Government Acts）及其与各自宗主国的谈判，在国际事务中获得了一些灵活机动的可能性。

法罗群岛和格陵兰岛未来的独立倾向较明显，这两个地区的政治意愿都很明确，两地的政党都在为这一最终目标而努力。法罗群岛不久之后将就这一问题举行公投，而格陵兰则组建了一个宪法委员会，以制定格陵兰自己的宪法。奥兰群岛目前还未开始建国进程，但已经就修订《奥兰自治法案》（Act on the Autonomy of Åland）进行深入讨论，奥兰委员会将在不久的将来完成这项工作，这肯定会对今后奥兰群岛与芬兰及其他国家的关系产生影响。

目前，国际关系呈现出这一明显的全球趋势，即不同行为体正试图在各种组织内以及国家、次国家/地区和企业之间争取更多的发言权。各种网络和关系的组合正变得越来越复杂。随着时间的推移，我们可能会看到新的互动形式和新的合作模式随之呈现。

参考文献

Ackrén, Maria (2008). 'Åland och EU', Finsk Tidskrift, Häfte 5/2008, pp. 235-242.

Government of Greenland, available at: http://naalakkersuisut.gl/da/Naalakkersuisut/Departementer/ (accessed 28 March 2017).

Jacobsen, Marc and Ulrik Pram Gad (2018). "Setting the scene in Nuuk-Introducing the cast of characters in Greenlandic foreign policy narratives", pp. 11-27 in Kristian Søby Kristensen and Jon Rahbek-Clemmensen (eds.): Greenland and the International Politics of a Changing Arctic-Postcolonial Paradiplomacy between High and Low Politics. London and New York: Routledge.

Jákupsstovu, í Beinta and Regin Berg (2014). "Færøysk sikkerhedspolitikk", pp. 130-155 in Gestur Hovgaard, Beintaí Jákupsstovu og Hans Andrias Sølvará (red.): Vestnorden-nye roller i det internationale samfund. Tórshavn: Faroe University Press.

Nielsson, Egill Thor (2013). The West Nordic Council in the Global Arctic. Centre for Arctic Policy Studies-Institute of International Affairs: University of Iceland.

Redegørelse for Naalakersuisuts nordiske strategi. EM/2009/13. UD j. nr. 08. 19-07.

Regeringens skrivelse 2016/17: 90-Nordiskt samarbete 2016. Available: http://www.regeringen.se/contentassets/1f86e34ebdbb4d4bad0caf5ac0672e17/regeringens-skrivelse-om-nordiskt-samarbete-2016.pdf (accessed 24 March 2017).

Silverström, Sören (2004). De rättsliga ramarna för vissa autonomiers och mikrostaters förhållande till Europeiska unionen. Meddelanden från Ekonomisk-statsvetenskapliga fakulteten vid Åbo Akademi. Rättsvetenskapliga institutionen, Serie A: 543. Åbo: Åbo Akademi.

Stephan, Sarah (2011). "The Autonomy of the Åland Islands", pp. 28-49 in Sia Spiliopoulou Åkermark (ed.): The Åland Example and Its Components-Relevance for International Conflict Resolution. Mariehamn: Åland Islands Peace Institute.

Stephan, Sarah (2015). "Självstyrelse och regional integration-nordiska lösningar", pp. 70-87 in Sia Spiliopoulou Åkermark och Gunilla Herolf (red.): Självstyrelser i Norden i ett fredsperspektiv-Färöarna, Grönland och Åland. Mariehamn:

Nordiska Rådet och Ålands fredsinstitut.

The Faroe Islands, available at: http: //www. faroeislands. fo/government-politics/foreign-relations/international-cooperation/ (accessed 28 March 2017).

第四节　超越自我：北欧高等教育与研究合作

冰岛研究中心　索斯腾·古纳尔松（Thorsteinn Gunnarsson）

本节描述北欧国家在区域内外开展高等教育和研究合作的主要形式。本节首先讨论在北欧部长理事会、北欧应用研究合作组织（NordForsk）和北欧学生与教师交换项目（Nordplus）中的北欧高等教育合作的各种形式。其次讨论北欧国家高等教育和研究的国际化进程，比如参与欧洲项目：地平线 2020（Horizon 2020）、伊拉斯谟（Erasmus）、博洛尼亚进程（Bologna process）和中国开展合作以及北极研究合作等。最后将概述北欧高等教育和研究重点在国家层面、北欧层面和国际层面所面临的挑战，以及这些挑战与北极的国际合作、北极和非北极行为体间的国际合作所面临的现实之间的联系。

北欧高等教育和研究合作

北欧高等教育合作有很长的历史。1971 年，作为北欧政府间合作平台的北欧部长理事会成立，其中一个分理事会专门负责教育和研究。北欧各国的教育和研究部长于 1996 年签署了北欧高等教育录取协议（the Nordic agreement on admission to higher education），引入了以下原则，即其他北欧国家的申请人应与本地申请人在相同或同等的基础上被考虑是否录取。

该协议主要涉及全日制学生，表 3－3 显示了各国间全日制学生的流动情况。与其他国家相比，丹麦接收了大部分学生，其数量要远远多于它输出的学生。

表 3－3　2012—2013 年北欧国家输出和接收学生情况

	丹麦	芬兰	冰岛	挪威	瑞典	接收总数
丹麦	—	139	730	2791	1596	5256
芬兰	9	—	2	24	184	219
冰岛	41	10	—	23	32	106
挪威	234	53	71	—	684	1042
瑞典	523	1098	246	772	—	2639
输出总数	807	1300	1049	3610	2496	—

Elken，Hovdhaugen and Wiers-Jensen，2015.

从世纪之交到 2012—2013 年间，在另一个北欧国家注册并攻读学位的北欧学生人数从 6493 人增加到 9262 人，增加了 43%（Elken，et al. 2015，80—81）。

为了进一步加强北欧各国在高等教育领域的相互依存关系，北欧学生与教师交换项目（Nordplus）于 1998 年开始运行，为学生和教师提供了不同的交换计划。与北欧认同相关，其主要目标如下：

——支持和加强北欧高等教育机构之间的合作，以建立北欧高等教育共同体。

——鼓励更多接受高等教育的北欧学生到另一个北欧国家攻读全部或部分课程。

——加强教学人员交流，以提高北欧高等教育机构的教育质量。

北欧学生与教师交换项目的主要方式是给学生和教师提供津贴，对学生访学交流以及教学合作网络的设置与运行提供赞助。该项目总预算约 900 万欧元，2012 年至 2015 年间，该项目每年约支持 400 个项目（Melin，et al. 2015，15）。

北欧部长理事会于 2000 年通过了一项北欧议程和一项北欧合作战略，明确了北欧合作五个特别重要的领域，第一个就是技术发展，尤其是在信息社会和北欧研究领域（Nordic Council of Ministers 2002，cited in Maassen，et al. 2008，126）。北欧应用研究合作组织（NordForsk）成立于 2005 年，在北欧教育和研究部长理事会下运作，是一个负责北欧研究和研究培训合作的独立机构。北欧学生与教师交换项目对北欧英才中心（Nordic Centres of Excellence）（例如在北极研究、社会安全等领域）、研究项目、网络、研究人员培训学校和研究基础设施等提供支持，尤其是在那些能提升北欧价值的领域。北欧部长理事会是北欧亚洲研究所（Nordic Institute of Asian Studies，NIAS）的主要资助者，该研究所是一个学术独立的北欧研究和信息中心，主要从社会科学视角研究现代亚洲。

北欧质量保证机构在高等教育方面有密切合作的传统。北欧高等教育质量保证网络（Nordic Quality Assurance Network in Higher Education，NOQA）是一个传播信息、交流经验、开展互利共赢项目的论坛，主要目标是在保证高等教育质量问题上，整合不同的北欧观点以形成共识。在审查某一个北欧国家的制度运行情况时，质检机构通常会让其他北欧国家的机构专家进行审查。甚至更进一步，让一个北欧国家的质量保证机构在另一个北欧国家运作（Stensaker and Danø 2006）。

高等教育领域的政策制定有时也具有“北欧模式”的特征（Maassen，et al. 2008，127）。据称，这一模式的典型是国有高等教育机构，这些机构国家投资水平高，强调制度设计和整个系统的公共资源分配的公平性。此外，国家传统上提供有利的学生资助计划，以促进教育平等并提高参与率。

高等教育的国际化

由于五个北欧国家中有三个（丹麦、芬兰和瑞典）是欧盟成员国，其余两个是欧洲经济区（European Economy Area，EEA）的成员，它们都很好地融入了欧洲各个层面的合作项目。实际上，北欧学生与教师交换项目反映了北欧国家自 20 世纪 90 年代起就积极参与的一项更大规模的欧盟项目，即伊拉斯谟（Erasmus）项目。伊拉斯谟主要侧重于学生和教师的对外交流，赴国外学习的学生数量的快速增长表明了这一项目的成功。2013 年，在欧洲参与伊拉斯谟项目的学生数量达到了 300 万（Elken，et al. 2015，40）。

所有北欧国家都签署了博洛尼亚宣言（Bologna Declaration），并根据宣言框架改革各自的高等教育体系。博洛尼亚宣言对北欧国家的学位结构的影响显而易见，这些国家建立了相似的学位结构，即学士、硕士和博士学位，虽然完成学位的时间长度略有不同（Elken，et al. 2015，55 –56）。

直到21世纪初，北欧国家都实行免费高等教育，资金来源于纳税人。现在这个情况已经改变，如表3 –4所示。

2006年，丹麦成为第一个对“第三国学生”征收学费的国家。瑞典从2011年起收取学费，芬兰也在5年试验期后于2017年起收取学费。冰岛和挪威仍实行免费教育（Nordic Council of Ministers 2013）。

表3 –4　北欧地区学费情况

	丹麦	瑞典	挪威	芬兰	冰岛
实行收费的起始时间	2006	2011	未收费	2017（五年试验期后开始）	未收费（只收注册费）
金额	6200—13100欧元/每年	6500—15500欧元/每年	公共部门的高等教育未收费	1500欧元，各机构实际收费有所不同	公共部门的高等教育未收费
学习项目	学士、学院专业项目和其他高等教育项目	大学和学院	大学和学院	大学和专科学校，博士项目除外	大学和学院

资料来源：Nordic Council of Ministers 2013.

收费导致瑞典和丹麦大学的非欧盟/欧洲经济区的学生人数减少，芬兰的收费时间太短，尚无法进行适当评估。

表 3－5　非欧盟/欧洲经济区学生人数

国家	2005/06	2006/07	2007/08	2008/09	2009/10	2010/11	2011/12
丹麦	1528	995	1078	1501	1451	1062	
瑞典		3844	4971	6203	7595	8226	1722
冰岛	375	410	404	443	534	572	512
芬兰	1672	2140	2481	3019	3106	3501	

资料来源：Nordic Council of Ministers 2013.（挪威数据不详）

在某些情况下，北欧合作计划已经扩展到波罗的海国家——爱沙尼亚、拉脱维亚和立陶宛——甚至扩展到俄罗斯西北部。2008 年起，波罗的海国家可以平等地参与 Nordplus 高等教育项目和 Nordplus 的一些其他项目。

很多北欧的大学与中国的大学开展了积极合作，一个突出的例子是成立于 1995 年的北欧中心，这是由丹麦（5 所）、芬兰（7 所）、冰岛（1 所）、挪威（5 所）和瑞典（8 所）的 26 所大学合作共建的。中国的北欧中心位于中国上海的复旦大学，推动并促进了五个北欧国家和中国的研究人员及学生之间的交流合作。自 1995 以来，北欧中心一直是各种学科研究和教育的载体，为研究提供资金、为访问学者提供服务，并资助各种学术活动（研讨会、讲习班和会议）（http：//www. nordiccentre. net/，Retrieved on 3 January 2018）。

研究的国际化

“顶级研究倡议”（Top-level Research Initiative，TRI）是迄今为止最大的北欧联合研究和创新倡议。2008 年秋，北欧各国总理发起了这项倡议，以寻找应对气候、能源和环境等重大全球挑战的办法。TRI 组织实施了若干个主题项目，以应对气候变化带来的影响并寻找解决办法：社会适应力、新能源方案、技术发展和创新。财政方面，北欧各国政府做了五年的财政支持承诺，商定由政府出资 5000 万欧元（50 MEUR）共同预算；此外，还有北欧部长理事会和北欧机构提供的其他资助。一个跨部门的管理委员会（15 名成员组成）代表主要出资者对该项目进行全权管理。

TRI 的主要目标如下：

1. 成为北欧在气候、能源和环境领域进行研究与创新的核心协调者。

2. 为北欧国家从事研究和创新的组织机构之间的合作创造有利条件。

3、提升北欧在能源、气候和环境领域的研究创新的协同合作和专业领导能力。

4.

作为进一步开展国际合作的平台。（http：//www. toppforskningsinitiativet. org/en，Retrieved on 3 January 2018）

丹麦经济咨询机构 DAMVAD 对 TRI 进行评估后认为“TRI 极大地促进了日益国际化的合作项目的形成”（DAMVAD，2014，p. 7）。

自 1994 年欧洲经济区协定（EEA-Agreement）生效以来，所有北欧国家都已成为欧盟大型研究框架计划的成员，即“地平线 2020”（Horizon 2020）。通过对北欧国家参与 2007—2013 年第七个框架计划（FP7）的情况评估，表 3 - 6 列出了北欧国家的参与情况，按欧盟委员会（EC）的贡献程度排列如下：

表 3 - 6　FP 7 前 35 名国家中的北欧国家排名

国家	瑞典	丹麦	芬兰	挪威	冰岛
排名	9	12	13	15	32
占欧盟委员会贡献总数的比例	3.8%	2.4%	2.0%	1.7%	0.2%

资料来源：VINNOVA，2013.

从人口角度看北欧国家的参与情况，则呈现出不同的情况。表 3 - 7 显示，如果以与居民人数相关的欧盟委员会贡献度来衡量，冰岛在北欧国家中处于领先地位，随后依次是丹麦、瑞典、芬兰和挪威。

表 3 –7　基于人口数量的北欧国家参与 FP7 情况

国家	基于人口数量的欧盟委员会贡献度（欧元/人）
冰岛	172
丹麦	144
瑞典	136
芬兰	128
挪威	113

资料来源：VINNOVA，2013.

作为相对而言的小国，研究领域的国际合作对于北欧国家十分重要，因为它能提供接触新知识和研究设备的途径，提供学习和培训机会。国际联合出版则集中体现了一个国家的科学家参与国际科学合作的程度。表 3 –8 的信息显示，平均而言，北欧科学家对国际联合出版的贡献比欧盟科学家更大。

表 3 –8　国际联合科学出版物数量（以每百万人计）

国家	联合出版物
丹麦	1692
芬兰	1323
冰岛	2349
挪威	1483
瑞典	1604
欧盟平均	300

资料来源：Global Innovation Index（国际创新指数）。

正如索林（Sörlin）在 2013 年指出的，北欧在北极科学领域同样有高于平均水平的表现。在北极地区，北欧国家显然发挥了超出自身国家体量的作用，并通过国际合作参与到国家边界之外的北极事务。北欧国家是北极的一部分，北极是北欧地区的一部分（Sörlin 2013，16）。

事实上，所有北欧国家都是1990年成立的国际北极科学委员会（International Arctic Science Committee，IASC）的创始成员，加拿大、俄罗斯和美国也是该委员会的创始成员。逐渐地，亚洲国家也加入了IASC（日本1991年、中国1996年、韩国2002年、印度2012年）。在过去25年中，IASC已发展成为国际领先的科学组织。今天，其成员包括来自23个国家的北极研究相关的科学组织。此外，所有北欧国家都是北极理事会的创始成员，上述亚洲国家和新加坡则是观察员国。

2017年5月10日，在阿拉斯加费尔班克斯（Fairbanks，Alaska）举行的部长级会议上，北极理事会的部长们签署了一项关于加强国际北极科学合作的、具有法律约束力的协定。该协议鼓励与非北极国家开展科学合作。北极理事会的若干工作组，如北极动植物保护工作组（Conservation of Arctic Fauna and Flora，CAFF）和北极海洋环境保护工作组（Protecting Arctic Marine Environment，PAME）在监测脆弱的北极环境方面发挥重要作用。这些监测活动为北极科学研究奠定了重要的数据基础。

北极大学（University of the Arctic，UArctic）于2001年创办于罗瓦涅米（Rovaniemi），若干北欧大学在其创办过程中发挥了引领作用。北方研究论坛（Northern Research Forum，NRF）是北极大学的一个研究机构，它是2013年以来在雷克雅未克举行的参加人数众多的北极圈大会和论坛的基础之一。

挑战

马森（Maassen）等人（2008年）曾指出，高等教育的国际化实践如同战场一样，各种项目都在争夺学生、工作人员和教育当局的关注和参与。在这场竞争中，有一问题逐渐浮现，即哪些国家、地区和机构“在教师学生看来，在政治上是最重要的，在学术上和社会上是最有吸引力的”（Maassen，2008）。北欧的高等教育项目不仅与欧盟的项目竞争，还越来越多地与亚洲新兴经济体等其他地区的机构竞争。不过，所有北欧项目的人员还是准备好参与其他的国际活动，无论是欧洲项目还是中国等其他国家的活动项目的一部分。在高等教育方面的密切合作可能是北欧国家在基础科学研究成果和对北极科学贡献方面表现突出的原因之一。

欧盟和北欧高等教育和研究项目的战略和政策的规划设计，至少部分是为了应对这些地区一直面临的巨大挑战。支持欧盟和北欧方案的财政机制是强大且完善的。与此同时，却没有一个共同的国际北极财政机制来支持北极的高等教育和研究。总体来说，国际社会对北极高等教育和研究的资助是不连贯且碎片化的。北欧国家面临的挑战是如何以有效且富有活力的方式与亚洲国家展开合作，反之亦然。北欧国家不妨考虑对北极理事会在北极高等教育和研究方面的工作施加更大的影响，并使其更多地按照北欧理事会和欧盟的方式来规划这些领域的活动。这可能使北极理事会与未来的北极居民和非北极国家，即那些与北极可持续发展利益攸关的亚洲国家的联系更加紧密。

参考文献

Cornell University, INSEAD, and WIPO (2013): The Global Innovation Index 2013. Geneva, Ithaca, and Fontainebleau.

DAMVAD. 2014, Final Report from the Ongoing Evaluation of the Top-Level Research Initiative. DAMVAD

Elken M., Hovdhaugen, E. and Wiers-Jenssen, J. 2015, Higher Education in the Nordic Countries: Evaluation of the Nordic Agreement on admission to higher education. Copenhagen. Nordic Council of Ministers.

Maassen, P., Vabø, A. and Stensaker, B. 2008, Translation of Globalisation and Regionalisation in Nordic Cooperation in Higher Education. In Å. Gornitzka and L Langfeldt (eds.), Borderless Knowledge. Springer Science and Business Media B. V.

Melin, G, Miriam, T. and Henningson, K. 2015, Evaluation of Nordplus. Nordic Council of Ministers.

Nordic Centre, n. d. http://www.nordiccentre.net/, Retrieved on 3. January 2018)

Nordic Council of Ministers 2013, Tuition fees for international students. Copenhagen: Nordic Council of Ministers.

Stensaker, B. and Danø, T. 2006, Nordisk kvalitetsikring av Høyere utdanning. Muligheder for gjensidig godkjenning og økt samarbeid? Arbeidsnotat 16. Oslo: NIFU STEP.

Sörlin S. 2013, Introduction: Polar Extensions - Nordic States and their Polar Strategies. In S. Sörlin (ed.) Science, Geopolitics and Culture in the Polar Region. Ashgate.

Top-level Research Initiative, n. d. http://www.toppforskningsinitiativet.org/en, Retrieved on 3 January 2018.

VINNOVA 2013, FP7 and Horizon 2020 - a comparative study of the support services in the Nordic countries. VINNOVA.

第五节　国际政治中的北欧地区与北欧共同外交政策

芬兰拉普兰大学　拉塞·海宁恩

在国际政治以及政府间关系中，北欧合作与一体化也可以看作是北欧国家的多边合作。在国际或世界政治以及政府间组织和论坛中，北欧国家本身及其联合机构都是政治上的积极参与者。此外，如前所述，北欧国家在经济上也活跃于国际贸易和全球经济（参见第二章第六节）。

虽然北欧各国不属于同一个经济、政治或军事联盟，但是包括三个自治地区在内的五个国家在国际政治和政府间国际组织中可以像一个政治实体那样行动。在国际政治和全球化进程中，北欧国家的多边政治合作已经出现。例如，北欧国家不仅定期举行正式会议，而且还不时地在联合国及其附属机构的会议中发布联合政策声明（Heininen and Ahola 2004）。这五个国家还于 1999 年在德国柏林开设了联合使馆。

通过北欧免除护照管制和北欧共同劳工市场这两项关于北欧政治和经济一体化的重要决定，可以说，北欧地区及其合作在欧洲一体化取得第一步实质性进展的几十年前，就在（重新）塑造一个更加融合的欧洲政治。比如说，北欧护照联盟成为申根条约区先行试验区，意味着包括北欧地区在内的欧盟和欧洲经济区的护照自由。

北欧国家的这种多边合作只有在相互信任的情况下才有可能，这是国际合作的根本基础，也是解决诸如污染和气候变化等重大环境挑战和严峻问题的先决条件。在此基础上，可以说包括三个自治地区在内的五个国家具有共同的外交政策，从而在国际政治以及联合国等国际组织中，作为一个具有共同价值观和共同政策的政治实体发挥作用。即使它们不承认这是一项共同的外交政策，它们还是会基于共同的价值观和共同的政策利益在国际政治中采取相应行动，可谓是志同道合者。

冷战结束后，在国际政治尤其是国际环境和气候政治中，在联合国气候变化框架公约（UNFCCC）及欧盟范围内，出现了一种更高程度的“北欧效用”（Nordic utility），用于推广北欧价值观。这在包括北欧地区、波罗的海地区和巴伦支海地区在内的更大范围的新北欧（如1998年的欧洲新北部，the New North of Europe）地区也有所体现。北欧国家（N5）新的总体战略目标是促进北欧融合并创造一个“更高水平的北欧效用”，覆盖邻近地区或所谓的相邻地区，尤其是波罗的海地区三个新的独立国家（B3）：爱沙尼亚、拉脱维亚和立陶宛，即北欧政治术语中的N5 + B3 = NB8。

冷战期间，介于西方集团和东方集团之间的北欧地区，在意识形态、地缘政治和军事上存在分化，所以在安全政策、尤其是军事合作方面未能采取共同政策和联合行动。如前所述，丹麦、冰岛和挪威加入了北约，芬兰和瑞典在军事上采取不结盟政策，芬兰和苏联则缔结了友好合作和互助的双边协议（参见第二章第六节）。

冷战结束后，特别是苏联解体后，北欧国家间开始进行军事合作，于1997年成立了北欧军事和平支援协调安排（NORDCAPS）。2009年，北欧防务合作（NORDEFCO）作为军事合作组织成立，合并并取代了北欧军事和平支援协调安排（NORDCAPS）、军备合作组织（NORDAC）和北欧防御支持组织（NORDSUP）等以前的合作组织（更多信息参见 www. nordefco. org）。作为欧洲联盟的战斗群之一，北欧战斗群（Nordic battlegroup）在 2008 年已具备行动能力，其成员包括瑞典、芬兰、挪威、爱尔兰、爱沙尼亚、拉脱维亚和立陶宛等国。

尽管英国和冰岛在 20 世纪 70 年代发生了三次鳕鱼大战，但英国作为最靠近北欧的外部国家和“被遗忘的”北极国家，是大西洋北欧国家的天然伙伴。正如绪论中提到的，苏格兰也加入了西北欧理事会的合作，并对整个北极地区表现出越来越大的兴趣。尤其是英国脱欧后，苏格兰首席部长高调出席了 2017 年北极圈大会，这种表现更加明显。

北欧国家以及作为自治政治主体的格陵兰岛和法罗群岛，在当代的北极国际合作中发挥了重要作用。特别是基于“多元一体”原则的北欧合作为该合作提供了真正的附加价值。作为志同道合的国家，北欧国家在许多北极相关问题上持一致意见，如环境保护和可持续发展，尤其是保持北极地区高度的地缘政治稳定方面。

深度合作与融合的北欧地区可以说是北极地区建设的核心，由联合起来的国家和具有社会建设性的北极合作引领，北极理事会和巴伦支欧洲—北极区域的成功事例很好地表明了这一点。基于此，一些决策者和政策塑造者（Heininen 2015）也在最近提出，除了国家层面的北极战略和政策之外，北欧国家是否愿意在北欧理事会的主持下制定一个关于北极地区的（北欧）联合战略或议程。虽然这一目标尚未实现（参见第四章第七节），但 2000—2004 年芬兰和冰岛担任北极理事会主席国期间（俄罗斯于 2004—2006 年担任轮值主席国）以及随后在挪威、丹麦和瑞典担任主席国的 2006—2013 年期间，北欧国家确保了政策的连续性（Rottem 2016. 6）。在第二轮，即芬兰和冰岛于 2017—2021 年、以及挪威、丹麦和瑞典在 2023—2029 年担任轮值主席国期间，这些有可能再次发生。

参考文献

Heininen, Lassi (2015). "The Nordic countries and the Arctic – 'Why do the Nordic countries not take joint action?'". Keynote-presentation at 'Security and Governance in the Globalized Arctic: Nordic and International Perspectives' Matchpoints Seminar at Aarhus University, 12-13 November 2015.

Rottem, Svein Vigeland (2016). The Arctic Council: Vision, structure and participation. FNI Report 4/2016.

第六节　北欧对国际气候政治的贡献

芬兰赫尔辛基大学　萨纳·科普拉(Sanna Kopra)

气候变化是北欧地区的一个重要议题：北欧国家位于北半球，气温上升速度高于全球平均水平。如今，科学界一致认为，气候变化源于人类活动，如化石燃料的燃烧（Intergovernmental Panel on Climate Change 2014），因此国际气候变化谈判至关重要。本节探讨北欧减缓气候变化的合作（北欧各国详细贡献情况参见 Bird 2017）。

虽然与美国和中国等排放大国相比，北欧国家的温室气体排放总量相对很小（见表 3－9），但该区域依然有很大的减排潜力。此外，适应气候变化对北欧国家至关重要，因为气候变化导致该区域面临着迅速的变化。例如，海冰和雪盖的减少对当地居民的生计产生负面影响，并使许多动植物物种处于危险之中。越来越多的科学证据表明，北极地区的气候变化比此前预期的要快得多：到 21 世纪 30 年代后期，夏天的北冰洋可能已经没有冰了（AMAP 2017，3）。同时，北极的变化对全球也有重大影响，例如，可能对东南亚的季风和中国的冬季雾霾产生影响（Ibid；Zou et al. 2017）。

表 3－9　北欧国家、中国和美国的排放份额

国家	1990 年排放总量（百万吨 CO_2/年）	2016 年排放总量（百万吨 CO_2/年）	1990 年人均排放量（吨 CO_2/年）	2016 年人均排放量（吨 CO_2/年）
丹麦	53.045	38.008	10.320	6.656
芬兰	56.225	51.184	11.245	9.306
冰岛	2.338	3.924	9.169	11.819
挪威	35.903	43.456	8.448	8.277
瑞典	56.678	44.694	6.614	4.542
中国	2305.425	10432.751	1.970	7.452
美国	4955.641	5011.687	19.588	15.564

资料来源：EDGAR-The Emissions Database for Global Atmospheric Research，全球大气研究排放数据库，2017.

国际气候谈判中的北欧国家

气候变化是一个复杂的全球问题，应对气候变化需要全球的努力。20 世纪 90 年代初以来，在《联合国气候变化框架公约》（UN Framework Convention on Climate Change，UNFCCC）下开展了一系列关于气候变化的国际谈判。北欧国家在 UNFCCC 谈判进程中属于不同的谈判集团，丹麦、芬兰和瑞典由欧盟代表，冰岛和挪威则不是。但是，北欧国家还是设立了全球气候谈判的北欧工作组，其总体目标是推动通过一项具有约束力和宏伟目标的全球气候协定。

在巴黎气候大会之前，《北欧气候与环境部长气候变化宣言》（Nordic Climate and Environment Ministers Declaration of Climate Change，2015）重申了北欧国家"坚定承诺在巴黎第 21 届缔约方会议（COP21）上达成一项宏伟的、具有法律约束力的全球性协议，将全球气温上升幅度控制在 2 度以内"。从北欧角度来看，一项"后京都议定书"的气候协议应该是"有活力的，建立在普遍的高度透明度和问责框架基础之上，并且必须让所有利益攸关者参与其中，尊重人权、土著群体权利、劳工权利和性别平等"。所有北欧国家都批准了《巴黎气

候协议》。2017 年 5 月，《奥斯陆北欧气候领导力宣言》（The Oslo Declaration on Nordic Climate Leadership，2017）重申了北欧气候和环境部长对有效实施巴黎协议的承诺，并鼓励有关各方提高对 2020 年的期许。

作为欧盟成员国，丹麦、芬兰和瑞典采取的气候政策取决于它们对实施减排目标的承诺和欧盟相关立法。2015 年 3 月发表的对《UNFCCC 中的国家自主贡献》中，欧盟及其成员国承诺了“一个具有约束力的目标，即到 2030 年将共同实现国内温室气体排放量比 1990 年降低至少 40%”。尽管冰岛和挪威不是欧盟成员国，但它们都致力于通过欧盟的集体行动来履行各自的气候承诺。冰岛的具体减排承诺取决于与欧盟达成的协议，而挪威已作出承诺，不管欧盟的执行情况如何，“到 2030 年，温室气体排放量与 1990 年水平相比至少减少 40%”（UNFCCC，2017）。此外，北欧国家（除冰岛外）的森林覆盖面积很大，形成了一个重要的碳汇（carbon sink）。

气候金融是国际气候谈判的重要组成部分。为了支持发展中国家减缓和适应气候变化的努力，发达国家承诺到 2020 年每年共同筹集 1000 亿美元。为了完成其份额，北欧国家在北欧发展基金（Nordic Development Fund）下设立了北欧气候基金（Nordic Climate Facility），为非洲、亚洲和拉丁美洲低收入国家的适应和减缓气候变化的创新项目提供资金支持。因 2009 年北欧发展基金的要求有所改变，北欧气候基金通过提高能源效率以及增加可再生能源使用量、碳固存、可持续运输举措、加强废物管理和污水处理等方式（而不是以前用于社会和经济发展的软贷款方式）为温室气体减排项目提供资金支持。此外，北欧环境金融公司还为有利于环境保护的中小型项目提供绿色融资。

由于大气中的温室气体排放浓度以及海洋中储存的热量增加，气候变化已无法完全避免。既然气候变化的影响已经产生，适应气候变化成为任何气候政策的重要组成部分，适应是管理气候变化给人类、经济和环境带来的风险以及利用气候变化带来的经济机会的主要方式。由于北极地区特别容易受到气候变化的影响，因此适应气候变化是北欧国家气候战略的基本要素。所有北欧国家都进行了脆弱性评估，并制定了适应气候变化的国家政策和指导方针。

北欧气候变化合作

几十年来，北欧国家一直在可持续发展和环境问题上进行合作（参阅本书第三章第七节）。气候变化和空气污染是《2013—2018 年北欧部长理事会环境行动计划》的三个优先领域之一，该计划确定了当前区域环境合作的目标。根据该行动计划，区域气候合作的目标是“减少温室气体和空气污染物的排放，以避免严重的气候变化，严格坚持将全球变暖控制在 2 摄氏度以下的目标，并减少对环境和人类健康的负面影响”（ Nordic Council of Ministers，2012 ）。

北欧国家都相信，通过合理规划来减缓气候变化还可以提供经济发展机会。因此，绿色增长是北欧合作的重中之重。2011 年，北欧的各国总理发起了“北欧地区—引领绿色增长的愿景”，该愿景明确了北欧在能源效率、可持续能源开发、环保意识、创新和研究的投资以及实现环境和气候领域的国际宏伟目标等方面的优势。该愿景强调，北欧绿色增长合作的巨大潜能，有利于创建更大的区域市场，改善共同的基础设施，为未来发展打通关键点，并提升北欧在欧盟内部的地位。除了区域效益之外，这一绿色增长倡议还致力于在全球层面推进创新解决方案（Nordic Co-operation 2017）。

资料 1. 北欧各国总理发起的绿色增长倡议

为了提升绿色增长倡议的全球影响力，北欧各国总理还启动了一项新的合作计划，即“全球挑战的北欧解决方案”。该方案通过借鉴北欧在碳中和技术发展、可持续城市、食物和福利、性别平等方面的创新解决方案，为实现联合国新的可持续发展目标作出贡献。该方案由三大项目组成，北欧绿色项目重点关注两个与气候相关的子项目：北欧可持续城市和北欧气候与能源解决方案（Finnsson，2016）。在 2016 年的联合国气候大会上，北欧国家设立了联合展馆，通过一系列活动展示了新的北欧气候解决方案。值得注意的是，北欧大规模绿色项目引入了十五项北欧低碳解决方案，到 2030 年可将温室气体排放量减少 40 亿吨——这相当于欧盟的总排放量。该项目表明，存在大量既可行又具有成本效益的气候变化解决方案（Nordic Council of Ministers 2016.）。

资料 2. 北欧低碳解决方案

为了加强北欧国家之间的研究合作并提供资金支持，北欧部长理事会于 2005 年成立了北欧应用研究合作组织（NordForsk）。NordForsk 通过“北欧绿色增长研究与创新计划”支持创新解决方案及政策的研究，以帮助实现共同的绿色增长目标并推动向可持续的北欧社会转型。虽然北欧国家相对较小，但它们对国际气候变化研究的贡献度相当大。例如，它们在北极地区建立了多个研究站，以观测北极气候变化。2007 年，北欧各国总理认为气候变化研究应该成为北欧合作的关键领域之一。次年，关于气候、能源和环境的“顶级研究倡议”应运而生。该倡议囊括了北欧多个组织和国家机构，它包括北欧国家共同感兴趣的六个子计划：（1）气候变化的适应和影响研究；（2）气候变化与冰冻圈之间的相互作用；（3）纳米技术的能源效率；（4）大型风电的整合；（5）可持续生物燃料；（6）二氧化碳的捕获和储存。这些项目的研究成果转化利用具有重要意义，为解决全球气候危机做出了贡献。

就适应气候变化而言，北欧部长理事会已经发表了许多关于气候变化对北欧地区不同部门潜在影响的研究和评估报告。虽然这些研究无疑有助于提高对气候变化影响复杂性的理解，但它并没有在当地形成强有力的对应政策和实际措施。由于北欧国家面临非常相似的气候风险，例如对海平面上升及洪涝灾害的担忧，以及气候变化对农业、林业、渔业和旅游业等的影响，因此这些国家都能从关于气候适应的区域合作中获得较大收益。因此，北欧各国环境部长发布了《适应气候变化的部长级宣言》，呼吁加强跨国界、跨部门的合作，特别是与其他地区组织的合作（北极理事会、巴伦支理事会、波罗的海理事会）。

北欧的可持续发展战略也强调了在适应性方面进行大规模合作的重要性，因为这些国家对气候变化及其影响有共同关切。此外，在“顶级研究倡议”下出版的《北欧国家气候变化适应白皮书》探讨了制定北欧适应战略的可能性，并概述了制定该地区战略应考虑的一系列议题（参见 Goodsite et. al）。

参考文献

White Paper: Climate Change Adaptation in the Nordic Countries.

Bird, Timothy (2017). Nordic Action on Climate Change. Copenhagen: Nordic Council of Ministers.

EDGAR-the Emissions Database for Global Atmospheric Research. (2017). Fossil CO2 & GHG emissions of all world countries, 2017. http://edgar.jrc.ec.europa.eu/overview.php? v=CO2andGHG1970-2016&dst=CO2emi.

Finnsson, P. T. (2016). Nordic Solutions to Global Challenges - new PMs' initiative and programme for the 2030 Agenda. Green Growth web magazine. http://nordicway.org/2016/11/nordic-solutions-global-challenges-new-pms-initiative-programme-2030-agenda/#.WLfErH-Hjkk.

Goodsite, M. E., M. Davis, R. J. T. Klein, B. Davídsdóttir, R. Atlason S. Juhola, M. Landauer, B. O. Linnér, T. Neset, E. Glaas, G. Eskeland. White Paper: Climate Change Adaptation in the Nordic Countries. Nordic Climate, Mitigation, Adaptation and Economic Policies Network (N-CMAEP), Norden Top-level Research Initiative, Oslo, Norway.

Intergovernmental Panel on Climate Change (2014). Climate Change 2014 Synthesis Report. https://www.ipcc.ch/report/ar5/syr/.

Ministerial declaration on adapting to climate change. www.diva-portal.org/smash/get/diva2:702060/FULLTEXT01.pdf.

Nordic Climate- and Environment Ministers Declaration of Climate Change, 28.10 2015. http://www.norden.org/en/nordic-council-of-ministers/council-of-ministers/the-nordic-council-of-ministers-for-the-environment-mr-m/declarations-and-statements/nordic-climate-and-environment-ministers-declaration-of-climate-change-28.10-2015.

Nordic Co-operation (2017). The Prime Ministers' Green Growth Projects. http://www.norden.org/en/theme/former-themes/themes-2015/green-growth/the-prime-ministers-green-growth-projects.

Nordic Council of Ministers (2016). Nordic Green to Scale: Nordic climate solutions can help other countries cut emissions. http://www.sitra.fi/julkaisut/Muut/Nordic_green_to_scale.pdf.

Nordic Council of Ministers (2012). Nordic Environmental Action Plan 2013 – 2018. http://norden.diva-portal.org/smash/record.jsf?pid = diva2%3A701437&dswid = -4294.

Oslo Declaration on Nordic Climate leadership, 02.05.2017. http://www.norden.org/en/nordic-council-of-ministers/council-of-ministers/the-nordic-council-of-ministers-for-the-environment-mr-m/declarations-and-statements/the-oslo-declaration-on-nordic-climate-leadership-02.05.2017.

UNFCCC (2017). INDCs as communicated by Parties, http://www4.unfccc.int/submissions/indc/Submission%20Pages/submissions.aspx.

Top-level Research Initiative. http://www.toppforskningsinitiativet.org/en.

Zou, Yufei, Yuhang Wang, Yuzhong Zhang & Ja-Ho Koo. 2017. Arctic sea ice, Eurasia snow, and extreme winter haze in China. Science Advances. E1602751.

第七节 北欧国家与北方的可持续发展

芬兰赫尔辛基大学 哈那·兰平恩 (Hanna Lempinen)

关于可持续发展的最经典的表述是，既满足当代人的需要，又不损害后代人满足其需求能力的发展。可持续的发展至少在经济、环境和社会这三个不同方面符合一些特定标准。可持续的经济活动必须尽量减少对气候和环境的负面影响，并确保其成果能为社区甚至整个社会创造利益和福利（WCED，1987）。

北欧国家往往喜欢把自己定位为推动可持续发展的价值观和最佳实践的全球领导者，它们在参与本区域以外的发展项目方面有着悠久的历史。然而，对北欧国家来说，可持续发展不仅是关切地理上的问题，而是关切从气候变化、环境退化到全球化、工业化程度的提高和人口结构的变化等环境和社会的快速而复杂的变化，这些变化使得可持续发展成为包括北欧北部地区在内的一项紧迫挑战。本节探讨北欧国家如何在区域内界定、促进和跟踪了解可持续发展。

北欧可持续发展合作：背景和基本原则

在全球范围内，1987 年世界环境与发展委员会发表《我们共同的未来》（Our Common Future）这一报告之后，可持续发展开始被纳入政策方案和国际议程之中（WCED，1987）。这一国际合作至今仍在继续，其目标是改变全球发展的进程，使其更好地支持个人和社区的福祉、保护人权、创造无害于环境的财富，并在世界各地建立稳定、繁荣的社会。

北欧国家在全球舞台上继续发挥作用的同时，北欧区域内促进可持续发展的努力也一直在进行。北欧国家在可持续发展问题上的官方合作可追溯到 1998 年，这些国家至今仍将促进可持续发展视为该地区需要应对的最重要挑战之一（Nordic Council of Ministers 2013，7）。为此，北欧国家在北欧部长理事会框架下联合发布了一系列可持续发展战略，最近一项是 2013 年发布的“在北欧可持续发展中的美好生活：北欧可持续发展战略”。目前该区域促进可持续发展的工作还包括制定一套具体和可衡量的指标，以监测北欧可持续发展的五个优先方面（Nordic Council of Ministers 2017）。

可持续发展是一个政治的概念或者说政治化的概念（Lempinen 2017，36 - 38）。这意味着不同行为体和不同国家对可持续发展需要什么以及如何最好地促进和实现可持续发展可能会有不同的想法。北欧国家通过战略合作确定了北欧对可持续发展的共同理解。北欧国家的最终目标是“确保当代及后代过上安全、健康和有尊严的生活”（Nordic Council of Ministers 2013，8）。在这一过程中，绿色和包容性经济增长、健康的环境和强大的福利社会都起着决定性作用。此外，北欧对可持续发展的理解还强调文化层面的可持续性：保持社会的多样性，支持可持续的选择和生活方式。北欧国家的可持续发展战略强调文化因素，它回应了最近的学术争论，即是否应该将文化作为独立因素纳入我们对可持续发展的理解（Lempinen and Heininen 2016；Soini and Birkeland 2014）。

优先领域和关键挑战

与全球可持续发展的争论相比，北欧的可持续性情况相对独特。此外，每个北欧国家在社会组织和政治优先事项方面也略有不同。但这些国家的联合战略反映了这五个北欧国家共同关心的最紧迫的可持续性问题。它们当前在区域可持续发展方面的合作围绕五大主题展开：北欧福利模式、可行的生态系统、气候变化、地球资源的可持续利用、以及教育、研究和创新（Nordic Council of Ministers 2013，Nordic Council of Ministers 2017c）。

从北欧视角来看，可持续性、可持续发展与北欧福利社会模式的发展，彼此不可分割。对北欧国家而言，可持续发展需要不断推动的最重要的社会目标是机会平等、社会凝聚力、公共健康、劳动力市场的高就业率和平等就业，以及社会每个成员的团结和安全，无论个人背景如何。在不断变化的国家经济政策和优先事项中，实现这些目标始终是一项挑战；而且，人口老龄化和移民增加带来的人口变化、贫困问题和人口贩运也是有待解决的挑战（Nordic Council of Ministers 2013，11 - 14.）。就福利国家和社会可持续性而言，地区可持续发展的状况和趋势可通过以下可衡量的指标进行监测：人口趋势、国内生产总值、公共债务、城市化、就业和失业率、预期寿命、基尼系数、有子女家庭的贫困风险和性别之间的薪酬差距（Nordic Council of Ministers 2017c；Nordic Council of Ministers 2013，13）。

确保地球生态系统健康是北欧实现可持续发展方式的另一个重要组成部分。保护生态系统对于确保环境为人类社会提供生态系统服务至关重要：原材料、营养、淡水，以及社区和社会生存、经济繁荣所需要的宜居环境和气候。虽然北欧国家已经具备国际领先的环境标准，但也要承认在现有领域，它们的可持续发展战略仍存在改进空间，比如需要继续监测空气、河道和土地污染相关的问题，并需要在全球和北欧区域内建立更可持续的自然资源管理制度（Nordic Council of Ministers 2013，15－17）。跟踪和评估北欧在环境领域的可持续性情况，具体指标包括鱼类种群的可持续性、波罗的海的氮和磷排放量、共同鸟类指数的变化、年度采伐和森林增量的发展情况以及城市人口受臭氧和颗粒物污染的情况，这些因素描绘了北欧地区及其周边环境的一幅细致而多样的图景（Ibid，17；Nordic Council of Ministers 2017c）。

解决气候变化问题是北欧国家和全球社会同样关心的另一优先事项。北欧国家在其可持续发展战略中强调，必须大幅度减少二氧化碳排放量，减少经济和社会对化石燃料的依赖，以阻止气候变化、促进更绿色的增长。对于无法减缓的那部分气候变化而言，当前需要的是制定战略以帮助适应已经发生或预期将要发生的气候变化。虽然社会适应气候变化部分取决于技术水平，但也要考虑到适应措施的社会影响和后果，这样才能实现真正的可持续发展（Nordic Council of Ministers 2013，19－22.）。强调适应性的同时，北欧还通过跟踪温室气体排放情况来监测和衡量该区域内与气候相关的发展：所采用的指标包括可再生能源在总能源供应中的份额；不同部门温室气体排放的变化情况；监测气体排放、土地使用及变化情况、林业情况等（Nordic Council of Ministers 2017c；Nordic Council of Ministers 2013，21）。

北欧实现可持续发展的共同方式的另一个关键方面是纠正不可持续的生产模式以及商品和服务的消费模式。在北欧国家，高收入水平导致资源消耗水平不断提高，尽管生产工艺和技术的环保程度也有所提高，但这还是扩大了北欧社会和北欧生活方式对环境的影响。公共部门、私人部门和个人等行为体通过更合理的日常环保选择、更清洁有效的生产过程以及材料回收利用的改进过程等，致力于解决不可持续消费的问题（Nordic Council of Ministers 2013，23－25）。北欧部长理事会通过以下方式监测本区域消费模式的可持续性：能源和资源使用与经济增长产生的废弃物的脱钩状况；不同产品中北欧和欧盟生态标签的使用；环境税在税收总额中所占比例；以及跟踪城市废物的产生和处理方式（Nordic Council of Ministers 2013，25；Nordic Council of

Ministers 2017c)。

最后，在北欧对可持续发展的理解中，教育、研究和创新齐头并进，发挥着贯穿可持续发展所有其他优先领域的作用。教育可用于提高关于可持续性的意识，促进环境可持续的态度、行为和生活方式的转变；同时，研究和创新在开发技术和材料方面发挥着关键作用，这些技术和材料有助于解决北欧国家和全世界经常面临的经济增长和环境保护之间的矛盾问题（Nordic Council of Ministers 2013，27 – 29.）。北欧国家教育和创新领域的现状和趋势可通过获得高中、大专和高等教育的人口指标，以及不同部门关于研究和开发的支出占国内生产总值的百分比进行追踪（Nordic Council of Ministers 2017c；Nordic Council of Ministers 2013，29）。

结论：与全球相互交织的北欧可持续发展

本节通过强调北欧国家在其地理范围内界定和追踪的可持续发展的优先事项和指标，讨论了北欧地区的可持续发展问题。虽然北欧关注的部分重点领域，尤其是进一步发展北欧福利社会，显示出本区域的特征，但其他如过度使用资源、环境退化和气候变化等议题本质上则具有更深远的全球性。一些可持续发展的挑战同时也被认为是北欧的经济机会：通过研究和创新解决环境问题也可以促进更绿色的经济增长，从而有助于提升北欧经济竞争力（Nordic Council of Ministers 2013，6）。许多优先议题还跨越了传统的经济、环境、社会三分法思考可持续发展的方式——这既表明了全球可持续发展挑战的复杂性和多面性，也表明了解决这些挑战所需的政策和措施的综合性。

在本文撰写期间，北欧部长理事会正在根据“联合国2030年可持续发展议程”回顾并修订其可持续发展路径（United Nations 2015；Nordic Council of Ministers 2017a；Nordic Council of Ministers 2017b）。不过，“2013年北欧国家可持续发展战略”和为执行该战略而制定的指标仍将是在北欧国家的地理范围内监测可持续发展状况和趋势的基石。

参考文献

Lempinen, Hanna (2017). The Elusive Social: Remapping the Soci (et) al in the Arctic Energyscape. Rovaniemi: Lapland University Press.

Lempinen, Hanna and Heininen, Lassi (2016). Paikallisten elämäntyylit, alkuperäiskansojen kulttuurit? Kulttuuri ja sen kestävyydet arktisten valtioiden strategioissa. Alue ja ympäristö 45: 1, 4 – 14. [Local lifestyles, indigenous cultures? Culture and its sustainabilities in the Arctic strategies of Arctic Council member states].

Nordic Council of Ministers (2017a). Bumps on the Road to 2030: An overview of the common challenges for the Nordic countries in achieving the Sustainable Development Goals (SDGs) Copenhagen: Nordic Council of Ministers.

Nordic Council of Ministers (2017b). Sustainable Development Action – The Nordic Way. Implementation of the Global 2030 Agenda for Sustainable Development in Nordic Cooperation. Copenhagen: Nordic Council of Ministers.

Nordic Council of Ministers (2017c). Indicators for sustainable development. In address. http://www.norden.org/en/nordic-council-of-ministers/ministers-for-co-operation-mr-sam/sustainable-development/indicators-for-sustainable-development-1.

Nordic Council of Ministers (2013). A good life in a sustainable Nordic region: Nordic Strategy for Sustainable Development. Copenhagen: Nordic Council of Ministers.

Soini, Katriina and Inger Birkeland (2014). Exploring the Scientific Discourse on Cultural Sustainability. Geoforum 51, 213 – 223.

United Nations (2015). Transforming our world: The 2030 Agenda for Sustainable Development.

WCED (1987). Our Common Future. World Commission on Environment and Development.

（本章翻译：任柳佳；校对：郑英琴）

第四章

全球视域下的北欧北极问题

芬兰拉普兰大学　拉塞·海宁恩

北欧北极地区由两个次区域构成，即位于北部和东北部的巴伦支海地区和位于西北部和西部的西北欧地区。五个北欧国家和三个自治地区的全部领土或部分领土均在两个次区域范围内。北欧国家的北极政策和战略与两个次区域密不可分。

本章首先将简述巴伦支海地区与西北欧地区的基本情况，其次将分析北欧各国的北极战略，最后将比较北欧五国的北极战略并探讨它们的异同。

巴伦支海是北冰洋的陆缘海，邻近大西洋，包含白海在内总面积约150万平方千米的区域，以芬诺斯堪底亚北岸、新地岛、法兰士约瑟夫地群岛、斯瓦尔巴群岛为界。巴伦支海拥有多个深度达600米的深海盆地和浅沙洲，其中熊岛沙洲平均水深达230米。受北极寒冷气候的影响，巴伦支海地区气候恶劣且多变，受墨西哥湾暖流北支的影响，巴伦支海南部全年无冰。巴伦支海地区生活着丰富的鱼类和海洋哺乳动物，包括许多珍稀的动植物品种，例如濒临灭绝的鲸鱼和北极熊等。数百年以来，海洋资源得到了充分开发，开发主体最初是当地人，后来现代国家也成了开发主体。从16世纪开始，人类就在该地区开展大规模的开发活动，荷兰人和英国人在探寻通往亚洲的北方航道时发现了巴伦支海。从此，人类开始在该地区捕鲸，捕杀其他海洋哺乳动物。渔业是巴伦支海的重要产业。20 世纪 80 年代起，回声测深仪的运用加速了渔业的发展。巴伦支海大陆架蕴藏着丰富的油气资源。挪威与俄罗斯都在积极作业，开采境内的水下油气资源。巴伦支海域的海上交通日益繁忙，部分原因是由于俄罗斯正加速出口，把从白海、巴伦支海油港开采的重油、液化气沿着挪威海岸和冰岛运输到中南欧和北美地区（Heininen 2017 at Barents Region Encyclopedia）。

巴伦支欧洲—北极地区（BEAR）总面积达 175 万平方千米。西起挪威罗弗敦，东至俄罗斯西西伯利亚乌拉尔山脉的沃尔库塔，北至北角，南至俄罗斯卡累利亚的拉多加湖，包含了北欧北极地区和俄罗斯东北部的领土和海域。官方定义显示，巴伦支欧洲—北极地区不包含巴伦支海。巴伦支地区包括挪威最北部的数个郡、瑞典、芬兰的西北部以及俄罗斯联邦的西北部。该地区总人口 520 万（2012 年），居住着芬兰人、挪威人、俄罗斯人、瑞典人，及萨米人、涅涅茨人和外普西亚人等原住民。

第一节　巴伦支海地区：地缘政治、安全问题与全球化

芬兰拉普兰大学　拉塞·海宁恩
圣彼得堡欧洲大学　尼奇塔·龙马金（Nikita Lomagin）

20 世纪，热战、冷战相继降临北欧北极地区及欧洲北部，巴伦支海地区也不能幸免。冷战期间，北极地区开始了军事化进程。冷战结束后，北极地区的地缘政治及安全形势发生重大变化，该地区逐渐摆脱了高度军事紧张、两大强权对峙的状态，民用领域国际合作不断增多，政治局势也日益稳定。民用及部分军用领域的国际合作和区域性合作进一步促进了该地区的稳定与安全。经济、环境、政治、人文等多方面因素共同作用，由此产生的“软安全”有助于缓解政治紧张，化解军事冲突，有益于地区稳定，促进人类发展与民主建设，强化公民社会的作用，也成为环境保护的重要力量。

巴伦支海地区就是这样一个典型。该地区具有重要的战略意义，冷战期间曾出现军事紧张局势。但21世纪初，该地区的地缘政治发生变化，冲突转为合作，未发生任何武装冲突，成为稳定和平的地区。随着区域建设不断推进，国际合作与地区间合作日益频繁，又促进了地缘政治的高度稳定。

从冲突到合作

从冷战冲突到国际合作，转变背后的驱动力是巴伦支海地区及整个环北极地区地缘政治发生的重大变化。这一变化可分划为三个阶段。目前该地区正处于第四个阶段，即北欧国家的安全政策与（军事）安全不仅取决于各国军事存在、军事活动和安全政策，也受到环境、人类活动等因素的影响。

第一阶段开始于二战期间，北极开始被军事化，发生了热战与军备竞赛，以及多次伤亡惨重的冲突。例如德国潜艇阻挠同盟国军队向科拉半岛运输物资，轰炸挪威希尔克内斯港和苏联的摩尔曼斯克港等。二战结束后不久，冷战拉开了序幕。美苏在意识形态、政治、经济和军事领域展开竞争。1949年，北大西洋公约组织正式成立，形成了美苏两个对立阵营。

第二阶段可被概括为“军事竞技场”。这一阶段基本贯穿整个冷战时期，以两个超级大国之间的政治、军事竞争和军备竞赛为主要特征。一个超级大国军事实力增强，另一个超级大国必然作出回应，使北极地区的军事化程度越来越高。美苏在北极地区都部署了核武器系统，特别是战略核潜艇以及载有核弹头的轰炸机。两国还制定了新的“高北地区”海洋战略。包括丹麦、挪威在内的北约成员国和平时期禁止在本国境内部署核武器，不允许其他北约成员国的战舰停靠本国港口。挪威也单方面对自己的北约成员国身份提出了保留和限制，即和平时期不接受外国军队在境内驻扎，不允许同盟国家部队越过东经24°，即挪威与苏联的国界线。雷达站不在限制范围之内，挪威北部的瓦尔德等地区均部署有北约的雷达站设施。

即便个别国家有所保留，也采取了建立信任措施，美苏深入磋商并签订军备控制和裁军协议，北方海域的军事形势仍然越来越紧张。上世纪 80 年代晚期，北极地区被完全军事化，挪威海、巴伦支海等不冻海地区成为两个超级大国部署核武器系统、实施海洋战略的要地。无疑，巴伦支海被视为冷战期间最为“火热”的军事竞技场之一。

第三阶段民间合作成为该地区的主流，军事紧张与冲突对抗转变为以提高政治稳定性为目的的国际合作。以实现“北方安全”为目的的合作主要集中在环保领域，特别是核安全领域的国际合作。新地岛核试验产生的放射性废料引发环境退化，巴伦支海发生核潜艇事故等事件加速了公众环保意识的“觉醒”。为此，美国启动了纳恩—卢格计划，与俄罗斯展开了实地合作。

第三阶段亦可称为“过渡期”，反映了环北极地缘政治和整个国际体系的重大变革，意味着北极的军事基地、雷达站、驻军的减少，军事紧张得到缓和，国际合作代替冲突对抗。其动因主要是冷战的终结和苏联的解体，也和北极环保意识增强、非国家行为体开展区域与国际合作日益频繁有关。

苏联总统戈尔巴乔夫在摩尔曼斯克发表演讲（1987 年）支持这一转变，并提出多项主张，缓和军事紧张，加强环保、科学等多领域民间合作。尽管西方国家没有也不愿这样解读，但这一演说的确对该地区环保、科学领域的国际合作产生助推作用，同时也为巴伦支欧洲—北极地区的构建打下了基础。

区域建设

巴伦支欧洲—北极理事会（BEAR）具有两层架构，即部长理事会和区域理事会。该组织是欧洲和北极地区单一民族国家共同开展区域建设的典范。经过 20 年的合作，作为冷战期间最“火热”军事竞技场的巴伦支地区和平稳定，免于战乱。鉴于这些成绩，BEAR 可以说是成功的。当然，大规模捕鱼、油气开采等活动给环境带来了压力，该地区也发生过非对称性环境冲突，并存在着许多潜在的隐患。

在政治上重要和科学上令人感兴趣的是，挪威和其他北欧国家合作建立该理事会设计机制和相应形式，切断“铁幕”，其主要目的是为了创造机会，与昔日的敌人俄罗斯开展合作。

此外，该机制为政府间论坛和政府间组织开展多边或双边合作以增强互信树立了新的典范。但苏联解体后，重生的俄罗斯依旧被欧洲其余国家视为“异类”和威胁。挪威外交部和中央政府，以及俄罗斯的军方与安全部门，对增强互信、开展合作的倡议抱有怀疑甚至提出反对。

但该理事会为政府间对话搭建了平台，缓和军事紧张，提高政治稳定性。正如《1993 年希尔克内斯宣言》提到的那样，巴伦支欧洲—北极理事会“为本地区和欧洲整体的和平发展做出了贡献”。此外，理事会在国际舞台上帮助有关国家提高话语权，促进可持续发展，争取北极利益。

萨米人及其他欧洲北部原住民与定居者社区在社会、文化、贸易领域合作历史悠久，特别是发生在挪威北部与白海地区的波默尔人之间的贸易，常在政治讨论中被用作范例，来阐释支持区域合作，强调区域合作重要性。然而，作为该地区规模最大的原住民族群，萨米人并不热衷于参与区域建设，他们认为自己无法真正发挥作用。虽然区域合作参与者对合作成果并非十分满意，巴伦支区域合作已取得了实质性的成就，吸引了许多民间团体、志愿团体开展包括文化领域在内的自下而上的国际活动，延续了区域合作的优良传统。

由于受到安全、经济等国家利益的影响，也为了服务巴伦支欧洲—北极理事会的主要目标，巴伦支地区及其合作机制有以下两点局限性，使巴伦支成为一个人为构建的、与众不同的地区，采用自上而下的合作机制。第一，官方合作内容实际上不包含巴伦支海以及自然资源利用等与海洋有关的事务。这反映了挪威与俄罗斯国家利益的竞争与合作，特别是如何开发巴伦支海大陆架丰富资源的问题。另一方面原因是巴伦支地区所有国家均认同并加入了《联合国海洋法公约》。第二，由于发生过冷战，巴伦支海和挪威海的无冰海岸仍比较敏感，因此安全政策、传统安全都被排除在合作范围之外。但巴伦支海地区许多务实合作，例如以《埃斯波公约》为基础的海洋环境保护、核安全国际合作等包含了巴伦支海地区。

开展国际合作的目的不仅仅是为了实现冷战后政治与社会稳定，其最终目标是维护主权、保障安全和促进经济发展。因此，巴伦支欧洲—北极理事会这样一个由单一民族国家管理的现代区域合作机制展现了国际关系发展的新趋势，即不使用权力控制手段，努力建设社会稳定、有利于环境可持续发展的地区秩序。虽然区域建设已取得一定成就，区域主义得到强化，权力下放，但 21 世纪初的基本地缘政治现实是，无论从法律上讲还是政治上讲，巴伦支地区被芬兰、挪威、俄罗斯和瑞典等统一国家的国界所分割。

巴伦支海地区的政治定位与战略意义

巴伦支海地区及整个环北极地区至今依然是部署军事设施的重地，例如核武器系统、载有（核）弹头的轰炸机、配备雷达的指挥自动化技术系统等。该地区也是测试新武器、武器系统、军事部署，进行军事训练与演习，开展情报工作的要地。特别值得注意的是，美俄两国在该地区部署了携带（多个）核弹头弹道导弹的战略核潜艇和用于运输核弹的远程轰炸机。该地区还部署有攻击型核潜艇用于掩护战略核潜艇，美国海军依然在派遣战略核潜艇和攻击型核潜艇在俄罗斯海军基地附近的巴伦支海地区巡航。

基于上述原因，再加上近年来北极地区的地缘政治发生了变化，巴伦支海地区的地缘政治与安全形势变得尤为复杂：尽管部分军事基地与雷达站已关闭，部分驻军已撤出，有关军事活动已减少或停止，但新的军事区域仍在扩大。苏联解体后，科拉半岛成为俄罗斯仅存的一条通往大西洋的自由通道，其战略意义在 21 世纪初因此上升。这也是俄罗斯在此处部署战略核潜艇的原因，也能够解释为什么俄罗斯海军四支舰队中的北方舰队战略意义最为重要。美国海军也在巴伦支海俄罗斯海域附近巡航。尽管美俄之间缔结了军备控制和裁军的协定，冷战结束后军事存在已大幅减少（俄罗斯北方舰队的军用船舶总数减少了50%以上)，但目前尚无确凿的核裁军证据，甚至出现了重整武装的证据。

冷战期间，靠近科拉半岛的挪威最北部区域在战略与政治上都具有很高的价值。该区域的战略形势稳定下来，第一归功于北极地区的环保合作；第二归功于在巴伦支欧洲—北极理事会框架下开展的区域性合作与区域建设；第三，挪威政府2006年开始实施“高北战略”，在油气开采与勘探、边防等民用领域加强与俄罗斯的合作。北约在拉克塞尔夫设有军事训练区，在瓦尔德建设了雷达站。因此虽然形势稳定，新政实施，对于挪威和北约来说，挪威北部的安全与军事战略意义依然重大。

巴伦支海大陆架的石油、天然气钻探进一步提高了该地区的经济战略意义，并带来了新的能源安全问题。环北极地区每年生产的石油天然气总量当中80%来自欧亚大陆的北部，巴伦支海也被誉为“大油田”和“地缘政治枢纽”。正因为如此，俄罗斯是世界上最大的天然气生产国和输出国，第二大石油生产国和输出国。同为产油产气大国的挪威，和俄罗斯一样，也在将能源开发重点向北部，即巴伦支海转移。能源安全已成为高北地区重要的地缘政治因素。2010年挪威与俄罗斯巴伦支海专属经济区划界争议得到解决，两国议会于2011年正式签署协议，这将影响未来该地区发展，是挪威与俄罗斯的合作成果之一。

科拉半岛近来成为俄罗斯向外出口石油天然气的主要平台。油气产地主要包括俄罗斯海上油田，西西伯利亚管道输送以及挪威北部海岸的涅涅茨自治区。挪威认为有必要建立可靠的防御机制，保护主权以及自然资源，同时对环境保护加以管理。挪威与俄罗斯开展双边合作，也与其他北极地区国家开展多边合作。随着石油天然气资源的加速开发，俄罗斯也加快步伐从新的巴伦支海油港向中欧、南欧、北美输送重油和液化天然气，海上交通大大增加，导致未来巴伦支海出现环境灾害的可能性上升。

总之，21世纪初期的欧洲北部，特别是巴伦支海地区，从高度的政治军事紧张迈向了高度稳定的国际合作、区域合作的新阶段。因此有理由相信，通过现代的区域建设手段缓和军事紧张，提高政治稳定性的最终目标已经实现。

结论

21 世纪初期，和平、合作是巴伦支海以及整个环北极地区的特点，不存在短期内发生战争和武力冲突的危险。巴伦支海地区发生了重大变革，人们对地缘政治与安全逐渐形成广泛共识。新的方法更加以人为本，以建设区域身份认同为目标，采用现代的区域建设手段，单一民族国家成为主要参与者。

有关欧洲北部地缘政治变革与安全问题的讨论可以得出多个结论，全球化时代巴伦支海地区的地缘政治与安全将何去何从。第一，该地区的安全形势出现了两个紧密相关的现象：政治紧张、军事活动减少，稳定性高，但自然资源开发与运输活动增加。第二，军事紧张缓和，军事基地与驻军减少，但军事存在仍未消除。该区域仍是美俄部署核武器系统的战略要地。第三，该区域油气资源丰富，有开发新航道的潜力，具有很高的战略价值，将大大影响该区域在经济一体化、全球化世界中的地位。第四，该地区存在其他影响安全的因素，例如远程空气污染、水污染、核安全和其他环境退化现象以及气候变化等。当地居民与公民社会的环保和气候变化意识增强，对本地区安全的忧虑与日俱增。

巴伦支欧洲—北极理事会所进行的区域建设工作是影响该地区形势的重要因素，也是成功实现“从冲突到合作”地缘政治转变的重要原因。在这个成功的案例中，巴伦支地区从冷战迈入了 21 世纪初期新阶段。新世纪也带来了新的变革与挑战，快速变化的气候，与日俱增的自然资源使用，其自然资源与新航道也吸引了全世界的目光。

参考文献

Austvik, Ole Gunnar (2006). *Oil and Gas in the High North—A Perspective from Norway*. Security Policy Library 4. Oslo: Norwegian Atlantic Committee, 3 - 25.

Brunstad, Björn, Magnus Eivind, Philip Swanson, GeirHønneland, and IndraØverland (2004). *Big Oil Playground, Russian Bear Preserve or European Periphery? The Russian Barents Sea Region towards* 2015. Delft: Eburon.

Heininen, Lassi (2010). Globalization and Security in the Circumpolar North. In Lassi Heininen and Chris Southcott (Eds.), *Globalization and the Circumpolar North.* Fairbanks: University of Alaska Press, 221 - 263.

Heininen, Lassi (2009). The Barents Region in the State Interests and International Politics. In Vladimir Goldin (Ed.), *Barents Journal* 2009. Arkhangelsk: The Pomor University, 5 - 10.

Hønneland, Geir (1998). Worlds Further Apart? Identity Formation in the Barents Euro Arctic Region. In G. Flikke (Ed.), *The Barents Region Revisited, Conference Proceedings.* Oslo: Norwegian Institute of International Affairs, 79 - 93.

Kile, Shannon N., VitalyFedchenko, and Hans M. Kristensen (2007). World Nuclear Forces, 2007. In *SIPRI Yearbook* 2007: *Armaments, Disarmament and International Security.* Oxford: Oxford University Press.

Kirkenes Declaration (1993). *Declaration on Cooperation in the Barents Euro-Arctic Region, at the Conference of Foreign Ministers in Kirkenes* 11 *January* 1993.

(Document downloadable from the official homepage of the Barents Euro-Arctic Council, see http://www.barentsinfo.fi/beac/docs/459_doc_KirkenesDeclaration.pdf, accessed on 3 October 2011.)

Käkönen, Jyrki (Ed.) (1996). *Dreaming the Barents Region. Interpreting Co-operation in the Euro Arctic Rim.* Tampere: Tampere Peace Research Institute. Research Report No. 73.

Lomagin, Nikita (2005). Militarization of the Arctic in Russia. In Mark Nuttall (Ed.), *The Encyclopedia of the Arctic.* New York: Routledge.

Pettersen, Oddrun (Ed.) (2002). *The Vision That Became Reality. The Regional Barents Cooperation* 1993 - 2003. Kirkenes: The Barents Secretariat.

Stoltenberg, Thorvald (1992). The Barents Region: Reorganizing Northern Europe, *International Challenges* (Special issue on the Barents Region), Vol. 12, No 4, 5 - 12.

第二节 西北欧地区的次区域合作

中国—北欧北极研究中心 伊吉尔·T·尼尔松
(Egill Thor Nielsson)

西北欧地区是北欧国家的一个次区域。西北欧合作始于1985年，丹麦自治区域法罗群岛、格陵兰岛（丹麦属地）和冰岛共和国在努克成立了西北欧议会合作理事会，宗旨是“就共同问题开展积极而富有建设性的合作”（Bailes 2014）。作为三方议会间的合作平台，西北欧议会合作理事会成立30多年来成为泛北极地区历史最为悠久的多边合作机制之一（Konradsdottir and Nielsson 2014）。

1997年，西北欧议会合作理事会颁布了新的章程，正式更名为西北欧理事会（WNC），共有18个成员，由三方议会各派出6名代表组成，秘书处设在冰岛议会，即位于雷克雅未克的阿尔庭。西北欧理事会每年召开两次会议：一次是全体大会，一次是专题研讨会。全体大会是西北欧理事会的最高权力机关，负责向三方议会发布决议。主题研讨会聚焦本地区当前面临的机遇与挑战（West Nordic Council, n. d.）。近年来，西北欧理事会关注的焦点扩展为以下几个方面：

1. 推动实现西北欧人民的共同利益。
2. 与西北欧国家合作，共同保护北大西洋地区的自然资源和传统文化。
3. 加强与西北欧国家政府的合作。
4. 在北欧合作框架内推进西北欧国家的利益。
5. 加强与其他西北欧组织的合作。
6. 加强与北极区域议员大会、欧洲议会等议会间组织的合作（West Nordic Council, n. d.）。

西北欧理事会是北欧理事会的观察员（West Nordic Council,

n. d. ），1996 年北欧理事会部长级会议正式批准北大西洋合作组织（NORA）加入，将挪威沿海地区也纳入到该区域的合作倡议之中（NORA，n. d. ）。

近年来，西北欧理事会主要关注北极事务。2017 年 5 月，在阿拉斯加的费尔班克斯举行的第十届北极理事会部长级会议上，西北欧理事会成为 7 个新观察员之一。作为观察员，西北欧理事会将在北极理事会的工作小组、专项小组和专家小组中发挥其区域事务方面的优势，重点支持可持续发展工作组（SDWG），并与北极理事会六个永久参与方合作，共同解决北极地区原住民面临的问题（Arctic Council 2017）。

参考文献

Arctic Council（2017）. *New Observer*：*West Nordic Council*. Retrieved from：http：//www. arctic-council. org/index. php/en/our-work2/8-news-and-events/470-observer-westnordic-council（last accessed on 14. January 2018）.

Bailes，A.（2014）. *Nordic and Arctic Affairs*：*Why is* '*West Nordic*' *Cooperation in Fashion*？. Centre for Small State Studies White Paper. Retrieved from：http：//ams. hi. is/wpcontent/uploads/2014/04/WhitePaper3. pdf（last accessed on 14. January 2018）.

Konradsdottir，U. B. and Nielsson，E. T.（2014）. The West Nordic Council and the Arctic. In L. Heininen，H. Exner-Pirot and J. Plouffe（eds）. *Arctic Yearbook* 2014. Retrieved from：https：//arcticyearbook. com/commentaries2014/130-the-west-nordic-council-and-the-arctic（last accessed on 14. January 2018）.

NORA（n. d. ）. *About Nora*. Retrieved from：http：//nora. fo/what-is-nora？_ l = en（last accessed on 14. January 2018）.

West Nordic Council（n. d）. *Information in English*. Retrieved from：https：//www. vestnordisk. is/english/（last accessed on 14. January 2018）.

第三节　丹麦王国的北极政策与国家战略

芬兰拉普兰大学　拉塞·海宁恩

2011年8月，丹麦外交部正式发布了《2011—2020年丹麦王国北极战略》，被丹麦政府、法罗群岛政府和格陵兰岛政府采用，这份文件是对2008年5月发布首份文件（《丹麦王国北极战略》）的更新。这份文件称，“丹麦王国的三个组成部分（丹麦、格陵兰岛和法罗群岛）是平等的伙伴关系”，将共同致力于建设“一个和平、安全的北极；自主维持增长和发展；重视北极脆弱的气候；与国际社会紧密合作”（Ministry of Foreign Affairs of Denmark 2011，10－11）。

背景

2008年起草的《丹麦王国北极战略》不仅解决外交政策问题，也是第一次以丹麦与格陵兰岛双方的形式共同参与北极事务，突出了利益同享、责任共担的模式。制定这份综合全面、积极主动的战略，可以抵消掉格陵兰岛因其自治程度及法律地位提高而遭受的外界压力。2009年，格陵兰岛取得了自治权，使其1979年成立的自治政府享有更高自主权利（Loukacheva 2008）。2008年11月，格陵兰岛举行全民公投，通过了扩大自治权的决议。早在1985年，格陵兰岛自治政府就以全民公投的方式决定退出欧盟（1973年格陵兰岛与丹麦共同加入欧盟）。

退出欧盟以后，欧盟将格陵兰岛视为成员国的海外国家和领地（OCT）（Airoldi 2008，93－96）。自此，格陵兰岛与欧盟关系开始紧张，双方在海豹捕猎、野生动植物产品贸易、气候变化、国际气候政策、油气资源开采等方面分歧颇多。但欧盟承认格陵兰岛是北极地区的重要一员，支持其在欧盟北方政策框架下提出“北极之窗”倡议，欧盟委员会亦在其北极政策中提议，应加强“与格陵兰岛开展北极相关合作”（Commission of the European Communities 2008，12）。

2008年5月，丹麦与格陵兰岛主办了伊卢利萨特极地海洋大会，北冰洋沿岸五国签署《伊卢利萨特宣言》并发表联合战略草案。《伊卢利萨特宣言》第一次以书面的形式公开表明了五国共担责任、追求共同目标的出发点与基本原则，即采用和平、合法的手段，共同承担保护环境的责任，这对于丹麦这样的小国而言是十分有利的。尽管未收到邀请的国家感到气愤，三个被“拒之门外”的北欧国家和北部的原住民也会有不同的解读，但伊卢利萨特会议的确是北极外交的一次胜利，也是现代北极合作历史上的里程碑。同月发布的丹麦国家战略文件顺其自然呼应了这份宣言的主题，支持国际合作与跨部门合作。

丹麦王国于2009至2011年担任北极理事会的轮值主席国，期间工作关注重点为北极地区人民、国际极地年的传承、气候变化、生物多样性、北极发展趋势、资源综合管理、合作模式、“新地缘政治框架下的北极合作”等，目的是为了强化丹麦作为重要国际参与者的角色（Ministry of Foreign Affairs of Denmark，2009）。随着格陵兰岛领土自治得到世界认可，丹麦王国希望此举成为原住民争取权益的一项成就，并表明丹麦王国不会退出北极的态度。同时，丹麦外交部2010年9月宣布将发布新的北极战略，公开新的北极目标，范围包括丹麦、法罗群岛①和格陵兰岛（Udenrigsministeriet 2010）。2011年8月，丹麦外交部如期发布《2011—2020年丹麦王国北极战略》，明确了“丹麦王国2020年以前北极发展的战略优先项”（Ministry of Foreign Affairs of Denmark 2011，11）。为保证该战略的顺利实施，丹麦王国将成立跨学科的指导委员会，对战略实施情况进行中期评估，并着手准备下一步战略计划（2018—2019年开始）。

《2011—2020年丹麦王国北极战略》主要聚焦丹麦与格陵兰岛的关系，并分配责任与权利。与此类似，2008年丹麦与格陵兰岛共同发

---

① 有趣的是，法罗群岛的自治政府2011年成立了自己的工作班子，进一步探究法罗群岛在北极地区的特殊利益。

布《转型中的北极：北极地区活动战略草案》（Namminersornerullutik Oqartussat，Udenrigsministeriet，Maj 2008），对未来工作设定了双重目标：第一，支持并推动格陵兰岛获得更多的自治权；第二，维护丹麦王国作为北极地区的重要参与者的地位。外交部长 Per Stig Möller、财政与外交内阁部长 Johan Motzfeldt 于 2006 年 8 月共同发起并成立丹麦—格陵兰岛“北极战略工作小组”，2008 年发布的文件便是在此基础上完成的（同上，43）。

讨论——有趣的发现

研究丹麦王国的北极政策与战略可以发现以下几点：

第一，2008 年发布的格陵兰岛—丹麦战略（草案）说明丹麦近年才开始通过格陵兰岛对北极地区产生积极有效的影响。该战略于 2008 年通过，现在可以被认为是权威的、全面的文件，包含了所有相关领域并且十分详实。2011 年和 2008 年版本的联合战略草案重点都是关注丹麦与格陵兰岛的关系以及责任与权利的分配问题。2011 年发布的战略还有两重目的：其一是为了回应当前环境、地缘政治发生的重大变革，以及世界对北极地区日益密切的关注；其二是对丹麦王国的（新）定位进行定义，强化其在北极事务中的参与者地位（涉及北极事务时用“丹麦王国”而非“丹麦”确有其道理）。

第二，1951 年《美国—丹麦联合防卫条约》的签订让美国在格陵兰岛继续存在，在 2008 年的联合战略草案中，美国的存在被认为是有利的，将为格陵兰岛的防卫保持其看得见的存在。战略也提到了 2004 年签署的丹麦—格陵兰岛—美国协定，将进一步升级图勒雷达站。这份三边协定以及联合战略草案的表态反映了一个有趣的变化，那就是格陵兰岛政府要求在“大”问题上拥有话语权。这个要求实际上已经得到了满足。丹麦政府允许格陵兰岛自治政府在与欧盟进行的捕鱼谈判中发挥主导作用，并且允许格陵兰岛政府与丹麦政府一起与美国磋商图勒空军基地事宜（Olsen 2010）。2011 年发布的战略文件与其他北冰洋沿海国家一样，都强调主权与国家安全的重要性，但这份战略是本文研究的战略文本中唯一一份强调北约与“北冰洋五国”合作的文件。《联合国海洋法公约》的重要性也被提及。

第三，除渔业以外，该战略着重强调了“新”经济活动及产业，包括水力发电、采矿、旅游、油气及其他矿物勘探等。这份战略也在为吸引投资打广告，特别是吸引到格陵兰岛投资。海上化石能源及其他资源开采对格陵兰岛的发展而言至关重要，但可再生能源也十分重要。2011 年发布的战略文件与此前发布的丹麦—格陵兰岛战略草案一样，承认气候变化与开采容易度提高、机会增加有关。有趣的是，该战略虽然提到了北极气候的脆弱性，但草案称气候变化“将提高开采的容易度，增加开采机会”，而最终的战略文本则更加复杂，强调应该丰富气候变化及其影响的知识，做好知识积累。

第四，该战略提到，加强北极理事会框架下的合作是主要目标之一，也强调了 2008 年召开的极地海洋会议以及北冰洋五国的作用。丹麦显然将《伊卢利萨特宣言》视为构建北冰洋五国友好关系成功的标志，是北极合作的里程碑事件。随后发布的战略文件体现了这一判断，在丹麦王国与格陵兰岛分权的情况下，仍然支持丹麦王国作为北极理事会的成员国发挥引领作用。2011 年战略文件清楚地体现了这一点。

第五，2008 年的战略草案中提到，政治全球化是历史事实，“为了有效地代表自身利益，需要有一套全面的战略”（Namminersornerullutik Oqartussat/Udenrigsministeriet 2008，7）。最终被采用的战略选取了一个更加清晰的全球视角，称“近年来北极已成为世界版图的中心”，将致力于“强化丹麦王国在北极地区的国际事务参与者的身份”（Ministry of Foreign Affairs of Denmark 2011，11）。

综上所述，2011 年战略发布的主要目的是为了加强格陵兰岛作为自治主体的地位，同时重新定义丹麦王国在北极地区扮演的“国际事务参与者”的角色。当前重大的环境、地缘经济与地缘政治变革正在北极发生，全世界对北极地区的关注日益密切，战略对此亦作出了回应。

第四节　芬兰的北极政策与国家战略

芬兰拉普兰大学　拉塞·海宁恩

芬兰北极战略文件（2010 年）首次提出，芬兰是全世界最北部的国家之一，是一个北极国家（Prime Minister's Office，*Finland's Strategy for the Arctic Region*，16）。2010 年获得批准的文件名为《北极地区战略》，分别为“脆弱的北极生态”“经济活动与专门技能”“交通与基础设施”和“原住民”等。这四个章节阐述了芬兰在以上重要领域的政治目标。第五章题为“北极政策工具”，内容包括全球层面和地区层面的政治活动，双边合作与资金状况。这份战略格外关注对外关系，其中一章题为“欧盟与北极地区”，清楚地列明了有关欧盟北极活动中芬兰的政策目标。

2013 年 8 月，政府以决议的形式通过了更新的北极地区战略（Prime Minister's Office Publications 16/2013）。新版战略以 2012 年“北极”芬兰愿景为基础，包括政府于 2012 年 10 月列明的政策的四大支柱：芬兰是一个“北极国家”，也是“有北极专长的国家”，遵守可持续发展原则，倡导“在北极地区开展国际合作”。此外，新版战略列明了目标和具体行动。芬兰政府没有专门负责北极或极地事务的部门，由总理办公室协调管理北极事务，发布北极战略。

芬兰在其北极战略中提到，北极地区和平稳定，但也正在发生着巨大变化，例如气候变化，交通运输量增加等。随着世界对北极关注度的提升，北极在全球的重要性也随之上升。环境保护并非芬兰的当务之急，但芬兰尊重可持续发展的原则。芬兰大力支持北极地区国际合作，特别是环境保护和商业目标明确的经济活动。北极理事会是国际/政府间机构处理北极事务的主要平台，芬兰作为成员国致力于壮大该理事会并努力扩大其授权。

背景

芬兰是环北极圈国家中的一员，也是最早参与高北地区和北极合作的八个国家之一。“芬兰对北极事务的关注是原生性的。地理位置和历史决定了芬兰是一个北极国家，芬兰在北极有着重要的经济、政治和安全利益”（Mäkeläinen-Buhanist 2010）。芬兰虽然是一个北极国家，但由于二战期间向苏联割让了佩琴加地区（即贝柴摩市），芬兰丧失了通往北冰洋及其边缘海的通道。作为一个北极国家，芬兰近年来才确认了自己“北极国家”和“积极的北欧国家”的身份。芬兰是北极理事会成员国，欧盟成员国，也是一个北欧国家。芬兰长期致力于国际环境合作，重点关注环境与气候变化领域的科学合作。芬兰率先提出“北极环境保护战略”（AEPS），希望影响本地区的发展。芬兰也关注全球视野中的北极，支持亚洲国家成为北极理事会观察员，并正在积极游说，帮助欧盟获得观察员资格。

芬兰是一个小国，政治影响力有限，但数十年来，芬兰一直是国际政治领域中的倡导者和先驱，在外交政策领域取得了多次成功经验。例如（1975 年）主办了欧洲安全与合作会议，（1989 年）提出了北极环境保护战略，（1997 年）提出了欧盟北方政策倡议等。

20 世纪 90 年代芬兰加入欧盟前后，芬兰政府反复强调芬兰是一个欧洲国家，位于德国的北部，该言论受到了政界和商业精英的欢迎。在欧盟这个紧密的政治经济联盟内部，芬兰坚持北方政策是欧盟的主要对外政策之一，同时努力将欧盟变成一个（全球性的）北极利益攸关方，并在多个领域取得了成功（Prime Minister's Office，Finland，2010，8）。讽刺的是，芬兰虽然一直积极推动建立北极理事会，但长期以来，芬兰国内的政治与商业精英并不看好这一政府间论坛，他们认为北极理事会与芬兰没什么关系。但芬兰在北极理事会中发挥着重要作用，有权参与决策与投票。不同于 2010 年初芬兰竞选联合国安理会成员国遭受的失败，加入这个机制并成为重要决策机构的一员并不存在失败的风险。

实际上芬兰在20世纪90年代初期便形成了北极/北方政策，体现在两份正式的国际倡议上（Heininen 2002）：第一，在苏联领导人戈尔巴乔夫发表的摩尔曼斯克演讲的基础上，1989年芬兰倡导在北极地区开展环境保护合作；第二，1997年芬兰启动了制定欧盟北方政策的工作。第一项倡议的成果是《北极环境保护战略》，1991年八个北极国家的部长在芬兰的罗瓦涅米正式签字（参见《1991年罗瓦涅米宣言》）。第二项倡议的成果是2000年北方政策被欧盟采纳，欧盟第一次拥有了参与北欧事务包括高北地区事务的框架。2006年，北方政策框架文件取代了北方政策，成为欧盟、俄罗斯联邦、冰岛和挪威的共同政策（European Union Commission 2000 and 2006）。

除了两项成功的倡议以外，芬兰一直对环北极圈缺乏兴趣，参与北极合作也不够积极。正如北方政策指出，这与芬兰的地缘政治形势及其在波罗的海地区的巨大利益有关，因为芬兰不仅是欧盟成员国，也与俄罗斯毗邻。2009年，芬兰外交部启动了一系列北极议程，试图形成政策或战略。2009年夏天，芬兰提名了一位北极大使，作为“本国的北方使者”。时任芬兰外交部长Alexander Stubb 2009年9月称“芬兰需要一个全面的、有雄心的北极战略”。2008年7月，芬兰外交部分管司局准备了一份秘密谅解备忘录作为政策声明的基础，并欢迎有关北极事务的讨论（Ulkoasiainministeriö 2008）。

芬兰外交部长2009年的讲话激发了国内对北极事务的兴趣，特别是气候变化背景下的经济利益问题。从事地区发展、经济贸易的企业和组织兴趣尤为浓厚。芬兰议会外交事务委员会发布了题为《芬兰与北极地区》的报告，这促使了政府官方活动的提速，议会围绕芬兰的北极活动讨论热烈（Ulkoasiainvaliokunta 2009）。首届芬兰北极政治与安全研究网络研讨会于2009年9月举行，第二届于2010年2月在赫尔辛基成功举办，来自外交部的代表出席了研讨会。数天后，总理办公室成立了一个由各部委代表组成的工作小组，“负责起草芬兰的北极地区政策评论报告”（Prime Minister's Office，Finland 2010，7）。

除了跨部委工作小组以外，2010年4月芬兰政府任命了北极事务咨询委员会，负责监督战略实施，支持、监管并协调芬兰的北极活动。

最后，《芬兰北极地区战略》于2010年6月在芬兰内阁欧盟事务委员会上获得通过并启动。同年秋天，该文件再次被列入芬兰议会外交政策委员会的议程，接受听证和讨论。

讨论——有趣的发现

进一步分析可以发现，芬兰的北极战略具有现代战略文本的大部分特点，统筹兼顾，两份战略体现了国家战略的所有重要参数。该文件体现和回应了近年来北极地区发生的重大的、多领域的环境与地缘政治变革，回应了世界对北极的高度关注。虽尚无明确的优先或优先领域，但明显倾向交通、基础设施、专门技能等经济活动。实际上北极事务国际合作的总体目标是以国际条约为基础的。以下是我们在芬兰北极政策与战略中的几个有趣发现：

第一，芬兰的北极战略是全面的，雄心勃勃的，体现了芬兰为了制定首份北极战略付出的努力。战略强调了芬兰的北极国家身份，将欧盟视为“北极事务的全球参与者”。由此可见，该战略的起草者是来自各部门的公务员代表，而不是更加广泛的、能够代表不同利益相关者的咨询委员会成员。起草工作开始两个月后，咨询委员会得到任命。在外交事务委员会发表声明以后，这一进程因芬兰议会的支持而得到加速。

第二，该战略涉及的四个主要部门及相关目标均与芬兰在北极和北部地区长期的、传统的、民族的、政治、经济利益有关。但尚不明确这些目标是否为优先领域，或者说它们大多仅为目标。那么究竟何为芬兰的重点领域？分析发现，总体而言该战略的首要重点是经济利益，特别是海上交通、基础设施、专门技能有关的经济利益，并已有明确的行动方案：例如，战略中支持增加海上交通，完善基础设施建设。显然，巴伦支海地区和芬兰北部确有需要改善的交通和物流网络，文件中列明了芬兰北部正在讨论研究中的五大交通网络与走廊（同上，26 and 74），但其中只有一到两个项目有可能落地。另一方面，虽然有一家芬兰公司参与了斯托克曼天然气田项目，但部分目标，特别是与巴伦支海地区油气钻探有关的目标纯属愿景，并非切实可行。同理，巴伦支海的斯诺维特（Snöhvit）天然气田由挪威人负责开发。芬兰企业，特别是芬兰北部的企业对此期望很高，但实际从该项目中获益很少。

显然，这份战略以商业为导向，重点是经济活动，以及北极地区石油、天然气等自然资源的专业知识或者专门技能。在某种程度上这是可以理解的，因为制定国家战略必须反映参与区域建设和经济发展的企业、机构等利益相关者的利益和期望。这种导向性与芬兰重视高北地区安全、政治利益的战略观并不矛盾，因为芬兰所处的战略位置关键，对（全球）能源安全具有潜在影响力，经济方面，芬兰自然资源丰富，开辟新的全球海上及空中航线的交通发展潜力巨大。

第三，这份战略反映了芬兰希望进一步提高并加强自身作为北极事务有专长国家以及多领域专门技能（例如冬季航运、海上运输、造船、森林、采矿、金属工业、寒冷气候研究等以技术为基础的知识）提供者的地位。从表面上看，芬兰人的确是部分研究领域的专家，但把芬兰放在国际科研合作背景下评估，事实未必如此。因此，十分有必要提议建设一个国家级的研究项目，充分利用跨学科的、跨国界的科研合作解决北极问题。

第四，战略强调了北极生态系统的脆弱性：“脆弱”一词再次出现意义非凡，但意义更深远的是对生态系统采取保护措施。气候变化、污染和生物多样性问题受到广泛关注。由于气候变化的影响和海上运输量的增加，战略再次强调要保护北冰洋的航行安全。海上运输量的增加甚至被认为是“北极海洋生态系统的最大威胁”（同上，28），远距离的空气污染、水污染、大规模的石油钻探也对生态系统产生了巨大影响。战略还提到，北极研究、地区气候模型、环境状况长期监控等应当为决策过程提供支持，凸显了科学与政治相互作用的重要性。有趣的是，（作为未来挑战的）气候变化相关的不确定性并未得到强调，科拉半岛的核安全问题在过去数年间已得到了控制，但战略仍强调了该问题。由此可见，这份战略存在内在矛盾，一方面强调人类活动增加使环境污染的危险性增大（同上，15），另一方面又提出各类陆上海上经济活动的增加（特别是挪威和俄罗斯）符合芬兰利益（同上，18）。究竟孰轻孰重呢（Heininen 2011，28）？

未能解决上述困境意味着该项战略是短视的，尽管该战略声称重点关注“外部关系”，并且认为气候变化是北极地区面临的最严峻挑战之一。从原则上来讲，采取措施保护因气候迅速变化而受到危害的北极生态系统应该是重中之重，促进芬兰的专业知识、（环境技术的）专业技术向外出口可能是最有效的方法。至少，该战略应当把社会各部门间的联系写得更加清楚，比如经济活动与生态系统，与人类之间的互动等。随后发布的北方政策《北极之窗》就将这一关系做了更加清楚的诠释（同上，49）。这样有助于建立一个更加全球化的视角，更加合理地解释为何高北地区在国际政治中扮演着如此重要的角色。

第五，芬兰北极战略的一大成功之处在于强调了北极是一个稳定、和平的地区——“高纬度，低冲突”，芬兰秉持“非冲突规则”（参见Stubb 2009；Heininen 2010b）。该战略承认，在气候变化的全球背景下，北极地区的重要性显著提升，与近期出现的有关全球化的论调是一致的（Heininen 2010b）。战略称，北极理事会是讨论北极事务与政策的主要论坛，今后亦是如此，芬兰从多个层面上以双边的形式“致力于促进北极地区的国际合作”（Prime Minister's Office，Finland，2010，52）。这一声明是重要的，也是及时的，它指出确实需要授权北极理事会通过谈判和扩展，从现有的政治“无能”转变为能够解决“实际”问题的能力，在利用自然资源，采取更严格措施保护脆弱的环境和全球化影响中达到平衡（Heininen and Numminen 2011）。

第六，该战略目标也涉及原住民问题，特别是居住在巴伦支地区、积极参与国际合作的萨米人。但战略未明确声明打算批准国际劳工组织第169号公约有关独立国家原住民和部落民族的内容（Magga 2002），然而该问题对萨米人本身及其自决是非常迫切和相关的。此外，芬兰认为，《联合国海洋法公约》是解决北极问题的有效框架和工具，没有必要再创造新的、有法律约束效力的国际协议或机制。虽然这带有政治现实主义思想的意味，但却是一种传统的、狭隘的、以国家为导向的思维方式。现实的挑战是全方位、全球性的，当然需要充分的关注和国际社会的广泛参与，需要新思路。

第七，战略强调了欧盟北极政策的重要作用及欧盟在北极地区的作用，并称“欧盟是全球性的北极事务参与者”（Prime Minister's Office，Finland 2010，45）。战略还强调欧盟的北极政策应更加完善。这可以理解为当下政治考量才是关键，而非经济利益，芬兰支持欧盟参与北极事务并维护其立场。从芬兰的角度而言这么做是合理的，但芬兰是北极理事会成员国，在多边国际合作背景之下，这样做存在着风险。欧盟在北极扮演何种角色，北极各国及原住民对此莫衷一是，一定程度上反映了各方对欧盟的作用仍有保留。

总而言之，芬兰的北极战略包含了现代战略的大部分要素，采取了统筹兼顾的方法，体现和回应了北极地区近年来发生的重大、多方位的（全球性）变革。该战略未设定明确的优先或者优先领域，但强调了运输、基础设施建设、专业技术等经济活动，支持欧盟，支持以国际条约为基础在北极事务领域开展国际合作，体现出明显的国家倾向。

第五节　冰岛的北极政策与国家战略

芬兰拉普兰大学　拉塞·海宁恩

2009 年 9 月，冰岛外交部正式发布了题为《地处高北的冰岛》的政府报告，阐明了冰岛在北极事务方面的立场和地位（Utanrikisraduneytid 2009）。次年，冰岛外交部向冰岛议会提出了冰岛北极战略原则，获得了议会批准。稍加调整后的《冰岛北极政策决议》于 2011 年 3 月得到批准（Althingi 2011）。这份文件现在是冰岛北极政策的权威基础，包含十二条原则，强调一方面要保护冰岛作为北冰洋沿海国家的地位，另一方面要通过可持续发展手段改善北极地区居民和社区的民生。

该报告发布时，2008年危机余波未平，北极冰川融化和航运业的不确定性上升，使该报告的评估更加谨慎，关注的焦点也更加广泛和多方位。该文件的六个主要标题是：国际合作；国际合作以促进安全；资源开发与环境保护；交通运输；人类与文化；国际合作促进研究和监测。该报告明确指出北极地区不确定性的负面作用，小标题也表明北极地区需要更好的合作。该报告同时指出，冰岛是“唯一一个”完全处于北极地区的国家，冰岛的繁荣很大程度上依赖于该地区自然资源的可持续利用。2009年1月，在北约于雷克雅未克举行的北极事务会议上，冰岛代表阐述了上述立场，特别强调如果未来可能开展任何形式的同盟行动，应当谨慎并以合作为导向。

为了进一步完善冰岛的北极国家战略，冰岛外交部于2010年5月向议会提交了年度报告，报告提及了四个部分的内容，着重强调了“冰岛在高北地区的利益”。外交部长Skarphé ðinsson提议，国家层面的目标首先应该是保护冰岛作为北冰洋沿岸国家的地位（从而取得与五个沿海国家相同的地位），措施包括：第一，“提供法律和地理依据，提高冰岛在高北地区国际事务决策过程中的话语权”；第二，“北极理事会是开展环北极合作最重要论坛，应进一步发挥其作用”；第三，贯彻《联合国海洋法公约》等国际协定，推动签署搜救协定；第四，“反对高北地区军事化”；第五，加强冰岛与格陵兰岛能源领域合作；第六，维护原住民权益（Minister for Foreign Affairs of Iceland 2010，3）。经外交事务委员会仔细研究，冰岛议会2011年通过决议，支持政府提出的所有原则，并把强化北极理事会作用这一条放在了首要位置。此外，议会还增加了一条，呼吁政府各部门、各下属机构在北极事务方面加强合作。

背景

冰岛是一个面积不大的岛国（人口不足32万），地处北美与欧洲之间，文化和历史上延续了鲜明的欧洲和北欧特点。由于夹在两大阵营中间，二战期间的冰岛处于海上作战的中心，后来也成为冷战期间海洋战略博弈的中心。20 世纪 70 年代至 80 年代，《联合国海洋法公约》正处于磋商阶段，冰岛作为磋商的主要参与者发挥了重要的战略性作用。主要原因是当时冰岛经济完全依赖渔业，20 世纪 70 年代，冰岛与英国曾发生鳕鱼大战。20 世纪 80 年代和 90 年代初，冰岛在加强北海地区核安全方面发挥了特殊的作用，特别是核潜艇事故、放射性废料及相关风险等问题。关注这些问题的直接原因是它们与渔业有关，但实际上，冰岛人意识到了资源利用与环境安全之间的相互作用，标志着其综合安全观的形成。

冰岛于 2003 年至 2004 年成功担任北极理事会轮值主席国，并发布了两份重要报告：《北极气候影响评估（ACIA）》和《北极人类发展报告（AHDR）》。首届北极地区议会成员会议在雷克雅未克举行。冰岛北部城市阿克雷里是北极理事会北极动植物保护（CAFF）和北极海洋环境保护（PAME）两个工作组的办公室所在地，同时也是北方研究论坛秘书处的所在地。阿克雷里大学开设了国际极地法的法学硕士和文科硕士课程，其高北地区研究得到了来自挪威和法国的资助，曾多次举办与北极有关的国际会议。

21 世纪前十年对冰岛而言可谓波折不断，其未来将面临多重挑战与较大的不确定性。一方面，冰岛是北约成员，1951 年与美国签署了双边防务协定，因此战略层面上与美国关系密切。然而 2006 年，美国单方面撤出凯夫拉维克基地（以及冰岛的其他基地），削弱了美国与冰岛的战略关系与互信。另一方面，冰岛积极参与欧洲一体化进程，加入了欧洲自由贸易联盟（EFTA）、欧洲经济区（EEA）、申根协定，并于 2009 年正式申请加入欧盟，但加入欧盟的磋商结果仍充满悬念（Avery，Bailes and Thorhallsson 2011）。冰岛外交政策的第三个重要方面是北欧合作及其他区域合作框架，包括巴伦支欧洲—北极理事会，波罗的海国家理事会，以及欧盟北方政策。冰岛与格陵兰岛、法罗群岛以及挪威（出于社会或文化目的）开展的西北欧合作于近期引发关注。最后，冰岛遵循了北欧国家一贯的作风，在小范围内参与国际行动，包括为贫困国家提供发展援助，为维和部队提供民用支持等。冰岛曾申请担任 2008 年联合国安理会轮值主席国但未获成功。

2008 年秋天的经济危机给冰岛内政外交带来了巨大的震动，一些商业与政治错误被暴露出来。2012 年，经济下滑到了最低点，冰岛国内对外交政策的不同看法空前分裂。中左翼坚持向欧洲（以及欧元）靠拢，寻求庇护，其他党派以及大部分民众凭直觉坚持国家主义、排他主义。在此背景下，新的北极议题和气候变化大背景给冰岛的未来带来了一点积极因素，罕见地使各方在政策方面达成了共识。

冰岛外交部（2006 年）发布的报告《北方的交汇：航运与北极的未来》首次明确了国家目标。2007 年 3 月，主题为北极发展与海上运输的国际研讨会成功举行（Government of Iceland 2007）。此次会议总结成功地预言了当前北极地区的多个“热点问题”，包括北极地区环境的不确定性，完善管理，航行安全，搜救，以及对新技术、新经济模式的需求等。其中一个重要发现是“冰岛应利用自身地处北大西洋中心的地理位置优势，开辟跨北极地区的航运新线路”，并成为“集装箱运输的主要枢纽”（同上，26）。

讨论——有趣的发现

研究冰岛政府发布的《地处高北的冰岛》报告可得出多个有趣的发现，冰岛的北极政策可以概括为：

第一，冰岛的北极文件几乎未提及主权问题，因为冰岛不存在悬而未决的领土争端，对于在专属经济区开采海底油气资源也感到满意。但总体而言，主权仍是冰岛政策讨论当中的敏感话题，但目前讨论的重点集中在欧盟、后危机时代金融争端、辖区内捕鱼等议题。在所有有关北极问题的讨论中，冰岛不提“主权”，而是坚持自己作为北极国家的身份和平等对话者的地位。“北冰洋沿岸国家”地位与渔业问题息息相关，也是对其他五个（已被认可的）北冰洋沿岸国家及其部长级会议的挑战（参见有关丹麦章节）。冰岛外交部与议会都认为，北冰洋“不应该是一个狭隘的地理概念，在生态、经济、政治、安全问题上北极应该被视为一个广泛的区域概念”（Althingi 2011，1）。

第二，冰岛比芬兰更重视通过开展国际科学合作以维护地区安全和稳定，在以下几个层面上反映了鲜明的国家利益，一是冰岛意识到自己是一个（非常）小的国家，只有在和平、平等的国际环境中才能够繁荣发展。冰岛军事力量薄弱，更加依赖其他国家的善待，这也是为什么冰岛“反对高北军事化”的原因（Minister of Foreign Affairs of Iceland 2010，3）。这份报告也延续了冰岛上世纪 80 年代发展起来的综合环境观、安全观。二是冰岛愿意与志同道合的国家一起制衡大国，使权力运行机制多边化。近年来，几届冰岛政府都致力于推动冰岛参与北欧国家在北极地区的安全与防务合作。2012 年 3 月北欧议会理事会在雷克雅未克举行，会议上提出北欧国家应采取统一的北欧战略，尽管其他邻国认为条件尚不成熟，但是该提议仍得到了冰岛决策者的欢迎。冰岛政府推动西北欧国家团结也指向了同样的目标（Bailes and Ólafsson，for thcoming）。三是冰岛近年来关注的北极危机问题已超出了自身的能力范围，特别是航运灾难以及海岸线附近的重大污染事件，冰岛通过外交手段推动北极理事会通过了第一份具有法律约束力的溢油搜救合作协议。

第三，包括可再生能源、捕鱼业在内的资源开发问题对冰岛的国家利益至关重要，甚至比环境保护更加重要，因为环境保护有关内容只在 2009 年的报告中有所提及。尽管早期开发的愿望已不如从前强烈，但冰岛非常希望为该地区打造新的北极转运枢纽，开辟新的货运航线、旅游航线，为油气开采区提供新的设施与供给。文件（2007—9）还提到了航空潜力。在所有北极国家当中，冰岛是最不可能以一己之力支撑航空业发展或者参与有关产业、技术领域竞争的。这也许就是为什么包括格里姆松总统在内的冰岛领导人特别希望中国在北极地区扩大影响力，并对北极开发增加投入。冰岛不认为自身受到中国的战略威胁，或许正希望中国扩大影响力，以便制衡愈加强势的俄罗斯（或加拿大），而且中国只要稍微注入一点主权基金就能让冰岛的经济焕发生机。也许这些推测过于简单，其实冰岛民众对中国和其他外来的经济参与意见并不一致，中国富豪黄怒波试图购买冰岛东北部地产就遇到了阻力。

第四，2009 年报告强调了研究、监测、高等教育等领域国际合作的重要性，体现了冰岛对多边国际合作的重视。冰岛议会决议指出，要让冰岛成为“北极问题研讨会的举办地”。上文提到在阿克雷里大学达成了一系列学术研究协议，冰岛其他大学也在积极宣介本校北极问题的研究实力和目标。冰岛议会下属的一个跨党派工作小组正在评估冰岛的安全战略，探讨是否有必要资助新的外交与安全事务研究项目，北极问题正是此类研究的核心内容。

第五，虽然冰岛的北极战略文件未提及欧盟，但冰岛未来能否加入欧盟这一问题广受关注，欧洲议会的多次会议上都讨论了这个问题。如果冰岛能够如愿以偿，从战略角度来说，一方面可以扩大欧盟的管辖立足点，有利于欧盟推进北极开发行动，另一方面，冰岛可以在争取北极利益的同时，获得欧盟的“庇护”（Avery et al 2011）。事实上，除了捕鲸问题，冰岛与欧盟的北极战略是完全兼容的。这意味着即便冰岛不是欧盟正式成员国，也可以通过北方政策框架，参与欧盟的科研与教育网络，对接欧盟的环境与核安全政策，双方的合作不受影响，甚至可以进一步扩大。冰岛加入欧盟将引发“连锁反应”，影响挪威甚至法罗群岛、格陵兰岛对于一体化的态度，但这是一个长期的问题，目前民调显示只有 30% 的冰岛民众支持加入欧盟。

总而言之，冰岛的北极战略制定过程表明，冰岛对北极变化的广度、意义的认识是一个逐渐深化的过程；一个小国已经意识到自身未来将面临一系列挑战；与其总体外交政策相比，在这一领域合作的基本意图更加清晰和明确。

第六节 挪威的北极政策与国家战略

芬兰拉普兰大学 拉塞·海宁恩
挪威南森研究所 伊达·F·索尔维德（Ida Folkestad Soltvedt）
挪威南森研究所 阿瑞尔德·默（Arild Moe）

挪威是21世纪第一个开始制定明确的北极战略与政策的国家。第一份有关文件是一份题为《向北！高北地区的挑战与机遇》的专家报告（Statens forvaltningstjeneste Informasjonsforvaltning 2003）。2006年12月，斯托尔滕贝格政府发布了《挪威政府高北战略》，标志着挪威政府承认高北地区在挪威战略关切中占首要地位。

2006年12月发布的《挪威政府高北战略》正式明确了挪威的北极政策（Ministry of Foreign Affairs of Norway 2006）。作为首份以“战略”冠名的北极政策文件，《挪威政府高北战略》成为同类其他文件的模板和参考标准。该文件以长期可预见性和发展前景为重点，关键词包括存在、活动与知识，强调深化与俄罗斯合作，使俄罗斯充分参与。该文件的修订版《北方新基石》（Ministry of Foreign Affairs of Norway 2009）于2009年3月正式发布；总体上延续了部分政策要点，但更偏重商业发展、知识以及环境问题。本文将把2006年、2009年两个版本作为主要讨论对象。

2006年版《战略》将高北地区确定为挪威政府的重点关注领域。文件内容详实，重点涵盖了环境、人文、外交政策、商业、知识和原住民等。每个重点项下罗列了一系列政策、承诺以及政府目标。显然，挪威政府将高北地区作为重点，希望调动全社会各阶层各部门的力量，共同完成设定目标。文件中最大胆的部分是对俄罗斯的重视，引用了多份参考文件阐述如何进一步加深与俄罗斯的伙伴关系。如此一来，地区安全、经济发展和环境治理成为了挪俄双边关系的基础。2010年9月，该目标取得重大进展，挪威与俄罗斯签署了《巴伦支海及北冰洋海上划界及合作条约》(Treaty between the Kingdom of Norway and the Russian Federation 2010; Boswell 2010)。①

2009 年《战略》延续了之前版本的主要政策内容，确立了七个优先目标：第一，扩充有关高北地区气候变化与环境的知识；第二，提高北部海域的监测、应急能力（溢油事故），完善海上安全系统；第三，促进近海石油资源和其他可再生海洋资源的可持续利用（及有关商业活动）；第四，鼓励在高北地区开展陆上商业（产业）开发；第五，进一步完善基础设施；第六，坚决维护主权，加强（与俄罗斯）国际合作；第七，保护原住民文化与生活。

本节将重点分析《挪威政府高北战略》中外交与国际合作的有关内容，讨论部分中撷取了部分优先项，以及 2006 年《战略》履约的框架。2009 年的版本阐述了一系列后续跟进措施，以及（2006 年《战略》所提出的）重点政治领域的下一步行动方案。2009 年版《战略》的视野更加广阔，讨论范围包含整个环北极地区。最后，外交部 2010 年 10 月发布了现状报告，对 2009 年版《战略》进行了更新，并明确了预算拨款（Utenriksdepartementet 2010）。

背景

北极事务是挪威政治的组成部分。在不同历史时期，北极政策在整体政策中的地位不同，重点也不尽相同。贯穿冷战及战后时期的一个不变特点是挪威与邻国俄罗斯的关系。

21 世纪中叶以前，挪威的北方政策往往被称为“俄罗斯政策”或“周边地区政策”。挪威与俄罗斯在冷战期间分属两个对立阵营。挪威始终面临挑战，如何在北约成员国身份和稳定与苏联关系之间寻求平衡。因此，为了缓解军事紧张，维持局势稳定，安全与合作显得至关重要。20 世纪 90 年代，冷战结束，苏联解体，俄罗斯在挪威政治中仍占有重要地位，但重点转变为帮助俄罗斯。挪威倡议建立巴伦支海欧

① 2011 年 2 月 8 日挪威议会正式通过《巴伦支海及北冰洋海上划界及合作条约》。

洲—北极地区（BEAR）就是一个例子。2000 年后，重点又在慢慢发生变化，采取的手段更加注重全面协调。2005 年挪威针对北极地区制定了明确的政策，高北地区重新回到了挪威外交议程的首要位置，与过去采用的旧方法彻底决裂。

挪威政府提出的所谓高北倡议是一项跨越了几代人的政治议程，既包含外交政策，也涉及国内政策。从范围上讲，它包括保护挪威重大国家利益，保护原住民生活方式，促进人文合作、环境保护，为巴伦支海未来的采油活动提供政策支持，等等。挪威政府发布了多份白皮书和报告，讨论北极地区的机遇和挑战，聚焦可再生和不可再生资源的可持续管理，特别是石油和天然气的开采问题。

挪威于 1980 年在特鲁姆瑟富雷克特开始了对巴伦支海的勘探，并在过去的二十年中取得了多项小规模的发现，其中挪威国家石油公司 1984 年发现的白雪公主气田和意大利石油总公司 2000 年发现的格里亚特油田是最主要的两大发现，二者分别于 2007 年和 2016 年投入生产，引发争议不断。巴伦支海是世界上生物生产力最强大的海域之一，渔场资源丰富，盛产高价值的鳕鱼。因此许多人关心应该如何平衡各方利益，制定合理的政策。特别是进入 21 世纪以后，挪威在开发北极资源时较为谨慎。2006 年挪威制定了《巴伦支海与罗弗敦群岛整体管理计划》，与国际条约和程序保持一致，强调对资源采取综合管理，以保护海洋环境。

巴伦支海丰富的资源不仅是挪威国内讨论的议题，也是挪威与俄罗斯发生分歧，磋商不断的原因之一。1977 年，专属经济区（EEZ）成立以后，挪威与俄罗斯因巴伦支海经济区与大陆架的划界问题相持不下。挪威与苏联于 20 世纪 70 至 80 年代间在争议地区开展了地震手段的资源勘测，共计 17.5 万平方千米。但此后，两国中止了勘探，避免在争议海域活动。最后，随着挪俄关系保持长期向好趋势，两国于 2010 年正式签署了划界条约，将该地区平分。

挪威于 1977 年在斯瓦尔巴群岛附近成立的渔业保护区也是挪威与俄罗斯争议的来源之一。1920 年签署的《斯匹茨卑尔根群岛条约》使挪威获得了“无主之地”斯瓦尔巴群岛的主权。但《条约》

规定，所有条约签署国公民在斯瓦尔巴群岛拥有平等开展经济活动的权利，可以从事捕鱼、采矿等陆地或海上经济活动（Churchill，2015，153）。引入现代海洋法和专属经济区法以后（缔约时尚不适用），挪威主张在斯瓦尔巴群岛附近建立专属经济区，但遭到了其他缔约国的反对，挪威只好撤回该主张，随后又建立了渔业保护区。渔业保护区被定位为“中间路线”，目的是保护鱼苗免受非法捕捞。时至今日，尽管俄罗斯—挪威联合渔业委员会通过了一系列管理规定，但俄罗斯（及其他多个国家）仍不承认挪威对斯瓦尔巴群岛附近海域享有管辖权。俄罗斯船只拒绝向挪威当局上报该海域的捕捞情况，俄方船长也拒绝在挪威海岸警卫队的检查表上签字。然而俄罗斯方面对挪威检查人员登船表示欢迎，接受与斯瓦尔巴群岛地区与挪威专属经济区一样的检查程序。

当前，对俄关系仍是挪威北极政策的基石之一。乌克兰危机发生后，两国军事联系中止，但挪威仍与俄罗斯在海岸巡逻、安全、边境保护、巴伦支海资源开发等方面保持着密切的合作关系。

北极理事会已成为挪威开展与俄罗斯及其他北极国家合作的重要平台。2007 年至 2009 年，挪威担任北极理事会轮值主席国，强调应加强对可持续资源的管理，应对气候变化。自 2006 年起，在挪威担任轮值主席国期间，北极理事会秘书处落户挪威的特罗姆瑟，2013 年该地成为秘书处的常驻地。总体而言，挪威为北极理事会的工作提供了大量的资金和研究资源。挪威环境部门积极参加理事会多个工作小组和项目。研究能力一直是挪威国内北极政策的核心。自 2006 年起，外交部每年增加高北倡议的预算拨款，包括科研资金，重点研究巴伦支海石油开采活动以及气候、环境相关挑战。其思路是让挪威采取可持续的、高效的方法管理高北地区，使其成为其他国家的合作伙伴，借助各类合作平台提高挪威在该地区的影响力。

讨论——有趣的发现

研究《挪威高北战略》中的北极政策可以得出多个有趣的相关

发现：

第一，《挪威高北战略》十分全面，包含多个领域的政治和战略问题，对内对外目标明确。与常规的外交政策文件相比，该文件提出的战略更加先进，有完整的后续跟进措施以推动政策执行，并得到了（现任）联合政府的支持。此外，高北地区在文件中被认为是战略的重中之重，体现了高北地区对挪威的重要性与日俱增。因此，高北战略是挪威国家总体政策的重要组成部分。

第二，《战略》始终执意采用“高北”一词（而非“北极”）。2006 年版的《战略》将高北描述为一个“广义的地理和政治概念”（Norwegian Ministry of Foreign Affairs 2006，13），但实际上指的是巴伦支海及其周边地区，包括斯瓦尔巴群岛。2009 年版《战略》称“高北”在挪威没有精确的定义，该术语所包含的范围显然“不仅限于挪威北部和斯瓦尔巴群岛，因为挪威在更广阔的空间内有更大的利益关切”。这一说法可以说是“完全站在挪威的角度”了（Norwegian Ministry of Foreign Affairs 2009，50）。[①]

第三，普遍观点认为，21 世纪初期北极地区地缘政治的主要特点是稳定与合作。正是基于这一认识，挪威政府制定了高北战略。虽然俄罗斯在北极的军事活动有所增加，但挪威不认为未来可能出现能源“竞赛”，或者新冲突，甚至“退回冷战状态”（Faremo 2010）。所以，发展知识，促进自然资源可持续利用，推动商业进步，与俄罗斯加强边境合作，维护国家主权等做法是非常合理的。

第四，挪威的高北战略，特别是 2006 年版本中最有进步性的内容是挪威对俄罗斯的重视及对俄合作，提出了不少雄心勃勃而且切实可行的目标。例如，文件中多次提到挪威应该激发俄罗斯的参与度。在呼吁俄罗斯在合作中发挥更加积极的作用上，挪威表现得非常积极，甚至有些过于主动。这是挪威 20 世纪 90 年代初外交政策转向的延续。冷战结束后，苏联解体，紧张的军事形势得到了缓和，局势渐渐稳定，

① 该文件同时提到“高北正逐渐成为北极的同义词”（Norwegian Ministry ofForeign Affairs 2009，50）。

欧洲北部国际合作开始兴起，北欧国家与俄罗斯成立了巴伦支海欧洲—北极地区，开展各类双边的功能性合作。曾经的敌人之间开始建立起积极的关系和互信，最终签署了前文提到的划界及合作条约，成为国际政治历史上化敌为友的典范（Heininen 2010a）。相比对俄的高度重视，其他北欧国家和北极地区似乎被忽略了。

第五，挪威政府立志发展海洋产业及商业活动，特别是与石油有关的商业活动。把高北地区定位为一个“（新的）石油大省”，重点在开展海上石油和可再生海洋能源可持续利用领域加强与俄的合作（Norwegian Ministry of Foreign Affairs 2009，18），决心成为“高北地区最好的资源管理者”（Norwegian Ministry of Foreign Affairs 2006，13 and 55）。对能源安全的关切扩展了实现上述目标的框架，战略明确提出，全球范围内，“能源安全日益成为安全政策不可或缺的一部分”，“气候变化将影响全世界国家和人民的安全”（同上，14）。

第六，通过重视俄罗斯（西北部），挪威明确了区域合作、区域建设以及商业进步在外交政策中的地位。将区域合作、区域建设以及商业进步定为实现全面安全，经济繁荣，环境有序和知识积累的重要手段。北方原住民，特别是原住民的文化和生存问题也得到了重视。《战略》中“原住民”与“萨米人”两个术语被同时使用，甚至“原住民”的出现频率更高。

第七，高北战略反映了挪威高北政策，即巴伦支海地区政策，具有较高的延续性。其中最具战略意义的一条是重视俄罗斯并积极与俄开展双边合作。但前提是挪威要维护高北地区的国家主权，特别是（可能存在）管辖权争议中的斯瓦尔巴岛附近海域的主权问题，《战略》称“挪威海的大部分海域以及巴伦支海的渔业专管权属于挪威”，“挪威将继续保持在扬马延岛、熊岛和希望岛”及斯瓦尔巴岛（同上，31－32）的存在。

总而言之，挪威的高北战略不仅重点突出了挪威与俄罗斯的关系，提出了进一步深化双边关系的目标，并将高北战略作为实现该目标的重要途径。正是由于挪威对这一点过分关注，该战略不足以被视为挪威针对北极地区地缘政治和环境变化所做出的广泛、客观的回应。

第七节　瑞典的北极政策与国家战略

芬兰拉普兰大学　拉塞·海宁恩

2011年5月，瑞典政府正式通过《瑞典北极战略》(Ministry of Foreign Affairs of Sweden, Pressre lease, 12 May 2011)。该文件主要包含三个重点：气候与环境、经济发展以及人文。

瑞典是北极八国中最后一个通过并发布北极或北方战略的国家。随着瑞典国内和政府面临的压力越来越大，特别是瑞典担任北极理事会轮值主席国以后，发布这样的文件势在必行。北极战略发布当天，瑞典正式接过了北极理事会轮值主席国的接力棒，并公布了《北极理事会主席议程（2011—2013)》（Government Offices of Sweden 2011)，重点强调了“北极环境可持续发展问题”，包含以下三个方面：“环境与气候”“人类”和“更加强大的北极理事会”。

在此之前，瑞典政府基本从未发布过类似的官方文件，也鲜有领导人就北极和北方事务发表演讲。只有2009年瑞典外长卡尔·比尔特(Carl Bildt) 在北极理事会一次部长级会议上提到，瑞典政府的施政重点包括加强北极理事会的作用，发展北极航运，开展有关研究，应对气候变化和其他环境挑战，以及完善瑞典萨米人口政策等（Bildt 2009)。瑞典国际事务研究所（UI）和斯德哥尔摩国际和平研究所(SIPRI) 两家瑞典的研究机构，于2011年4月在斯德哥尔摩共同举办了一场主题为“新北极：加强合作，共迎挑战”的研讨会。这是瑞典首次召开此类会议，研讨北极地区潜在挑战，探索如何在北极理事会框架下加强合作。

作为北极理事会的创始成员国之一，瑞典很早就开始参与北极国际合作。《战略》明确指出，从历史角度来说，瑞典与北极有着天然的、牢固的纽带：地理上，瑞典国土边界超出了北极圈；人口上，萨米人在瑞典定居已有几百年的历史。此外，瑞典为极地研究做出的贡献可以追溯到一百多年以前，该领域研究由瑞典极地研究秘书处负责协调推进，还出版了年度报告。例如，20 世纪初阿比斯库科学研究站正式成立，瑞典最新的有关研究课题是《环境策略研究基金会——全球背景下的北极未来》（SWEDARCTIC and SWEDARP 2011 – 2015）。总之，瑞典与北极有着千丝万缕的联系。

讨论——有趣的发现

研究 2011 年发布的《瑞典北极战略》有如下有趣的相关发现：

第一，政府采纳并发布北极战略当天，瑞典正式接过了北极理事会轮值主席国的接力棒，这可以说是瑞典政府，或者说瑞典外交部的一项成就。作为北极八国中最后一个发布北极政策文件的国家，瑞典政府手上的时间十分有限，来自国内外的压力也与日俱增。从某种程度上来讲，从《战略》中可以看出瑞典政府当时的处境。战略文本内容中规中矩，没有任何出人意料的地方或者特别之处。但这也是这份文件的优点所在——直截了当，毫不含糊，意料之中但重点清晰。

第二，瑞典与北极之间存在千丝万缕的联系，特别是历史、政治安全、文化方面。《战略》中单独设置了“瑞典与北极”这一章，目的在于明确瑞典作为北极国家的合法性，国家身份认同是通过社会构建起来的，社会讨论的演进能够塑造国家身份认同。这一章节信息量充足，十分有趣，提供了丰富的有关瑞典的背景知识。

第三，此前提到，《战略》中提出的三个重点完全是意料之中，把气候与环境放在第一位也完全合情合理。瑞典的战略文本只列出了三个优先项，是所有北极战略中焦点最集中的一份文件。三个优先领域中，经济发展被认为是内容最丰富、功能最多样化的，强调（在北极地区）开展自由贸易，（在巴伦支海地区）发展产业政策，在采矿、石油、林业、旅游、运输、航运、破冰、驯鹿放牧等多个领域获得经济利益。这里令人略感意外的是，与瑞典北部的主导产业采矿业相比，《战略》更重视石油工业，即巴伦支海地区的石油与天然气开发。由此可见，经济发展是瑞典北极政策的重中之重。

第四，其他两个重点，即气候与环境和人类与《北极理事会主席议程（2011—2013）》内容基本一致。差别在于，主席议程的旗舰项目“适应力建设”（Lind 2011）在《战略》中未得到强调。

第五，《战略》明确提出，在北极地区开展有效的多边合作是瑞典当前的主要目标之一。的确，瑞典参与了很多相关论坛与机构，并在其中发挥着积极的作用。与芬兰的战略不同的是，瑞典并没有强调欧盟的作用。这可以反映出瑞典担任北极理事会轮值主席的重点有所不同。瑞典外交政策的传统性决定了瑞典会在欧盟框架之外寻求自由并积极作为，我们第一次在现代的北极合作中看到这种思想的应用。

总之，瑞典的北极战略包含了一份现代战略的大部分特征，每一个重点领域都有明确的目标。该战略回应了近期北极地区发生的重大、多领域的（全球性）变革，也考虑到了其他北极国家和非北极国家日益增长的关注及其带来的压力。

第八节　北欧各国北极战略的异同

芬兰拉普兰大学　拉塞·海宁恩

北极八国政府发布北极、北方事务战略与政策，表明各国越来越重视本国最北部地区及整个北极地区。北极地区以外的大国对北极的关注也与日俱增，例如中国、日本、韩国、法国、德国、英国以及欧盟。与20世纪90年代相比，北极各国的内外政策发生了明显的变化，冷战结束时，只有加拿大和挪威拥有“明确的北极政策”（Heininen 1992）。

从各国的北极战略以及非北极国家的北极议程、战略和政策可以看出，整个北极地区正在发生变化，同时也表明了国际社会越来越关注北极、世界的最北部以及北极与国际社会的关系（Heininen2004）。因此，这些战略和政策是各国针对21世纪初北极环境、地缘政治、经济、安全等领域发生的重大的、多领域的改变作出的回应。这些改变包括气候变化和国际社会关注引发的安全风险与主权威胁，以及对生物多样性和人类活动产生的影响。各国制定北极战略也有其他原因。对丹麦王国而言，原因是为了体现格陵兰岛取得的自治权地位以及为2008年在伊卢利萨特举行的第一次北冰洋沿海五国部长级会议做准备（Ilulissat Declaration 2008）。挪威的高北战略非常独立，特别是2010年双边划界条约签署以后，集中反映了挪威与俄罗斯在巴伦支海地区的关系。最后，所有战略都有一个特点，即每一个北极国家都希望在某些领域或者北方事务上发挥自然的、实际意义上的、甚至是主导性的作用。每一个北欧国家都是如此。

这一节将比较北欧各国北极政策，重点领域和主要目标，目的在于梳理出它们的异同（不仅包括已经明确阐述的优先领域和目标，也包括没有明确表达，但可以被解读为具体优先领域的战略内容）。将各国的优先领域和主要目标综合起来，可以看出北欧各国在北极地区和北方事务方面的国家利益，进行比较之后，可以得出它们之间的异同。下面将以前文所述为基础，对北欧各国的战略、政策进行比较研究（Heininen 2012）。在此之前，先简单比较一下各国如何定位自己的北极国家身份，如何界定北极地区。

（再）构建、（再）定义、（再）定界

从各国北极战略和国家政策可以看出，每个北欧、北极国家都迫切需要考虑并重视以下问题：一方面如何（再）定位和（再）定义本国的北极国家的身份，如何（再）构建本国与北极相关的内政外交政策；另一方面，如何再定义和再定界北极地区。首先讨论的是每个北极国家如何看待自己在北极地区的位置和身份。

丹麦王国北极战略的目标是强化丹麦王国作为“北极地区的全球参与者”地位（Ministry of Foreign Affairs 2011，10－11）。

芬兰将本国定位为“一个北极国家……自然是北极地区的一员”（Prime Minister's Office 2010，7）。

冰岛的战略报告显示，冰岛是“唯一一个全境位于北极地区范围内的国家”（Utanrikisraduneytid 2009）。冰岛议会决议进一步表明，牢固冰岛“北冰洋地区沿岸国家”地位是一项目标（Althingi 2011，1）。

根据挪威政府发布的2009年高北战略，“高北是挪威最重要的战略要地……发展本国的高北战略正当其时”（Norwegian Ministry of Foreign Affairs 2009，3）。挪威拥有领先的环境政策，决心成为“高北地区最好的资源管理者”（Norwegian Ministry of Foreign Affairs 2006，13 and 55）。

瑞典在历史、政治安全、经济、气候环境、科学、文化等方面与北极联系密切（Government Offices of Sweden 2011，12－17）。

各国对北极地区的（再）定义和（再）定界也显示出对北极的兴趣越来越浓厚，文件显示：

丹麦王国：“近年来北极已成为世界版图的中心”（Ministry of Foreign Affairs 2011，9）。

芬兰：“北极地区可以用多个标准来定义，例如北极圈”（Prime Minister's Office 2010，8）。

冰岛：该国位于“北极的边缘，北大西洋的中心”（Utanrikisraduneytid 2009）。如前文所述，有必要继续保护“冰岛作为北冰洋沿岸国家的地位”。

挪威：高北指的是“巴伦支海及其周边地区”，包括斯瓦尔巴群岛，但实际上应该是“更宽泛的地理和政治概念……不仅限于挪威北部和斯瓦尔巴群岛，因为挪威在更广阔的区域有重大利益关切”。这一主张被称为是“完全站在了挪威的角度”（Norwegian Ministry of Foreign Affairs 2009，50）。

瑞典：北极有多个定义，例如北冰洋（及其五个沿岸国家）和（八个）北极国家（Government Offices of Sweden 2011，11）。

所以各国都将自己描述并定义或再次定义为一个北极或者北方国家。一个有意思的区别在于，那些原先就将自己定位为北极国家的国家在21世纪初更希望强调这一身份。例如，丹麦王国立志成为“北极地区的全球性参与者”，冰岛希望成为“北冰洋地区的沿岸国家”，挪威希望自己在能源政策方面“处于领先地位”。对芬兰和瑞典而言，自我定位为北极国家还是头一次。

为了便于比较，我使用了如下八个内向和外向指标：主权与综合安全、经济与商业进步、可持续发展、环境与治理、管理与安全、人文维度、研究与知识、国际合作。

主权与综合安全（包括国家的陆地与海洋主权，国家安全，安全政策与国防，也包括综合的人类—环境—气候安全）。

丹麦王国的战略重点（与任务）是“通过部署显然存在的武装力量实施监控”从而行使主权，并加强海洋安全保护。在主权和国防方面，挪威的战略更广泛，认为武装力量的存在对“坚决维护主权”是必须的，因此战略提到挪威部署在北方的武装力量的作用。战略同时强调要加强边境管制和民事边境监控，增加海岸警卫巡视，加强与俄罗斯的（双边）能力建设，深化“睦邻友好关系”。在谈到国家主权与安全重要性的时候，还有更复杂的情况，例如，丹麦王国的北极战略把安全问题与保护格陵兰岛经济基础挂钩。挪威的北极战略强调气候变化对国家安全、人民安全造成影响，而能源问题也是安全政策的一个方面。

相比之下，芬兰、冰岛和瑞典的北极战略未提及国家主权或国家安全的内容。对芬兰而言，相比出现冲突，“密切合作的可能性更大”。芬兰致力于促进北极地区合作与稳定，实现“广义的安全”。这是对安全更加宽泛的理解，强调通过“广义的安全”实现综合全面的安全。还有一种情况，例如冰岛报告中提到的，强调环境安全，对意外事故和突发情况作出反应。冰岛的目标是“通过民用手段保护本国在北极地区的广义的安全利益，反对以任何形式将北极军事化”。瑞典在北极面临的安全政策挑战“与军事无关”，瑞典将“努力保证北极地区不出现军事紧张状况”。这也许是保障国家安全、免遭战争摧残的最佳方式，这样才会像瑞典的战略文件中描述的那样，“北极将不会出现安全、政治形势紧张的状况”。

国际合作也是优先领域之一。正如冰岛战略报告中所强调的，加强国际合作能够促进安全。各国战略文件都强调，在军事对峙和武装冲突的可能性很低的北极地区应充分利用相关国际协定。这似乎是一件好事，是保卫国家安全，免遭战乱的最好方法，北极将一直维持和平、稳定的状态。

相似点：所有战略文件都承认，有些甚至强调，目前的北极地区是和平稳定的。战略内容上都包含了综合安全，即广义的安全以及考虑到气候变化因素的安全。

不同点：丹麦王国、挪威以及其他北冰洋沿海五国的战略文件都强调了主权和国防问题。芬兰、冰岛、瑞典则强调综合的、广义的安全。

经济与商业进步（包括航运、航空、旅游等在内的所有经济及商业活动、自然资源利用和与经济发展有关的专门技能、知识及教育活动）。

丹麦王国希望在北极看到“多层面的繁荣”。随着气候变化的发生，技术的不断进步，该地区“大量经济潜能被开发出来”。因此，应尊重北极地区文化，“抓住该地区提供的机遇，创造更多的增长和发展，这是丹麦王国和格陵兰岛的政治优先项”。丹麦王国的战略文件着重强调了除渔业以外的其他（新）产业，比如水力发电、采矿、旅游、石油勘探，矿产和其他能源开发等，都是格陵兰岛重点发展的产业。

芬兰认为，北极拥有“对芬兰有益的巨大经济潜能”。芬兰认为，北极地区不断增长的海上交通以及自然资源开发充满了商机，芬兰可凭借其“举世闻名的北极知识、专门技能和研究”从北极开发中获益。战略希望芬兰从巴伦支海地区的大型或超大型项目中积累丰富的北极知识和专门技能，为本国企业带来商机。冰岛的政策文件提出，为了保障北极长期的可持续发展、维护自然资源开发与使用的国家利益，应加强对资源的可持续利用。

挪威高北政策的“整体目标就是夯实挪威北部地区的经济基础”，在其北方政策当中，挪威致力于“确保充分利用该地区的战略区位优势，为社会以及全国其他地区带来效益”。挪威积极参与石油和天然气开采，其战略文件把高北定义为“新石油大省”。为了实现这个目标，政府打算“为现有的和未来的高北地区活动提供清晰的、具有前瞻性的政策框架”，“其中知识是社会和经济可持续发展的最重要的基石”。

瑞典认为，北极地区“森林、野生动物、能源、矿产等自然资源丰富”，充满机遇，“多个领域发展增长潜力大”。经济发展与商业利益，例如采矿、石油、林业等，（在整个北极地区和巴伦支地区）开展自由贸易，对瑞典的经济和未来发展将起到关键作用。因此，瑞典的战略文件中，经济发展被放在了北极政策的优先位置，瑞典凭借其北极、环境相关的专业知识，“竞争优势”显著。

以航运和海上运输为代表的运输业是芬兰和冰岛的战略重点，芬兰更重视冬季航运以及造船。冰岛是一个岛国，更加重视航运和北方航线，特别是跨北冰洋航线开发，以及航空事业。

相似点：由于北极自然资源丰富，战略位置优越，所有北欧国家都意识到并明确地讨论甚至强调了北极巨大的经济潜能。总体而言，经济潜能主要指的是自然资源开发，包括可再生能源和以化石能源为代表的非可再生能源。以北极战略为基础，21 世纪初，海上石油工业似乎成为了北极地区最主要的经济活动和商业机会来源。

除了巨大的经济潜力以外，各国的战略文件还明确讨论了北极的非物质价值——例如丹麦王国提到了北极地区人类文化，芬兰强调了专业知识、专门技能，冰岛突出了资源的可持续利用，挪威强调了竞争力与知识，瑞典强调了可持续发展。

不同点：丹麦王国和挪威战略文件都更加强调北极地区的“新”经济活动及产业，大多指的是海上化石能源开发以及采矿，还强调使用可再生（海洋）资源。对比之下，冰岛的战略报告更加重视以可持续的方式发展渔业，以及航运、航空。芬兰的战略文件重视运输及造船。芬兰和冰岛明确将运输业作为发展重点和目标，但只有冰岛提到了（跨北极的）航线。

可持续的地区发展（包括自然资源和可再生能源的可持续利用，地区经济发展，改善地区基础设施）。

大多数北欧国家的战略报告都表明，要采用更加全面、成熟的手段，用可持续的方式利用自然资源，特别是可再生资源。丹麦王国的战略报告指出，应“采用可持续的方式获取生物资源”，“使用可再生能源”。冰岛的战略报告强调“可持续的”和“长期的经济”发展方式，特别要保障渔业的可持续发展。挪威提出要成为高北地区最好的环境和自然资源管理者，为自然资源开发设立高标准，尤其要保护“脆弱的环境，以免受到负面的环境压力和影响”。

考虑到地区主义，这里主要指地区经济发展和区域基础设施方面，芬兰提出，要发展区域运输、通信和物流网络。冰岛提出，要发挥阿克雷里和阿克雷里大学的作用。除了强调了斯瓦尔巴群岛靠近北极，地理位置得天独厚之外，挪威战略还提到了多所位于本国北部的大学、研究机构以及特罗姆瑟、希尔克内斯等地。

相似点：几乎所有战略文本在谈到自然资源利用时都提到了可持续发展、可持续性等词汇，都强调要用可持续的方式使用能源。

不同点：丹麦王国、冰岛和挪威的区域政策强调要发挥本国北部地区的作用，例如丹麦的法罗群岛和格陵兰岛，特别强调了格陵兰岛新的自治状态。芬兰则强调区域运输、物流和通信网络。

环境保护与气候变化（包含保护环境，保护环境遗产，气候变化及其影响，环境与气候变化相关的知识，环保与气候变化相关的国际合作）。

丹麦王国使用“脆弱”“独特”来描述北极的气候、自然生态和野生动植物，因此“必须用最先进的科学知识和最高标准加以保护和管理”。其战略重点是“加强知识建设，应对气候的快速变化，加强环境保护力度，保护生物多样性”。芬兰战略报告的正文第一章内容标题即为“脆弱的北极自然环境”，强调了芬兰北部地区环境的脆弱性，并提到“环境问题不是某个社会部门的问题”，区域内发生的所有活动都应该考虑环境因素，因为环境“能够间接地惠及本国南部”。芬兰还特别提到要“采取措施，帮助依赖北极生存的原住民适应环境”，支持区域气候模式的形成。

对冰岛而言，“生态问题”需要特别关注。环境是“安全的固有属性之一”，环境保护需要依靠国际合作。冰岛指出，由于海上浮冰减少，有望开辟新航线。挪威的战略文件称，北极充满“机遇”，但十分“脆弱”，海上交通和采油活动的增加将对“沿海国家挪威带来巨大的挑战”。“成为最好的环境和自然资源管理者”是挪威战略文件中七大施政要点之一。瑞典将环境作为战略文件的三大主题之一，瑞典将努力与巴伦支地区和北极其他地区的环境退化作斗争。为了实现这一目标，瑞典将借助欧盟和联合国相关机构等国际平台，强调“通过协调行动增强保护北极独特的自然环境”，同时关注由开发利用导致的环境敏感性问题，发展瑞典的环境技术，加强巴伦支海区域环境热点问题合作。瑞典认为生物多样性也十分重要。

丹麦王国、挪威和瑞典在战略中明确强调，气候变化是重点领域之一。有趣的是，丹麦王国于2011年发布的战略文件提到了北极脆弱的气候系统，但丹麦与格陵兰岛起草的战略认为，气候变化“将使开发变得更容易，带来更多机会”。挪威的首要重点是“发展气候变化与高北环境相关知识”。除了生物多样性，瑞典的战略也提到应加强对气候和环境的研究。

相似点：所有北欧国家将包括气候变化在内的环境保护工作明确列为优先项和基本目标。丹麦王国、挪威和瑞典的战略明确将气候变化作为优先领域。

不同点：在描述北极地区的自然、生态和气候状况时，丹麦王国和瑞典使用了“独特”一词。丹麦王国、芬兰和冰岛使用了“脆弱”一词，挪威和瑞典用了“易受损害的”一词。芬兰和冰岛认同并强调，环境本身并不是一个独立存在的部分，而是整体的一个组成部分，例如冰岛认为环境是安全的一个因素。除了保护环境，挪威提出要成为“环境的管理者”。丹麦王国强调，北极的自然环境必须用最先进的科学知识和最高标准加以管理。芬兰、冰岛、挪威和瑞典提到了“环境技术”。丹麦王国在能源章节提到了“绿色技术”。

安全、搜救与管理（包括管理资源、制定发展规则，提高北极治理水平，还包括海上安全以及海上及航空事故的预防、响应和救援）。

各国的北极战略文件都充分讨论和强调安全与搜救这一主题。这与近年来相关沿海国在北极理事会框架下签订的具有法律约束力的搜救协定密切相关。丹麦王国致力于“通过对话、协商与合作，保护北极的稳定与安全”。其战略同时认为，安全问题与保护格陵兰岛经济基础密切相关。冰岛强调，由于海上交通量的增加，应加强应对突发事件以及保护环境能力。挪威战略文件在多个章节和层面上讨论了安全的重要性。

对挪威而言，北方的政策形势是“错综复杂的，涉及较多的不同风险因素”。例如气候变化影响将人民安全，能源也是安全政策的一部分，应加强与俄罗斯的合作，保障后冷战时期巴伦支海地区的稳定。战略认为，溢油的监测和应急对保障北部海域海上安全十分重要。瑞典位于波罗的海的两端，因此瑞典战略中提到海上安全与航行安全在情理之中。

相似点：所有北欧国家的北极战略都强调了北极地区安全的重要性，特别是海上安全的重要性。大多数国家认为北极的未来是安全稳定的。由于“治理”的对象涉及到环境和自然资源管理的方方面面，因此治理和（资源）管理也是各国战略的优先项和目标之一。

不同点：在安全、搜救和治理方面，各国战略无明显差异。

人文维度与族群（包括所有北极地区的居民，大多强调原住民及其文化、生活以及促进人类健康）。

丹麦王国的战略文件强调，应加强卫生健康与社会团结方面的合作，称本国政策“首先是一项关注北极地区居民发展的战略”。芬兰将该问题与气候变化、污染、生物多样性、经济发展以及原住民的参与关联起来，当处理原住民，特别是萨米人有关事务，做出影响原住民未来发展的决策时，应当保证原住民参与其中。类似地，芬兰也希望保证决策过程有原住民的参与。

挪威的战略希望“为经济社会的可持续发展打下良好的基础”，因此将人类维度列为保护原住民民生、传统、文化，促进人文交流的七大社会重点领域之一。战略强调了原住民及其民生问题。瑞典强调了一般意义上的“人文维度”，特别强调要关注原住民和其他“保持着传统生活方式”的族群。总体来说，“为了提高北极居民的健康水平，采用普适性的措施是关键”。

相似点：所有北欧国家的战略报告均提及了“人文维度”或“社会维度”，或泛指居住在北极的人口，或特指原住民。所有战略都讨论了原住民问题，包括他们的权利、传统文化和语言。

不同点：丹麦王国强调在人类健康和社会团结方面开展北极合作。芬兰、挪威和俄罗斯都明确强调要重视原住民。有趣的是，丹麦王国和挪威批准了国际劳工组织第 169 号公约，芬兰和瑞典并未批准该公约，但芬兰的战略中提到了这一问题，而冰岛无原住民。

研究与知识（包括研究、科学、监测、技术、专门技能以及普遍意义的高等教育与知识，以及研究、监测、高等教育相关的国际合作）。

冰岛明确将研究列为战略重点之一。丹麦王国和挪威提到了气候变化及其影响的有关知识。其余国家的战略虽未明确提到，但研究也是重点之一：芬兰提到“以技术为基础的专业知识”以及“芬兰专门技能”；瑞典在其“气候与环境”一章中把气候和环境研究作为次优先项之一。

丹麦王国、芬兰、冰岛和挪威都提到了北极理事会的多份报告，例如《北极气候评估项目报告》（ACIA）、《北极人类发展报告》（AHDR）、《北极海运评估》（AMSA）等。冰岛和瑞典提到了北极大学以及高等教育。

相似点：所有北欧国家都明确指出科学研究、知识与研究（和监测）有关的国际合作是战略优先项或目标。

不同点：冰岛明确强调研究是优先领域。芬兰和瑞典的战略并未明确纳入相关内容。丹麦王国和挪威强调气候变化及其影响的有关知识。

国际合作（包括国际合作，即全球的、多边的、区域性的、广义的双边合作、与政府间国际组织开展区域性或次区域性合作以及双边合作。

所有北欧国家的北极战略都提到了国际合作以及多个开展国际合作的国际组织，所有战略都提到了北极理事会以及在理事会框架内的合作，许多国家强调北极理事会是一个开展多边合作、展开政策对话的重要的、主要的平台。关于哪个国际组织是优先的合作伙伴这个问题上，各国观点并不统一，提到最多的政府间或全球性的国际组织是联合国、《联合国海洋法公约》和国际海事组织。欧盟北方政策以及巴伦支欧洲—北极理事会作为区域性组织也被提及。丹麦王国强调“北冰洋五国”以及北约成员国内部合作的重要性。双边合作方面，各国普遍认为其他北极国家是紧密的合作伙伴，例如芬兰提到了挪威和俄罗斯，挪威提到俄罗斯。

略出人意料的是各国报告普遍缺乏全球视角，特别是考虑到气候变化问题。气候变化是一个全球性的现象，北极在国际政治与世界经济中的战略意义正在上升。虽然大部分报告都提到应对气候变化需要依靠国际行动，但只有丹麦王国和芬兰站在了全球的高度讨论这个问题。丹麦王国的战略指出，北极地区发生的巨大变化是一个重大的全球性问题，因此需要强化丹麦王国作为“全球性参与者”的地位。芬兰认为北极潜力巨大，战略意义与全球性意义重大。

相似点：所有北欧国家都提到了国际合作以及多个国际组织。北极理事会被认为是开展国际合作的主要平台。

不同点：只有丹麦王国及芬兰的战略报告采用了全球性视角。

第九节　结论

芬兰拉普兰大学　拉塞·海宁恩

进入21世纪的北极和平稳定，几乎不存在发生武装冲突的可能。北极的和平稳定形势取决于北极各国政策以及各国制定决策的标准。现有的以共同利益和特定前提为基础的国际与区域合作机制促进了该地区的和平与稳定。第一，过去对立的国家为缓和军事紧张，提高稳定性，在环境保护与评估领域开展了国际的、功能性的（专业和科学方面的）合作；第二，北极理事会是主要的政府间北极事务国际合作平台，在此平台上开展区域性建设，各永久参与方和其他非国家行为体进一步丰富了合作内容；第三，北极地区国际法律体系完备，《联合国海洋法公约》提供了完善的法律条文和程序，北极理事会成员国也签订了具有法律约束力的协定；最后，权力下移，创新的法律与政治安排改进了软性的（北欧模式的）治理模式。

北极地区在法律和政治上被划分为一个个国家，北极国家是参与北极事务最重要的主体，但远非唯一主体。冷战结束以后，北极国家的地位再一次发生变化，通过国际合作维持稳定和平、防止冲突变成了终极目标。另外，还有两个角度值得关注，或许是除常见的冲突与合作理论以外的地缘政治新视角。第一，气候变化使北极地区的环境、地缘经济和地缘政治发生了变化，同时，这片蕴藏着丰富资源的土地正面临着不断增加的资源（能源）利用压力。第二，北极地区的地缘战略地位上升，在国际政治中扮演的角色越来越重要，国际社会对北极的关注也越来越多，特别是亚洲和欧洲的非北极国家，其中许多国家（例如中国、德国、日本、英国）已通过了本国的北极战略。鉴于此，仅有为数不多的北极国家的北极战略文件采用全球的视角，究其原因，可能并非是疏忽大意，而是有意为之。

北极地区重要性上升，多功能性的变革正在该区域发生，北极八国都在较短的时间内（2008—2011）通过了各国的北极或北方事务战略或国家政策，设定了国家层面的优先领域和目标。包括五个北欧国家在内的北极国家都认同本国的北极国家身份，希望成为自然的、实际意义上的、主要的北极事务参与者，甚至是北极事务的（全球）领导者或大国。有趣的是，北欧国家已开始第二轮战略调整和更新。例如挪威发布了2009年版本的《挪威高北战略》，丹麦王国发布了2011年“最终”战略，芬兰发布了2013年最新的战略文件。

最后有一个问题，即出台一份联合的北欧北极议程或战略是否具有可行性？在梳理了北欧各国的北极战略并对它们进行对比分析以后可以看出，虽然各国在可持续发展、经济活动、环境保护、安全与管理、科学研究等方面语言表述十分相似，但差异仍然存在。首当其冲的是主权与安全以及国际合作，两个北冰洋沿岸国家——丹麦王国和挪威与芬兰、冰岛、瑞典等国存在差异。因此，北欧五国之间最有可能进行交叉的共同领域有如下几个（排序不分先后）：生物多样性与生活多元化、气候变化相关知识、人类健康，（北欧）和平与综合安全以及北极理事会（Heininen 2012）。

参考文献

Althingi 2011. “A Parliamentary Resolution on Iceland’s Arctic Policy”. Approved by Althingi atthe 139th legislative session March 28, 2011.

Government Offices of Sweden (2011). “Sweden’s strategy for the Arctic region”.

XGSGrafics Service.

Heininen, Lassi, 2011. “Arctic Strategies and Policies-Inventory and Comparative Study.” The Northern Research Forum & The University of Lapland. Akureyri, Iceland August 2011.

The Ilulissat Declaration 2008.

Ministry of Foreign Affairs, 2011. “Denmark, Greenland and the Faroe Islands: Kingdom of Denmark Strategy for the Arctic 2011 – 2020”. Copenhagen, August 2011.

NamminersornerullutikOqartussat and Udenrigsministeriet, 2008. Arktis I en brydningstid: Forslagtilstrategi for aktiviteter I detarktiskeområde. Maj 2008.

Norwegian Ministry of Foreign Affairs 2009. “The Norwegian Government’s High

North Strategy” .

Norwegian Ministry of Foreign Affairs 2006. “The Norwegian Government's High North Strategy. ”

Prime Minister's Office, Finland. 2010. “Finland's Strategy for the Arctic Region” . PrimeMinister's Office Publication 8/2010.

（本章翻译：徐晓岚；校对：韩佳霖）

第五章
北欧国家与中国

本章主要论述当前北欧国家与中国的关系，以及北欧国家对中国在政治、文化、经济、科学、技术方面合作的政策和期望。

第一节 丹麦与中国

丹麦哥本哈根大学 于菲·雅各布森（Uffe Jakobsen）

丹麦一般而言被视为“小国”，中国则是世界主要强国之一，然而两国于2008年签署了“全面战略伙伴关系”协定。在本节中，作者将简要分析丹麦与中国关系的历史，双边关系在冷战期间和冷战结束后的兴衰，伙伴关系的建立以及现状来解释这一特殊关系。

丹中关系已有300多年的历史，丹麦商船在1676年到访中国是两国在经贸上的首次接触（Brødsgaard 2001，1）。从一开始，贸易就是丹麦与中国接触和交流的驱动力。此后，随着丹麦首位外交官于1845年抵达中国，外交成为两国贸易关系的补充。有观点认为，丹麦与中国长期的贸易关系是丹麦外交使团被中国接受的主要原因之一（Kirkebæk 2001a，69）。1912年，丹麦由政府出资在北京建立了独立的外交机构（Kirkebæk 2001b，87），这是当时的驻华使馆唯一能运营至今者。1950年1月，丹麦正式承认中华人民共和国。丹麦前驻华大使指出，这一举动在今天的中国仍被铭记（Petersen 2016，69）。

在冷战期间，丹麦对中国进行了多次高级别访问（Brødsgaard & Rowinski 2001，205－206 and 221－223）。1973年，丹麦外交部长访问北京并得到周恩来总理的接见。1974年，丹麦总理作为首位北欧国家政府首脑访问中国，受到邓小平的接待并见到了毛泽东主席，表明丹麦对发展与中国的关系具有特别的兴趣。1979年，丹麦女王玛格丽特二世作为首位北欧国家元首访问中国。总而言之，从1949年到1988年间，共有23位丹麦部长对中国进行了正式访问。这些访问和冷战时期的中丹关系，以及中国与其他北欧国家的关系对中国具有重要意义（Østergaard 2011，54）。

冷战结束后，丹麦奉行"积极的国际主义"，强调外交政策的规范性驱动因素，强调法治、人权和民主价值观（Brødsgaard and Rowinski 2001，212－213 and 219－220）。20世纪90年代，丹中关系被称为丹麦的"扩音器外交"。21世纪以来，这一状况由于丹麦对外政策的调整而发生变化。与20世纪90年代不同，丹麦希望通过具体的合作项目对中国的政策产生间接影响。2004年，丹麦首相在清华大学发表演讲时提出"在中国必须要以一种可以反映中国传统、历史和文化的不同方式应对挑战，世界上并不存在一条适合所有国家的道路"（Anders Fogh Rasmussen quoted in Østergaard 2011，64－65）。这种外交风格的转变配合两国经济关系的进一步发展，促使两国在2008年10月，在丹麦首相与中国胡锦涛主席和温家宝总理会谈之后签署了"中丹建立全面战略伙伴关系"声明。

声明将两国关系描述为"政治互信和相互尊重日益增强，经贸合作不断拓展"。根据声明，两国将"继续在气候变化、能源、环境、研究、创新和教育领域加强合作"，"深化和扩大经贸互利合作，充分利用并不断改善中丹经贸联委会以及其他现有的磋商与合作机制"（Governments of China and Denmark 2008）。

2015年，中丹外长发表的联合声明指出，中丹双边贸易额超过100亿美元，"中国成为丹麦在亚洲最大的贸易伙伴"，"丹麦成为对华人均经贸和投资额最大的欧洲国家"。该文章也承认，两国关系并非没有过"曲折"，然而对于未来，两国本着相互尊重、平等互利的原则"将继续共同努力，不断开拓创新，推动中丹全面战略伙伴关系释放更大潜能”，继续巩固“海运、能源、服装和医药等传统领域合作”，推动“企业、高校和研究机构开展科技创新合作，将教研合作打造成为中丹务实合作的支点”（Ministers of Foreign Affairs of China and Denmark 2014）。

最新的丹麦外交、国防和安全政策报告清楚地说明了丹麦从价值观外交转变为基于利益的外交政策的变化（Taksøe-Jensen 2016）。在报告中，丹麦被描述为欧洲小国和北极大国。报告指出，丹麦的欧洲认同、欧盟成员国和北欧价值共同体身份，作为北美和北大西洋连接点的格陵兰岛和法罗群岛的利益，以及发展与美国的重要双边关系是丹麦的战略取向，也是相关政策的出发点。但是，报告也提及了丹麦与中国和其他亚洲国家的战略伙伴关系（Taksøe-Jensen 2016，i – ii og ix）。

虽然该报告未将丹麦和中国关系与北极联系起来，然而丹麦作为“小国”支持中国成为北极理事会观察员的举动常被视为一个悖论，为何小国会邀请世界主要大国之一进入他所在的区域，而包括美国和加拿大在内的其他主要盟友和地区伙伴仍然对此犹豫不决（Kluth and Lynggaard 2018，103）？目前对于这一问题尚未得到明确的结论，但已经明确的是，丹麦“一直是中国谋求北极理事会观察员地位的最坚定支持者”（Kluth and Lynggaard 2017，104）。

参考文献

Brødsgaard, Kjeld Erik. 2001. “Introduction”. In: China and Denmark: Relations since 1674, Kjeld Erik Brødsgaard and Mads Kirkedbæk (eds.), Copenhagen: Nordic Institute of Asian Studies, 1 – 6.

Kirkebæk, Mads. 2001a. “Denmark's China policy 1845 – 64”. In: China and Denmark: Relations since 1674, Kjeld Erik Brødsgaard and Mads Kirkedbæk (eds.), Copenhagen: Nordic Institute of Asian Studies, 48 – 72.

Kirkebæk, Mads, 2001b. “The establishment of a Danish legation in China in 1912”. In: China and Denmark: Relations since 1674, Kjeld Erik Brødsgaard and Mads Kirkedbæk (eds.), Copenhagen: Nordic Institute of Asian Studies, 73 – 91.

Petersen, Friis Arne. 2016. “Iagttagelser om udviklingen af et historisk gensidigt forhold mellem Danmark og Kina". Økonomi & Politik, 89 (1), 68 – 74.

Brødsgaard, Kjeld Erik and Rowinski, Jan. 2001. "Diplomatic and political relations between Denmark and the People's Republic of China 1949 – 97". In: China and Denmark: Relations since 1674, Kjeld Erik Brødsgaard and Mads Kirkedbæk (eds.), Copenhagen: Nordic Institute of Asian Studies, 192 – 232.

Østergaard, Clemens Stubbe. 2011. "Danish – Chinese relations: continuity and change 1949 – 2011". In: Danish Foreign Policy Yearbook 2011, Nana Hvidt and Hans Mouritzen (eds.), Copenhagen: DIIS, 48 – 77.

Brødsgaard, Kjeld Erik and Rowinski, Jan. 2001. "Diplomatic and political relations between Denmark and the People's Republic of China 1949 – 97". In: China and Denmark: Relations since 1674, Kjeld Erik Brødsgaard and Mads Kirkedbæk (eds.), Copenhagen: Nordic Institute of Asian Studies, 192 – 232.

Sørensen, Camilla Tenna Nørup. 2016. "Dansk udenrigs- og sikkerhedspolitisk aktivisme i en stadig mere multipolær verdensorden. Danmarks håndtering af den nye stormagt Kina". Internasjonal Politikk, 74 (4), 1 – 20.

Østergaard, Clemens Stubbe. 2011. "Danish – Chinese relations: continuity and change 1949 – 2011". In: Danish Foreign Policy Yearbook 2011, Nana Hvidt and Hans Mouritzen (eds.), Copenhagen: DIIS, 48 – 77.

Governments of China and Denmark. 2008. Joint Statement between China and Denmark on Establishment of Comprehensive Strategic Partnership. Available at http://english.cri.cn/2946/2008/10/25/1721s417866.htm.

Ministers of Foreign Affairs of China and Denmark. 2014. Deepening China-Denmark Comprehensive Strategic Partnership and Building a Model for China-Europe Cooperation. Available at http://dk.china-embassy.org/eng/zdgx/t1263178.htm.

Taksøe-Jensen, Peter. 2016. Dansk diplomati og forsvar i en brydningstid. Vejen frem for Danmarks interesser og værdier mod 2030. Udredning om dansk udenrigs- og sikkerhedspolitik. [København: Udenrigsministeriet.

Taksøe-Jensen, Peter. 2016. Dansk diplomati og forsvar i en brydningstid. Vejen frem for Danmarks interesser og værdier mod 2030. Udredning om dansk udenrigs- og sikkerhedspolitik. [København: Udenrigsministeriet.

Kluth, Michael and Lynggaard, Kennet. 2017. "Small state strategies in emerging regional governance structures: explaining the Danish advocacy for China's inclusion in the

Arctic Council". European Politics and Society, 19 (1), 103 - 119.

Kluth, Michael and Lynggaard, Kennet. 2017. "Small state strategies in emerging regional governance structures: explaining the Danish advocacy for China's inclusion in the Arctic Council". European Politics and Society, 19 (1), 103 - 119.

第二节　芬兰与中国

芬兰国际事务研究所　叶尔奇·卡里奥（Jyrki Kallio）

1926 年，芬兰与当时的中国政府签署友好条约，成为两国间最古老的条约。饱受欺辱的中国曾遭受外国强迫签订一些条约，使这些国家的国民和公司在"不平等条约"中享有治外法权。芬兰于 1919 年被中华民国承认，并于 1923 年与中华民国建立外交关系。1950 年，芬兰成为最早承认中华人民共和国的国家之一。此后，企业成为中芬建交后几十年中的贸易合作参与者，而芬中友协则负责推动两国间的文化交流。

1988 年，芬兰国家领导人首次对中国进行国事访问，中国在 1995 年实现了回访。随后，芬兰于 1996 年对中国进行了第二次国事访问，中国对芬兰的第二次国事访问则于 2017 年 4 月完成。习近平主席在前往美国与唐纳德·特朗普（Donald Trump）总统举行海湖庄园会晤途中对芬兰首都赫尔辛基进行了为期三天的访问，并与芬兰总统索利·尼尼斯托（Sauli Niinisto）和其他芬兰领导人进行了会晤。

首家中芬合资企业成立于 1989 年。自 20 世纪 90 年代以来，芬兰在中国的商业活动稳步增长，诺基亚、芬兰通力和罗维奥等几家芬兰大公司已经成为中国家喻户晓的外资企业。2010 年以来，对华出口占芬兰出口总额的 5% 以上，进口则占总额的 6%—8%，使中国成为芬兰的第五大贸易伙伴。根据芬兰海关的统计数据，2016 年中芬贸易总额达到 670 亿欧元，其中有 410 亿欧元是来自芬兰的进口贸易。

访问芬兰的中国游客数量正在逐年增加。2016 年，赴芬的中国游客占外国游客总数的近 5% 。由于中国游客在芬游览的平均花费高于其他大多数国家，因此备受欢迎。芬兰自 2016 年春季在中国新设立的 13 个签证申请中心是游客增长的原因之一，而芬兰拉普兰地区最著名的圣诞老人村进一步吸引中国游客前往。中芬两国的航空管理部门已经同意开通往返于北京和芬兰、罗瓦涅米之间每周四班的定期航线，而芬兰航空公司已经开通飞往中国（包括香港）6 个目的地的航班。

目前，约有 350 家芬兰公司在中国开展业务，创造了近 6 万个就业机会，芬兰对中国的投资总额超过 100 亿欧元。相比之下，中国对芬兰的投资尚处于较低水平。虽然近期中国对芬兰的投资逐步增长，但中国在芬兰的生产性投资份额仍低于 1% 。

在访问芬兰期间，习近平主席积极推动中国的"一带一路"倡议。到目前为止，"一带一路"的相关投资在芬兰仍处于萌芽阶段。相关建议指出，将北欧的北极地区和欧洲大陆相互连接的"北极走廊"（Arctic Corridor）项目对中国来说具有吸引力。如果北方海航道在未来实现常态化通航，"北极走廊"项目将有利于中国扩大其与欧洲之间的货运联系。

习主席此访也标志着中芬两国"新型合作伙伴关系"的开端。在国事访问期间，两国签署了"关于建立和推进面向未来的新型合作伙伴关系的联合声明"（下称"《联合声明》"），成为对中欧战略伙伴关系的补充。"联合声明"列举了能源、环境和气候、教育、研究和创新、城市化和绿色建筑技术、信息和通信技术以及司法合作等诸多合作领域。

中芬两国的司法合作具有悠久历史。自 1995 年以来，芬兰法官、律师、检察官和监狱管理人员等相关法律专业人士一直向中国同行提供建议和培训，分享相关最佳案例。这一旨在促进良治、法治和尊重人权的合作常被视为两国关系中特殊的成功因素。两国在此次《联合声明》中也指出，双方均强调促进和保护人权和法治。

《联合声明》还特别提到了北极合作，并指出芬兰和中国应该充分考虑北极地区自然资源的保护和可持续利用。值得注意的是，芬兰全面支持中国申请北极理事会观察员地位，提出所有希望通过务实合作促进北极理事会相关目标的国家都应享有观察员地位。

此次国事访问也包含“软性”一面，中国同意向芬兰租借两只大熊猫。虽然芬兰人对中国人民总体持正面看法，但仍有不少人对中国的经济体量感到担忧，这一举措是否会软化部分芬兰民众对中国的质疑态度尚待观察。

普通的芬兰民众对中国存有三方面担忧：第一，担心所有制造业的相关岗位都将转移至中国，这一观点得到了芬兰和其他国家相关研究的支持。然而，中国不断上升的生产成本使一些芬兰公司将生产线搬回了芬兰。第二，担心优质的芬兰企业将被中国全面收购，这种担忧在未来将变得更加紧迫，因为更大的外国所有者收购的公司出现裁员或倒闭现象在实践中层出不穷。但迄今为止，上述担忧还未变成现实。

第三种担忧在许多对中国制度持怀疑态度的社会活动人士中普遍存在，他们担心芬兰由于希望与中国开展经贸合作，忽视了作为欧洲国家促进民主、法治和人权的义务。芬兰总统尼尼斯托在有关习近平主席访芬的新闻发布会上表示，两国领导人在讨论人权和法治问题上所花的时间比讨论熊猫更多。总而言之，中芬双边关系目前总体稳定，两国关系主要由芬兰的商业利益驱动。对于芬兰和其他发达国家来说，与全球性大国保持密切联系非常重要。正如习近平主席在国事访问时所指出，中芬的政治关系一直保持了高位运行。

对于中国来说，中芬双边关系是其全球战略的一部分。1926 年，两国签署的友好条约就曾是当时中国外交优先方向的体现。今天，中国对任何可能质疑其大国地位的事情保持敏感，这也反映在《联合声明》之中，即双方都需要考虑各自的核心利益，也就是芬兰重申其对“一个中国”政策的承诺。芬兰将继续成为中国的重要伙伴，两国间不存在可能威胁这种关系的重大问题。

第三节　冰岛与中国

中国—北欧北极研究中心　伊吉尔·T·尼尔松

1971年12月，冰岛共和国和中华人民共和国建立外交关系。然而，两国之间的非正式关系可以追溯至1953年10月冰岛中国文化协会的成立。中国于1972年设立驻冰岛大使馆（Chinese Embassy in Iceland，2004），而冰岛驻华使馆于1995年在北京开放，成为冰岛在亚洲派驻的首个外交使团。1995年，维格迪丝·芬博阿多蒂尔（H. E. Finnbogadottir）成为首位访华的冰岛总统，同时参加了联合国在北京举行的第四次世界妇女大会。2002年，中国国家主席江泽民成为首位访冰的中国国家元首。时任冰岛总统奥拉维尔·拉格纳·格里姆松（Olafur Ragnar Grimsson）曾于2005年、2007年和2010年三次造访中国。在过去十年中，中冰关系发展到新的水平，尤其在地热能、北极、科学和经济合作领域。

2012年4月，温家宝总理对冰岛的正式访问成为两国合作的里程碑。在此期间，自2007年起启动的中冰自由贸易协定（FTA）的谈判得以恢复，并经过2012年12月和2013年1月的两轮最终谈判后正式签署，冰岛成为首个与中国签署自由贸易协定的欧洲国家（Ministry for Foreign Affairs of Iceland，2013）。在温家宝总理访问期间，两国政府在北极事务、地热能和地球科学领域以及商业合作领域签署了6份合作文件（Chinese Embassy in Iceland，2012）。

上述协议中有两份与双边地热能合作相关。这一合作可以追溯至20世纪80年代，中国自此时起派遣地热能技术人员赴冰岛学习（Chinese Embassy in Iceland，2004）。2006年，中国石化集团新星石油公司和冰岛极地绿色能源集团共同投资组建中石化绿源地热能开发有限公司，成为中国领先的地热能公司。该公司在中国陕西省为住宅供暖和发电提供可再生能源，据估算相关合作减少了545万吨二氧化碳排放

（Sinopec，2013）。中冰地热能合作潜力巨大。2016 年 12 月，中国石化、冰岛极地绿色能源集团与冰岛国家能源局共同组建中冰地热技术研发合作中心（Sinopec，2017；National Energy Authority of Iceland，2016）。

2012 年 4 月，温家宝总理在冰岛访问期间签署了另外两项有关北极事务的重要协议，即《中华人民共和国政府与冰岛共和国政府关于北极合作的框架协议》和《中国国家海洋局与冰岛外交部海洋与极地科技合作谅解备忘录》，这也是中国签署的首份同类协议。根据协议，应冰岛总统和冰岛政府邀请，中国的“雪龙号”科考船于 2012 年 8 月访问冰岛，成为中国第五次北极科学考察（CHINARE5）的一部分（Government of Iceland，2012；President of Iceland，2012）。在第五次北极科学考察中，中国的“雪龙号”科考船不但成为第一艘穿越东北航道抵达雷克雅未克的中国船舶，还是世界上第一艘自阿库雷里穿越北极中央航道（穿极航道）抵达上海的船舶。

在“雪龙号”访问冰岛期间，冰岛外交部和冰岛研究中心（RANNÍS）主办了两场重要活动，即在雷克雅未克举行的第二届中冰北极研讨会（首次研讨会于 2011 年 8 月在雷克雅未克举行）和中国北极科学考察—阿库雷里研讨会。在雷克雅未克研讨会上，双方签署了两项合作备忘录，其中包括：1. 冰岛研究中心与中国极地研究中心的中冰北极事务合作研究，包括于 2013 年 12 月成立中国—北欧北极研究中心（CNARC）；2. 在冰岛凯尔赫建立的中冰联合极光观测台（CIAO），该观测台于 2016 年 10 月 10 日破土动工（Arctic Portal，2016），并于 2018 年年底全面投入运营。

中冰两国的企业也加强了北极商业合作。2014 年 1 月，冰岛国家能源局向中国海洋石油有限公司（中海油）发放在冰岛扬马延岛（Jan Mayen）Dreki 地区的石油勘探和生产联合许可证，中海油冰岛公司成为占股 60% 的运营商，冰岛公司“Eykon 能源”持有 15% 股份，而挪威国家石油公司和“Petoro”公司持有 25% 股份（National Energy Authority of Iceland，2014）。中国远洋运输（集团）公司与冰岛怡之航集团（Eimskip）就北大西洋运输、国际冷藏运输和潜在北极航道合作的相关协议也非常重要（Eimskip，2014）。

冰岛支持中国于2013年5月在基律纳召开的北极理事会部长级会议上以观察员身份加入北极理事会（Government of Iceland，2013）。2015年10月，中国外交部代表团以在雷克雅未克召开的第三次北极圈论坛大会为契机，外交部长王毅在视频中介绍了中国北极政策的“尊重、合作、共赢”三大原则，外交部副部长张明则发表了题为“北极的中国：实践与政策”的演讲。

在冰岛总理约翰娜·西于尔扎多蒂（Jóhanna Sigurzardóttir）访华期间，冰岛外交外贸部长奥叙尔·斯卡费丁松（Össur Skarphéðinsson）与中国商务部副部长高虎城于2013年4月15日签署了中冰自由贸易协定（FTA）。该协定于2014年7月1日生效。中冰双边贸易额近来年持续增长，2010年至2015年之间增长近一倍，冰岛与中国这一亚洲最大贸易伙伴的贸易逆差一直在缩小。冰岛自中国的进口从2010年的287.31亿克朗（占进口总额的6%）增长至2015年的548.93亿克朗（占进口总额的7.8%），而冰岛的对华出口则从34.14亿克朗（占出口总额的0.6%）增长至2015年总共95.7亿克朗（占出口总额的1.5%）。

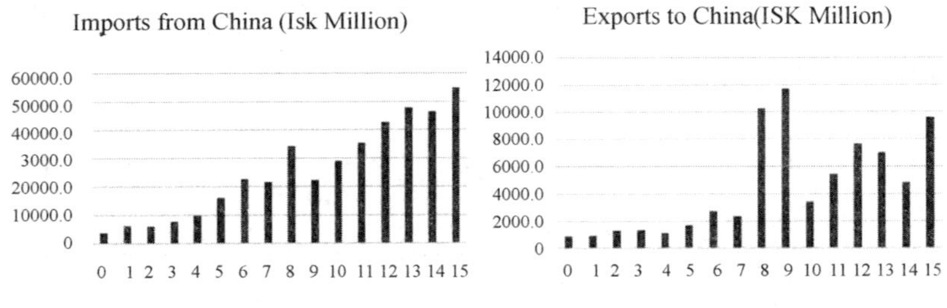

图5—1　冰岛对中国进出口贸易增长图（2000—2015）

（作者根据冰岛统计局的数据计算）

海产品是冰岛主要对华出口产品，用于本地消费和再加工，电器设备和铝箔产品等也是出口产品中的组成部分，而其主要进口产品包括一系列工业产品和高科技产品，如电子、机械和设备产品。

2013 年 4 月 15 日，在中冰自由贸易协定签署之际，两国还签署了《中华人民共和国政府与冰岛共和国政府关于全面深化双边合作的联合声明》，其中提出“两国领导人回顾了两国自 1971 年 12 月建交以来在政治、经济、文化、教育、科技、海洋、旅游等领域的友好合作关系”（Government of Iceland，2013），并在很多方面为未来合作提供了路线图。此后，该声明的相关内容得到进一步发展，冰岛成为亚洲基础设施投资银行（亚投行）创始成员国之一（Ministry of Finance and Economic Affairs of Iceland，2015）。赴冰中国游客数量增长近 8 倍，从 2011 年的不到 9000 人增长至 2016 年的 6.7 万人（Statistics Iceland，n. d. b）。中国人民银行和冰岛中央银行于 2016 年 12 月续签了 570 亿冰岛克朗的双边本币互换协议（原始协议于 2010 年签署并于 2013 年首次续签），旨在促进双边贸易、直接投资和加强金融合作（Central Bank of Iceland，2016）。

以上为中冰关系发展中的部分亮点，在过去的十年中，冰岛与中国的关系已经见证了一个黄金时代，特别是在北极事务、能源和旅游领域，以及科学和经济合作领域方面。在上述合作领域和其他领域中，冰岛这一北极小岛国与崛起大国之间的互利合作在未来具有广阔前景。

参考文献

Chinese Embassy in Iceland，2004. China and Iceland. Retrieved from：http：//is. china- embassy. org/eng/zgybd/t98175. htm（last accessed on 14. January 2018）

Icelandic Embassy in China，n. d. About the Embassy. Retrieved from：http：//www. iceland. is/iceland- abroad/cn/english/embassy-information/（last accessed on 14. January 2018）

Chinese Embassy in Iceland，2004. China and Iceland. Retrieved from：http：//is. china- embassy. org/eng/zgybd/t98175. htm（last accessed on 14. January 2018）

Chinese Embassy in Iceland，2004. China and Iceland. Retrieved from：http：//is. china- embassy. org/eng/zgybd/t98175. htm（last accessed on 14. January 2018）

Ministry for Foreign Affairs of Iceland，2013. Free Trade Agreement Between Iceland and China：Fact Sheet. Retrieved from：https：//www. mfa. is/media/fta- kina/China_fact_ sheet_ enska_ 15042013_ Final. pdf（last accessed on 14. January 2018）

Chinese Embassy in Iceland, 2012. Chinese Premier Wen Jiabao Pays Official Visit to Iceland. Retrieved from: http: //is. china-embassy. org/eng/xwdt/t926273. htm (last accessed on 14. January 2018)

Chinese Embassy in Iceland, 2004. China and Iceland. Retrieved from: http: // is. china- embassy. org/eng/zgybd/t98175. htm (last accessed on 14. January 2018)

Sinopec, 2013. Introduction. Retrieved from: http: //www. sinopecge. com/eng/a-bout. asp? action = brief (last accessed on 14. January 2018)

Sinopec, 2017. Launching Ceremony of Sino-Icelandic Geothermal Research and Development Center. Retrieved from: http: //www. sinopecge. com/eng/newsbook. asp? classid = 56&newsid = 1213&name = Launching% 20 Ceremony% 20of% 20Sino- Icelandic% 20Geothermal% 20Research% 20and% 20Development% 20Center (last accessed on 14. January 2018), National Energy Authority of Iceland, 2016. Cooperation Agreement of Sino-Icelandic Geothermal Research and Development Center. Retrieved from: http: // www. orkustofnun. is/media/mou/MoU- Ki% CC% 81na. pdf (last accessed on 14. January 2018)

Government of Iceland, 2012. Heimsókn kínverska ísbrjótsins Snædrekans og málping um heimskautarannsóknir (e. Visit of Chinese Icebreaker Xuelong and symposium on Arctic Research). Retrieved from: https: //www. stjornarradid. is/efst-a-baugi/frettir/stok-frett/2012/08/16/Heimsokn- kinverska-isbrjotsins-Snaedrekans-og-malthing-um-heimskautarannsoknir/ (last accessed on 14. January 2018), President of Iceland, 2012. Fundur með Wen Jiabao forsætisráðherra Kína (e. Meeting with Wen Jiabao Premier) of China. Retrieved from: http: //wayback. vefsafn. is/wayback/20120424103500/ http: //www. forseti. is/Frettir/Ollfrettin/fundur medwenjiabaoforsaetisradherrakina/ (last accessed on 14. January 2018)

CNARC, n. d. Background. Retrieved from: https: //www. cnarc. info/organization (last accessed on 14. January 2018)

Arctic Portal, 2016. Cornerstone Laid for Chinese-Icelandic Aurora Observatory (CIAO) in Kárhól. Retrieved from: http: //arcticportal. org/ap-library/news/1794-cornerstone-laid-for-chinese- icelandic-aurora-observatory-ciao-in-karhol (last accessed on 14. January 2018)

National Energy Authority of Iceland, 2014. License for Exploration and Production of Hydrocarbons No 2014/01. Retrieved from: http: //www. nea. is/media/utgefin%

20leyfi/licence- 2014-01-cnooc-eykon-petoro. pdf (last accessed on 14. January 2018)

Eimskip, 2014. Cooperation Agreement between Eimskip and COSCO in China. Retrieved from: http: //www. eimskip. com/about-eimskip/news/general-news/cooperation-agreement-between- eimskip-and-cosco-in-china/ (last accessed on 14. January 2018)

Government of Iceland, 2013. Joint Statement between the Government of the People's Republic of China and the Government of Iceland on Comprehensively Deepening Bilateral Cooperation (Beijing, 15 April 2013) . Retrieved from: https: //eng. forsaetisraduneyti. is/media/frettirl/Joint- statement-of-PMs-Iceland-China – 2013. pdf (last accessed on 14. January 2018)

Ministry of Foreign Affairs of China, 2015a. Wang Yi: China's Participation in Arctic Affairs Is Guided by Three Major Principles of Respect, Cooperation and Win-win Results. Retrieved from: http: //www. fmprc. gov. cn/mfa_ eng/wjb_ 663304/zzjg_ 663340/xos_ 664404/gjlb_ 664408/3306_ 664 580/3308_ 664584/t1307451. shtml (last accessed on 14. January 2018)

Ministry of Foreign Affairs of China, 2015b. Vice Foreign Minister Zhang Ming Attends the Third Arctic Circle Assembly and Delivers a Keynote Speech. Retrieved from: http: //www. fmprc. gov. cn/mfa_ eng/wjb_ 663304/zzjg_ 663340/xos_ 664404/gjlb_ 664408/3306_ 664 580/3308_ 664584/t1307440. shtml (last accessed on 14. January 2018)

Ministry for Foreign Affairs of Iceland, n. d. Free Trade Agreement between Iceland and China. Retrieved from: https: //www. mfa. is/foreign-policy/trade/free-trade-agreement-between-iceland- and-china/ (last accessed on 14. January 2018)

Made in Iceland, n. d. a. Icelandic Imports from China. Retrieved from: http: //www. made-in- iceland. com. cn/cooperation/ShowArticle. asp? ArticleID = 72 (last accessed on 14. January 2018)

Made in Iceland, n. d. a. Icelandic Imports from China. Retrieved from: http: //www. made-in- iceland. com. cn/cooperation/ShowArticle. asp? ArticleID = 72 (last accessed on 14. January 2018)

Government of Iceland, 2013. Joint Statement between the Government of the People's Republic of China and the Government of Iceland on Comprehensively Deepening Bilateral Cooperation (Beijing, 15 April 2013) . Retrieved from: https: //eng. forsaetisraduneyti. is/media/frettirl/Joint- statement-of-PMs-Iceland-China-2013. pdf

(last accessed on 14. January 2018)

Ministry of Finance and Economic Affairs of Iceland, 2015. Stofnun Innviðafjárfestingabanka Asíu (e. Establishment of the Asian Infrastructure Investment Bank). Retrieved from: https://www.fjarmalaraduneyti.is/frettir/nr/19688 (last accessed on 14. January 2018)

Statistics Iceland (2017). Statistics Iceland. Retrieved from: http://statice.is/ (last accessed on 14. January 2018)

Central Bank of Iceland, 2016. The People's Bank of China and the Central Bank of Iceland have renewed their currency swap agreement. Retrieved from: https://www.cb.is/publications/news/news/2016/12/21/The-Peoples-Bank-of-China-and-the-Central-Bank-of-Iceland-have-renewed-their-currency-swap-agreement-/ (last accessed on 14. January 2018)

第四节　挪威与中国

挪威南森研究所　伊达·F·索尔维德
(Ida Folkestad Soltvedt)

1950 年，挪威在新中国成立一年后正式承认中华人民共和国，并于 1954 年正式建立外交关系，在一系列问题上展开密切合作。过去几十年来，贸易、投资和技术等领域合作的增加成为中挪双边关系发展的特点，这与中国的经济增长并行发展。2007 年，挪威政府推出“中国战略”，将增加市场准入、气候变化、公平分配和与中国开展国际合作作为其主要支柱。此外，关于加强民主和人权的公开对话继续被列为优先事项（Norwegian Ministry of Foreign Affairs，2007）。今天，中国被视为挪威在亚洲最重要的贸易伙伴。挪威从中国进口的产品主要是低价消费品，而挪威对华出口主要包括原材料和先进技术产品。中国希望进一步发展石油和天然气技术并投资可再生能源领域，而挪威的技术和专业知识对中国具有重大战略意义（Norwegian government，2012）。

尽管两国具有悠久的合作传统，但挪威和中国的官方关系在2010年出现停顿。作为对挪威诺贝尔委员会授予刘晓波诺贝尔和平奖的回应，两国的政治关系出现停滞，自2008年开始的中挪自由贸易协定谈判被无限期推迟。在此后的几年内，中挪高级别会议近乎中断，挪威三文鱼对华出口大幅下降（2011年为50%），科学和艺术类的交流也受到限制，双边政治关系直到2016年12月才得以恢复，而两国的整体经济关系在这一期间大体上未受影响。

事实上，中挪双边贸易自2010年以来逐渐增加，并于2015年达到历史新高。中国首次成为挪威大陆货物的第六大接收国，货物贸易总值为23.7亿挪威克朗（SSB，2016）。2014年以来，这一比例上升了17.7%。另一方面，挪威从中国进口的产品达到了640亿挪威克朗，同比增长20.4%（SSB，2016）。2015年，挪威成为亚洲基础设施投资银行的创始成员国之一，这一事件和2013年挪威支持中国成为北极理事会正式观察员表明，中国是如何在两国关系停滞期间通过多边机构与挪威保持接触，尤其是在与中国战略利益相关问题上保持接触。

在北极相关事务的双边合作中，挪威是首个与中国开展正式对话的国家之一。2009年，两国就此举行了首次会议，将气候变化和极地研究列为合作的首要任务，同时还就北极政策、能源问题和海上航线交换了意见（Jakobson，2010）。2010年，两国又举行了相关会议，挪威极地研究所与中国极地研究中心在同年签署了极地研究合作协议。上述合作和中国于2014年在北极斯瓦尔巴群岛新奥尔松建立的首个科考站表明，中挪北极合作正不断深化。2010年诺奖风波之后，中挪两国科研机构间持续开展合作，但冰岛等其他北欧国家在中国的极地战略中扮演了更为重要的角色（Wegge，2014；Peng，Wegge，2015）。

为了恢复与中国的政治关系，挪威政府主动采取了一些行动。然而，从挪威外交大臣约纳斯·加尔·斯特勒（Jonas Gahr Støre）于2014年12月19日发表专题文章到总理埃尔娜·索尔贝格（Erna Solberg）于2014年拒绝达赖喇嘛入境挪威，中挪双边关系的正常化才得以启动，两国为恢复信任而进行的外交努力在联合声明中得以体现。

参考文献

Jingchao Peng and Njord Wegge (2015), "China's bilateral diplomacy in the Arctic", Polar Geography 38/3. Linda Jakobson (2010), "China prepares for an ice-free Arctic", SIPRI. Njord Wegge (2014), "China in the Arctic: Interests, actions and challenges", Nordlit 32.

Norwegian government (2012), Kina. Available at https://www.regjeringen.no/no/tema/naringsliv/handel/nfd—innsiktsartikler/frihandelsavtaler/partner-land/kina/id457436/.

Norwegian Ministry of Foreign Affairs (2007), The Government's China Strategy. Available at https://www.regjeringen.no/globalassets/upload/ud/vedlegg/kinastrategi_opplag_to.pdf.

SSB (2016), External trade in goods, 2015, preliminary figures. Available at http://www.ssb.no/en/utenriksokonomi/statistikker/muh/aar-forelopige/2016-01-15.

Sverdrup-Thygeson (2016), Dragon in the North: The Nordic Countries' Relations with China. NUPI Report.

Willy Østreng, Karl Magnus Eger, Brit Fløistad, Arnfinn Jørgensen-Dahl, Lars Lothe, Morten Mejlænder-Larsen and Tor Wergeland (2013), "Geopolitics and power consterllations in the Arctic", Shipping in Arctic waters: A comparison of the Northeast, Northwest and Trans Polar Passages (London, Springer), pp. 47-82.

第五节　瑞典与中国

瑞典于默奥大学　彼得·斯格尔德 (Peter Sköld)

瑞典和中国的贸易关系起源于16世纪，随着1731年东印度贸易公司的建立，瑞典成为中国瓷器和茶叶的主要贸易商（Van Gent 2016）。瑞典"哥德堡号"已成为中瑞贸易的象征，它在1738年至1745年间进行了三次航行但不幸最终沉没。2005年，仿古船"哥德堡号"从瑞典起航并于2006年抵达上海，瑞典国王卡尔十六世·古斯塔夫对华进行国事访问并出席瑞典"哥德堡号"仿古船驶抵广州的欢迎仪式。2007 年 6 月，胡锦涛主席对瑞典进行国事访问并出席“哥德堡号”仿古船返航抵达仪式（Müller and Hodacs 2015）。

瑞典和中国于 1847 年签署了贸易和友好协定。在整个 20 世纪期间，发展与中国的关系是瑞典外交政策的重要组成部分。1950 年 5 月 9 日，瑞典作为首个西方国家与中华人民共和国建立了外交关系。为此，毛泽东主席亲自接见了递交国书的瑞典大使阿玛斯顿（Hammarström），表明中国高度重视这一外交突破。中国自此时起开始了经济重建。在 20 世纪 60—70 年代，中瑞双边贸易大部分在一年两次的广州商品交易会上进行，参展的瑞典公司较少且限于钢铁、纸和纸浆等行业。1972 年 4 月，瑞典在北京首次举办了吸引 172 家参展公司的大型工业展览会，成为迄今为止瑞典企业在海外发出的最大声音。两国关系进入了新的时代，并见证了经济关系的巨大变化，两国关系的良好发展得到普遍认可（Leijonhufvud 2010）。

瑞典不仅是首个与中国互派大使的西方国家，也是 1978 年首个与中国签署科技合作议定书的国家，有效支持了邓小平的改革开放政策。次年，两国成立了副部级经贸合作联合委员会，并随后签署中瑞投资协定（Ljunggren 1990）。

中瑞在商业、科学、教育和文化方面建立了广泛的联系，也在国际关系和人权等问题上保持了较为积极的政治对话。2010 年是中瑞建交 60 周年，由于瑞典是首个与中国建交的西方国家，中国非常重视这一双边关系，推动在瑞典建立北欧孔子学院，进一步促进和发展中瑞关系（Leijonhufvud 2010）。

中国是世界上最大的经济体之一，是全球经济复苏的重要引擎，也是瑞典在亚洲最大的贸易伙伴。2014 年，瑞典对华出口达到 398 亿瑞典克朗，占瑞典出口总额的 3.5%。瑞典公司在中国活跃发展，并且得到多笔中国的重大投资，吉利汽车对沃尔沃汽车公司的收购最具典型意义（Hökerberg 2010）。值得注意的是，瑞典于 2007 年再次与中国签署了企业社会责任协议（CSR）（Lantz 2010）。作为欧盟成员国，瑞典积极支持欧盟的一般性国际政治立场，并认可中国的市场经济地位（Michalski 2013）。

瑞典和中国的领导人在过去30年间频繁会晤。2015年，瑞典首相斯蒂凡·洛夫文（Stefan Löfven）应邀分别与习近平主席和李克强总理举行会谈。双方在此次会晤中讨论了包括贸易、研究和发展合作等双边关系的各个方面。在访问期间，人权问题也是双方讨论的重要话题，瑞典首相在北京大学与北大法学院人权与人道法研究中心和瑞典隆德大学罗尔·瓦伦堡人权与人道法研究所人权法共同硕士项目的教授和学生们会面，还出席了博鳌亚洲论坛的开幕式，讨论了经济改革、贸易问题、安全政策和社会问题。这成为瑞典和瑞典企业得到世界瞩目的难得机遇，也是深入了解亚洲新兴经济体所面临的机遇和挑战的机会（Embassy of Sweden 2015）。

中瑞在科研和发展方面有着广泛的合作。2013年，三家瑞典研究理事会与中国国家自然科学基金委员会为抗生素及耐药性、化学环境污染、汞释放和心血管疾病等领域的合作研究项目共同资助超过1700万欧元（Swedish Research Council Formas 2013）。气候变化是两国合作的重要领域，中瑞大学间开展了广泛合作，以应对全球变暖和气候变化的挑战，并希望改善北极地区可持续发展的自然条件。

参考文献

Van Gent, Jacqueline. 2016. "Linnaeus' tea cup: Masculinities, affective networks and Chinese porcelain in 18th-century Sweden". Scandinavian Journal of History, 41 (3): 388-409. DOI: 10.1080/03468755.2016.1179836.

Müller, Leos and Hodacs, Hanna. 2015. "Chests, tubs, and lots of tea: the European market for Chinese tea and the Swedish East India company, c. 1730 - 1760". In: Goods from the East, 1600 - 1800: Trading Eurasia, Maxine Berg (ed.). Basingstoke: Palgrave Macmillan, 277 - 293.

Leijonhufvud, Göran. 2010. "Remarkable success - but not all plain sailing". Dragon News (Member magazine for Swedish Chamber of Commerce in Hong Kong and China), 2: 6 - 7.

Lantz, Mattias. 2010. "Sverige och Folkrepubliken Kina - 60 år av diplomatiska förbindelser". Kinarapport, 2: 31 - 33 [Sweden and China - 60 Years of Diplomatic Relations].

Leijonhufvud, Göran. 2010. "Remarkable success - but not all plain sailing". Dragon News (Member magazine for Swedish Chamber of Commerce in Hong Kong and China), 2: 6-7.

Hökerberg, Jan. 2010. " ' 60 years of friendship". Dragon News (Member magazine for Swedish Chamber of Commerce in Hong Kong and China), 2: 10-14.

Lantz, Mattias. 2010. "Sverige och Folkrepubliken Kina - 60 år av diplomatiska förbindelser". Kinarapport, 2: 31-33 [Sweden and China - 60 Years of Diplomatic Relations].

Michalski, Anna. 2013. "Europeanization of national foreign policy: the case of Denmark's and Sweden's relations with China". Journal of Common Market Studies, 51 (5): 894-900.

Embassy of Sweden in Beijing. 31 March 2015. "Prime Minister Stefan Löfven visited China 27-28 March", http://www.swedenabroad.com/en-GB/Embassies/Beijing/Current-affairs/News/Prime-Minister-Stefan-Lofven-visited-China-27-28-March-sys/. Retrieved 11 April 2017.

The Swedish Research Council Formas. 20 November 2013. "Sweden and China cooperate on research". http://www.forskning.se/2013/11/20/sverige-och-kina-samarbetar-om-forskning/. Retrieved 11 April 2017.

（本章翻译：陈雪；校对：赵隆）

第六章

冰上丝绸之路：中国和北欧合作

上海国际问题研究院　张　沛　杨　剑
中国—北欧北极研究中心　伊吉尔·T·尼尔松

“一带一路”倡议的提出，源于中国领导人对世界形势的深入观察与思考，是中国向世界提供的公共产品。“一带一路”是开放和包容的，随着北极地缘环境、政治和经济的急剧变化和北极航道的开辟和利用，“冰上丝绸之路”成为“一带一路”建设的自然延伸和重要的组成部分。北欧国家作为一个整体，以其独特的制度模式、议程能力和区位优势，在全球、区域和北极治理中发挥出了越来越重要的作用，也成为中国共建“冰上丝绸之路”的天然合作伙伴。中国与北欧在共建“冰上丝绸之路”方面具有巨大的潜力。中国与北欧北极经济合作未来的推进，应依循“多元一体，一元多体”的思路，既关注与北欧国家之间的整体沟通与合作，也要持续关注和密切跟踪对北极国家各国发展战略的研究；应关注北欧国家官方、学术界、企业界、媒体和民间对中国“冰上丝绸之路”共建倡议的反应，增强共建的透明度和规范性；应关注北欧国家社会环境研究，培育良好社会氛围；应与北欧国家建立在互惠和互信、规则和相互尊重的基础上，以共商、共建、共享的方式实现共赢。

第一节　中国"一带一路"倡议与北极

"一带一路"倡议是中国领导人在不同的国际场合相继提出的，显示出中国对世界形势发展的洞察，也是中国为解决全球性挑战和世界面临的问题提出的"中国倡议"和"中国方案"。"一带一路"是开放和包容的，"冰上丝绸之路"是"一带一路"建设的自然延伸和重要的组成部分。北欧国家作为一个整体，是中国共建"冰上丝绸之路"的天然合作伙伴。

"一带一路"倡议的提出

2013 年 9 月 7 日，习近平主席在哈萨克斯坦纳扎尔巴耶夫大学发表演讲时提出，为使各国经济联系更加紧密、相互合作更加深入、发展空间更加广阔，要用创新的合作模式，共同建设"丝绸之路经济带"，以点带面，从线到片，逐步形成区域大合作。这是中国领导人首次在国际场合公开提出共同建设"丝绸之路经济带"的重大战略构想（习近平，2013）。

2013 年 10 月 3 日，习近平主席访问印度尼西亚，在印尼国会发表演讲时提出，中国致力于加强同东盟国家互联互通建设，倡议筹建亚洲基础设施投资银行，愿同东盟国家发展好海洋合作伙伴关系，共同建设 21 世纪"海上丝绸之路"。这是中国领导人首次在国际上提出共同建设 21 世界"海上丝绸之路"，携手建设更为紧密的中国—东盟命运共同体（习近平，2013）。

此后，中国国家领导人又在不同的国际场合对"丝绸之路经济带"和"海上丝绸之路"作了全面论述。2014 年秋，在北京 APEC 会议期间，习近平主席宣布中国将出资 400 亿美元成立丝路基金，为"一带一路"沿线国家基础设施建设、资源开发、产业合作等提供投融资支持。2015 年 3 月 28 日，中国国家发展改革委、外交部、商务部联合发布了《推动共建丝绸之路经济带和 21 世纪海上丝绸之路的愿景与行动》（发改委、外交部、商务部，2015），从时代背景、共建原则、框架思路、合作重点、合作机制、地方开放态势、积极行动、共创美好未来等八个方面对“一带一路”进行了全面阐述，宣告“一带一路”进入了全面推进阶段。2015 年 12 月 25 日，中国倡议的亚洲基础设施投资银行（亚投行）正式成立，为“一带一路”建设创新了融资机制，打造了新型合作平台。

“一带一路”倡议提出的背景

“一带一路”倡议的提出，源于中国领导人对世界形势的深入观察与思考。一方面，随着世界多极化、经济全球化的深入发展，文化多样化、社会信息化的持续推进，世界各国的相互融合日益加深，和平、发展、合作、共赢成为时代潮流。另一方面，全球性挑战和风险也日益增多，局部动荡此起彼伏，恐怖主义、难民危机、重大传染性疾病、气候变化等非传统安全威胁持续蔓延。世界经济增长乏力，发展不平衡加剧，发展鸿沟日益突出，贸易和投资低迷，贸易保护主义、民粹主义盛行，经济全球化遇到波折。与此同时，全球治理正在经受新的挑战。作为传统的国际公共产品的提供者，西方国家更加内顾，提供国际公共产品的能力和意愿都在急剧下降。和平赤字、发展赤字和治理赤字成为摆在全人类面前的严峻挑战。

“一带一路”倡议的提出，正是中国直面人类社会大发展大变革大调整的时代要求，顺应全球治理体系变革的内在要求，彰显了中国努力构建人类命运共同体的理念；提出了中国推动和维护开放型世界经济体系，实现多元、自主、平衡和可持续发展的中国方案；表明了中国深化区域合作，加强文明交流互鉴，维护世界和平稳定的中国主张；更体现了中国更加积极有所作为，承担更多责任义务，为世界提供更多公共产品的中国贡献（推进“一带一路”建设工作领导小组办公室，2017）。正由于此，自“一带一路”倡议提出后，得到国际社会积极响应和广泛支持，目前已有 100 多个国家和国际组织参与其中，一大批合作项目陆续启动，并收获了许多早期成果。

“冰上丝绸之路”是“一带一路”的自然延伸

中国“冰上丝绸之路”倡议是在“一带一路”总体倡议的实践过程中逐步发展起来的。它最先由俄罗斯人提出，并得到中国的积极回应，随后出现在中国政府关于开展海上丝绸之路国际合作设想的文件中，而后再由习近平主席与北极国家领导人会见时正式提出并赋予其新的含义，最近又在《中国的北极政策》白皮书中得到完整阐释。

根据中国学者考察，“冰上丝绸之路”概念首先是由俄罗斯人提出的。2011 年 9 月，时任俄罗斯地理学会会长兼俄罗斯紧急情况部部长的谢尔盖·绍伊古在出席阿尔汉格尔斯克第二届“北极—对话之地”时首次提出这一概念。他将北极开发喻为“冰上丝绸之路”（钱宗旗，2018：193）。此后，俄罗斯联邦政府多次向中方提出，希望中国能参加“冰上丝绸之路”的建设。

对于俄方的要求，中国也给予了积极的回应。2017 年 5 月 26 日，外交部长王毅在莫斯科同俄罗斯外长拉夫罗夫会谈后共见记者时表示，中方欢迎并支持俄方提出的“冰上丝绸之路”倡议，愿同俄方及其他各方一道，共同开发北极航线（王毅，2017）。2017 年 7 月 4 日，习近平主席在访问俄罗斯会见梅德韦杰夫总理时强调，俄罗斯是中国推进“一带一路”建设的重要伙伴。中俄要开展北极航道合作，共同打造“冰上丝绸之路”，落实好有关互联互通项目（习近平，2017）。这是中国最高领导人第一次在国际场合首次确认了“冰上丝绸之路”概念，并赋予其新的含义。

2017 年6 月，由国家发展改革委和国家海洋局联合发布《“一带一路”建设海上合作设想》提出要重点建设三条蓝色经济通道，其中一条是积极推动共建经北冰洋连接欧洲的蓝色经济通道。其内涵包括了积极参与北极开发利用、共同开展北极航道综合科学考察，合作建立北极岸基观测站，研究北极气候与环境变化及其影响，支持北冰洋周边国家改善北极航道运输条件，鼓励中国企业参与北极航道的商业化利用。愿同北极有关国家合作开展北极地区资源潜力评估，鼓励中国企业有序参与北极资源的可持续开发，加强与北极国家的清洁能源合作，积极参与北极相关国际组织的活动等广泛内容（国家发展改革委、国家海洋局，2017）。文件虽然没有直接使用“冰上丝绸之路”一词，但非常明确地将共建“经北冰洋连接欧洲的蓝色经济通道”纳入了国家“一带一路”倡议框架中。

2018 年 1 月 26 日，国务院新闻办公室正式对外发布《中国的北极政策》白皮书，也明确表示，中国愿依托北极航道的开发利用，与各方共建“冰上丝绸之路”。其内容也包含了加强共建“一带一路”倡议框架下关于北极领域的国际合作，坚持共商、共建、共享原则，重点开展以政策沟通、设施联通、贸易畅通、资金融通、民心相通为主要内容的务实合作，包括加强与北极国家发展战略对接、积极推动共建经北冰洋连接欧洲的蓝色经济通道、积极促进北极数字互联互通和逐步构建国际性基础设施网络等广泛内容（国务院新闻办，2018）。

由此可见，“冰上丝绸之路”是“一带一路”的自然延伸和重要组成部分，不仅是北方海航道合作，也不仅是经济合作，而且有着更深刻的内涵。“‘冰上丝绸之路’是中国与相关极地国家通过积累知识实现北极地区的共同治理共同发展的国际合作，是有关各方在应对气候变化等全球性挑战的同时，依托极地航道的联通作用，发展绿色技术，促进航道沿途地区生态保护与经济发展的平衡，实现区域性社会可持续发展的共商共建之举。”（杨剑，2018：13）

北欧国家是共建“冰上丝绸之路”的天然合作伙伴

近年来，作为一个整体，北欧国家以其独特的制度模式、议程能力和区位优势，在全球、区域和北极治理中发挥了越来越重要的作用，也成为中国共建“冰上丝绸之路”的天然合作伙伴。

首先，北欧国家在全球的影响力在不断上升。北欧五国具有共同的政治、经济和政党体制以及共同的文化、语言和历史，形成了一种特定的北欧身份特征和“北欧模式”。作为全球“最幸福的国家”和最具竞争力的国家，北欧国家在世界上和各种论坛上常以集体形象出现，模式效应日渐突出。

其次，北欧国家的重要性还表现在其重要的全球议程设定能力上。随着全球化和多极化的深入发展，全球政治形势和政治生态正在持续发生深刻转变，呈现出三大趋势：一是地缘经济和地缘政治的“再分配”和平衡发展，国际格局正在发生新的变异；二是全球权力的扩散和非中心化，特别是全球化和国际金融危机，进一步凸显了全球治理的鸿沟，全球治理碎片化趋势更加明显；三是政策议程的变化，表现为竞争的政治经济重要性不断上升，社会理念以及价值观的竞争正在逐步超越地缘政治和安全的竞争，竞争内涵正在发生转变，更加突出经济、社会和环境的可持续性发展和综合安全。这就使得传统权力作用在下降，为中小国家在全球治理和区域治理中发挥独特而重要的作用提供了更多的空间和机遇。近年来，广为国际社会所接受的全球治理、可持续发展、环境保护、综合安全等概念都是由北欧国家率先提出并不断加以概念化进而推向全世界的。

再次，北欧国家普遍重视发展与中国的合作关系，这在北欧国家中是有共识的，不仅体现在双边层面，也体现在区域层面。2016 年 2 月，北欧部长理事会曾决定，要研究北欧与中国发展更紧密的合作关系的潜力，推进双方在研究和创新、绿色增长、环境保护、北极以及健康和社会等领域的合作，同时强调这一合作关系同各国与中国的双边关系以及欧盟与中国的关系是互补的和相互支撑的（Nordic Co-operation，2016）。2017 年 5 月的北欧部长理事会再次强调了要推进与中国的合作关系。

最后，北欧五国对中国提出的共建“一带一路”和“冰上丝绸之路”倡议均持较为积极的态度，对参与合作共建表现出更多的期待。尽管“一带一路”倡议最初并未涵盖北欧五国，但五国均加入了亚投行，成为亚投行创始成员国，积极支持“一带一路”倡议（见下表）。当《中国的北极政策》白皮书提出共建“冰上丝绸之路”倡议后，北欧五国都给出了积极的反响。芬兰总统尼尼斯托（Sauli Niinisto）认为白皮书“尊重以海洋法公约为基础的国际法”，“冰上丝绸之路”倡议不仅是一个更多道路、铁路和航路的联通计划，更是一个促进不同地区人民之间相互理解的愿景（新华网，2018）。芬兰对“冰上丝绸之路”建设充满期待，并和挪威计划在芬兰的罗瓦涅米和挪威的希尔克内斯之间修建一条铁路，作为“冰上丝绸之路”西部的门户。挪威外交大臣瑟雷德（Ine Søreide）期待中挪合作参与北极全球航运、环境保护、渔业开发。冰岛外长索尔达松则表示冰岛政府非常关注“冰上丝绸之路”，支持这一倡议以加强欧亚之间的互联互通（Gudlaugur Thor Thordarsson，2018）。

表 6－1　北欧国家在亚洲基础设施投资银行的股本和投票权

国家	投票权	认缴股本（百万美元）
丹麦	0. 5826	369. 5
芬兰	0. 5314	310. 3
冰岛	0. 2778	17. 6
挪威	0. 7395	550. 6
瑞典	0. 8083	630

资料来源：瑞典安全和发展政策研究所：《中国—北欧关系：机遇与前景》，http：//isdp. eu/content/uploads/2016/11/Sino-Nordic-Report-translation-Chinese. pdf；也可参见：https：//www. aiib. org/en/about-aiib/basic-documents/_ download/articles-of-agreement/basic _ document _ chinese _ bank_ articles_ of_ agreement. pdf.

北欧国家在中国共建“一带一路”和“冰上丝绸之路”占有特殊的重要地位。“一带一路”贯穿亚欧非大陆，一头是活跃的东亚经济圈，一头是发达的欧洲经济圈，北欧恰是连接这两大经济圈最短和最具潜力的地区。无论从“丝绸之路经济带”向波罗的海的延伸，还是从“冰上丝绸之路”与北欧的联通，都使北欧国家占据了北方枢纽的地位。通过与北欧共建“冰上丝绸之路”，中国一来可以与处于上升阶段的北欧板块直接对接，增强中国在北欧和欧洲的影响力；二来通过与发达国家的相互对接，弥补传统“一带一路”仅与发展中国家之间的联系短板；三来可通过与北欧国家擅长的蓝色经济发展、创新国家发展战略的对接，提升中国创新能力；四来可通过与北欧先进的全球和区域治理理念的对接，促进中国全球和北极治理能力的提升。

第二节　中国北极政策中的“冰上丝绸之路”

2018 年 1 月 26 日，国务院新闻办公室正式对外发布《中国的北极政策》白皮书，这是中国政府第一份全面阐述中国在北极事务中身份、责任、原则和政策主张的文件。在白皮书中中国政府正式提出："愿依托北极航道的开发利用，与各方共建'冰上丝绸之路'"，表示要加强共建'一带一路'倡议框架下关于北极领域的国际合作，坚持共商、共建、共享原则，重点开展以政策沟通、设施联通、贸易畅通、资金融通、民心相通为主要内容的务实合作，包括加强与北极国家发展战略对接、积极推动共建经北冰洋连接欧洲的蓝色经济通道、积极促进北极数字互联互通和逐步构建国际性基础设施网络等（国务院新闻办，2018）。

"冰上丝绸之路"概念的三层含义

"冰上丝绸之路"概念包含三个层次的含义。

第一，它指的是一个特定的北极区域。涉及北极的主要航线及其沿岸地区，以及这个区域与世界的地缘经济联系，重点包括俄罗斯，以及挪威、冰岛、芬兰、丹麦、瑞典等北欧国家，也包括北美的加拿大和美国。根据北极航道的开发利用近期展望，"冰上丝绸之路"目前还是集中于俄罗斯、北欧国家以及东亚港口国家和欧洲港口国家。这也是为什么中国政府关于海上丝绸之路合作设想和北极政策的文件都明确提出要建设北冰洋连接欧洲的蓝色经济通道。

第二，它是相关国家开发和保护北极的政策集合。"冰上丝绸之路"是人类在北极地区促进经济发展和环境保护的有目的的社会活动。随着气候变化，北极冰川退缩，冻土融化，海冰面积变小，北极航道开发和油气开采前景日益明朗。北极资源的开发和航道利用将给世界经济带来机会，但伴随着气候变暖和人类活动在北极的增加，脆弱的北极生态环境也面临着巨大挑战。因此"冰上丝绸之路"展示的是北极各国、相关国际组织以及利益攸关方基于北极气候和环境变化以及经济和社会建设发展趋势制定的各种发展政策的集合。

第三，"冰上丝绸之路"是中国"一带一路"倡议中"21 世纪海上丝绸之路"的延展，是中国根据此前与相关各方合作经验以及各方合作需求，在"一带一路"倡议的总体框架下发展出的针对北极特定区域的国际合作项目。“一带一路”体现了沿线各国人民应对挑战的共同努力，为世界经济增长提供动力。“一带一路”建设承接历史，面向未来，是一个统筹陆海文明、共创繁荣的世纪发展蓝图。中国方面在“一带一路”合作倡议框架下与各方共建“冰上丝绸之路”，是希望通过这个倡议带动各方合作，促进北极的环境保护和社会经济发展，在北极地区“共走绿色发展之路，共创依海繁荣之路，共筑安全保障之路，共建智慧创新之路，共谋合作治理之路”（国家发展改革委员会、国家海洋局，2017）。

中国政府推进“冰上丝绸之路”的政策思路

北冰洋连接着世界主要经济体，海冰的融化将使得北极航道成为全球贸易的重要通道之一。中国政府倡导多方合作共商共建北极“冰上丝绸之路”，强调与各国北极发展战略的对接，并将经济合作的重点放在北极航道和能源合作开发的前瞻性投资上。这些前瞻性的投资对于改善整个经济运行环境，改善投资、贸易、交通、劳动力供给的良性循环具有重要意义。

（一）强调与各国北极发展战略的对接

为了应对北极变化带来的机遇和挑战，北极航道沿线国家纷纷出台和更新本国的发展战略。冰岛北极战略的关键词是“国际合作、话语权、航道开发、经济发展”。通过加强国际合作，促进和强化北极理事会，加强冰岛在北极事务上的话语权，确保冰岛北冰洋沿岸国的地位，促进北极资源发展和环境保护，发展贸易关系，加强经济活动，防止北极地区重新军事化。瑞典北极战略的关键词是“环境保护、经济发展和人类视野”，强调瑞典是一个拥有自身利益的北极国家，在北极双边和多边治理中扮演着非常重要的角色。瑞典关注气候变化、生态环境保护，减少温室气体排放，促进北极地区经济、社会和环境的可持续发展，包括北极石油、天然气和森林资源的开发，北极地区陆地运输和基础设施的建设，海上航行的安全和旅游业的开发等，以及保护北极原住民权益和生活方式。芬兰北极战略首先是要加强北极地区环境保护，其次是要促进北极地区经济活动，第三是要改进北极运输网络，第四是要确保原住民在北极事务中的参与权和决策权。丹麦北极战略的关键词是“主权、安全、发展和合作”。丹麦连同其自治领地格陵兰岛和法罗群岛一起，致力于建设一个“和平的、有保障的和安全的北极”。挪威北方战略的关键词是“存在、活动和知识”。挪威北方战略优先事项包括：维护在北极的主权、管辖权和专属经济区的权利。加强在北极的活动，增强挪威可持续管理北极可再生和不可再生资源的能力，加快发展北方基础设施建设。加强对北极环境和资源的保护和利用。为石油开发活动提供有效的制度框架，促进北极石油开发。加强对原住民保护。重视北极地区跨国合作，努力使高北地区成为“高北纬、低冲突”的地区。

中国在参与北极事务过程中，遵循的是“尊重、合作、共赢、可持续”的基本原则。中国与北极国家的双边和多边合作是否纳入“一带一路”的框架之中，中国政府尊重合作方的意愿。中国外交部副部长孔铉佑在记者招待会上说，中国将依托北极航道的开发利用，与俄罗斯等有意愿的国家共同建设“冰上丝绸之路”（白洁、伍岳、和丽霞，2018）。而北欧国家在中国的“一带一路”倡议提出后，都给予了积极回应，并成为“亚洲基础设施投资银行”创始成员国，说明北极东北航道的沿岸国对在“一带一路”框架下与中国开展北极合作充满期待。

（二）强调知识积累和科学技术先行

北极是全球感受气候变化影响最直接的地区，因此以可持续的方式利用资源也比其它地区更加重要。从这个意义上讲，“冰上丝绸之路”也是人类探索真理，积累知识，共同应对全球性挑战之路。中国政府的白皮书指出，“中国的北极政策目标是：认识北极、保护北极、利用北极和参与治理北极，维护各国和国际社会在北极的共同利益，推动北极的可持续发展。认识北极就是要提高北极的科学研究水平和能力，不断深化对北极的科学认知和了解，探索北极变化和发展的客观规律，为增强人类保护、利用和治理北极的能力创造有利条件。”（国务院新闻办，2018）

科学考察是目前中国最主要的极地活动，也是中国与北极国家开展合作的重要基础。自 1990 年代以来中国科学家开展了北极地质、地理、冰雪、水文、气象、海冰、生物、生态、地球物理、海洋化学等领域的多学科科学考察，掌握北极变化的第一手资料和科学数据。中国在北极机制化和常态化的科学考察，促进了与北极国家之间的共同利益和合作意愿，为科学地推进“冰上丝绸之路”奠定了知识基础。

“冰上丝绸之路”的建设需要以知识为基础。气候变化正对北极生态系统造成重大变化和威胁，包括物种范围变化、湿地丧失、海洋食物链被破坏等。北极治理需要了解气候变化及人类活动如何对北极物种迁徙、繁殖行为构成障碍，以及海上溢油等环境污染如何对脆弱生态造成影响，而目前知识和信息的缺乏极大限制了人类对北极环境的有效保护和对资源的可持续利用。北极自然资源丰富，北极的煤炭、金属、石油、天然气和渔业资源都是重要自然资源。但这些丰富的资源储存于生态脆弱和生产条件十分恶劣的环境之中，知识的获得以及基于这些知识的应对措施是在北极开发资源的必要条件。所以对北极自然资源的探测和研究，除了勘测北极自然资源储量外，还要进行开采的环境风险、生产安全风险和生态敏感性评估。

（三）强调技术创新和服务北极社会进步

技术为人类服务。“冰上丝绸之路”既需要北极经济发展路线图，还需要绿色技术的进步图。“冰上丝绸之路”同样重视陆海统筹，通过基础设施连通，促进主要经济要素在内陆经济和海洋经济之间的流动，同样重视运输和经济通道的便捷、安全和高效。但是，“冰上丝绸之路”也有其特殊性。那就是北极环境的脆弱性和北极经济开发人员工作的风险性。尽管北极航道开通后的经济利益驱动会使北极的经济开发速度提升，但是北极地处高纬度，低温、磁暴、冰雪等极端天气会给设备和人员安全带来威胁。

北极技术创新的重点应放在解决气候变化、资源、环境问题上，更好地服务于北极治理和北极可持续发展。围绕通信、破冰、交通运输、基础设施和物流领域的应用研究对于提升人类在北极未来活动的安全性和环境保护能力是至关重要的。为实现开发和保护的平衡，中国政府着力为北极地区基础设施建设和数字化建设贡献力量，重视绿色开发技术的利用。中国是技术装备大国，中国政府鼓励发展注重环境保护的极地技术装备，在参与北极基础设施建设中提高技术标准、环境保护能力以及创新要素。推动冰区勘探、大气观测、海洋考察等科学考察技术装备的升级。鼓励开发和利用新的低成本技术，采用无人操作的自动化和智能化观测技术。促进可再生能源开采和航行技术的创新。各种科学监测和探测技术、适合极地环境的工程技术、适合冰区航行的造船技术和航行技术、冻土地区和脆弱环境下的资源利用技术都是技术创新的重点领域。

“冰上丝绸之路”所在的北极地区之特殊性迫使人类思考发展“绿色经济”的机会。发展可持续的能源系统是绿色发展之路的重点，包括风力发电、海洋潮汐能源、地热能和水力发电。另外生态旅游和低排放的粮食和水产品养殖也是大有可为之领域。中国政府白皮书特别提及清洁能源和极地低碳旅游。中国致力于加强与北极国家的清洁能源合作，探索地热、风能等清洁能源的供应和利用，实现低碳发展。积极倡导北极的低碳旅游、生态旅游和负责任旅游。

促进北极数字互联互通和逐步构建国际性的基础设施网络也是“冰上丝绸之路”发展的一个重要指标。中国政府和企业致力于除了地面的数字技术的国际合作外，太空数字和海底光缆建设也是中国参与北极技术应用国际合作的重点。中国工信部和中国电信公司正与芬兰方面就计划中的跨北极海底光缆项目进行合作，这条北极光缆将途经北极东北航道，由中国和芬兰主导建设，日本、挪威也将参与合作，并得到俄罗斯的积极支持（新华丝路网，2018；Elizabeth Buchanan，2018）。

北极地区生活着400万居民，气候变化可以给当地带来经济机会，但同样也可能给当地带来文化和传统的威胁。如何在经济发展和环境保护的同时保证以包容式的发展给当地居民带来福祉，应当是“冰上丝绸之路”建设不可回避的任务之一。北极地域广阔，天寒地冻，人烟稀少，民众的居住条件因为交通和通讯的缺乏与北极国家其他地区发展水平差距较大。中国政府在《中国的北极政策》中特别强调，要尊重北极地区居民和土著人的传统和文化，保护其独特的生活方式和价值观，尊重北极国家为加强北极地区社会发展、提高教育和医疗水平的努力。中国倡导的“冰上丝绸之路”的行动将有助于北极地区实现联合国2030年可持续发展目标、消弭数字鸿沟。发展有效便利的交通和通讯，加快交通基础设施、数字网络建设以及空间基础设施建设，在促进人民福祉和经济发展方面发挥越来越重要的作用，有助于满足北极当地社会发展教育、健康、语言和文化之需要。

第三节 中国与北欧国家北极经济合作的前景分析

中国与北欧国家有着悠久的关系和贸易往来，北欧国家也大多是西方最早承认新中国的国家，特别是自改革开放以来，双方贸易关系发展平稳、迅速，成为中国与北欧国家关系的一个重要支柱。中国是丹麦在亚洲的最大贸易伙伴，2014 年至 2016 年，中丹双边贸易额连续三年超过 100 亿美元。中国是挪威在亚洲最大的贸易伙伴，2016 年中挪双边贸易总额为 58. 3 亿美元，中国对挪贸易逆差 6. 3 亿美元。至 2016 年，中国连续 14 年成为芬兰在亚洲的最大贸易伙伴，双方贸易额达 63. 3 亿美元。中国是瑞典在亚洲的第一大贸易伙伴，2016 年，中瑞双边贸易额达 124. 6 亿美元。自 2006 年起，中国已连续 11 年成为冰岛在亚洲最大的贸易伙伴，2016 年双边贸易额达 5. 46 亿美元。

自中国“一带一路”倡议提出后，北欧国家都视之为重大机遇，认为中国政府主导的大量投资正寻求完善中国连通欧洲的基础设施建设。而这一投资开放措施将提供大量机遇，进而为北欧企业提供更多的机遇（瑞典安全和发展政策研究所，2016）。正由于此，北欧国家都积极支持中国提出的“一带一路”，并成为中国倡导的“亚投行”的创始成员国。《中国的北极政策》白皮书提出要与各方共建“冰上丝绸之路”。随着“一带一路”进入北极，“冰上丝绸之路”共建将为中国—北欧合作提供巨大的潜力，可以将中国投资能力、基础设施专业技能和大规模的市场同北欧北极基础设施发展、发达的工业技术和资源有效地结合在一起，从而发挥出巨大的活力。实际上，这种潜力在双方开展的一些项目中已经显示出来。如中国工信部和中国电信公司与芬兰方面就计划中的跨北极海底光缆项目进行的合作。再如由中国与挪威就深海半潜式智能养殖开展的合作以及中国与冰岛、瑞典在北极观测和地热等领域的合作。

基础设施是经济发展的基础。北极地广人稀，在基础设施建设方面缺口很大。根据古根海姆集团估计，未来15年，北极基础设施投资需求将达到1万亿美元（Heidar Gudjonsson and Egill Thor Nielsson，2017）。而中国在基础设施建设和投资方面拥有巨大的优势，这为中国和北欧合作提供了巨大的空间。2017年，欧盟发布一份报告，名为《北极利益攸关者论坛磋商总结报告，确认北极关键投资重点和更好地简化未来欧盟对这一地区的资助规划》（Lydia Greunz and Terry Ward，2017）。报告从欧盟—北极合作的角度，对北欧国家和地方政府、企业和科学团体进行了广泛咨询，逐一咨询确认北欧国家认为对地区发展有利的投资项目，这些投资规划在某种程度上可以为潜在的中国同北欧伙伴合作的“冰上丝绸之路”提供一些参考标。

从报告中可以看到，北欧国家确认的投资优先领域主要包括：扩展和改进数字基础设施；发展内部和外部的交通连接；支持地方企业发展，包括再生能源生产、生物经济、自然资源的可持续利用和可持续的旅游业；支持对气候变化及其减缓和适应气候变化的研究，以及不会破坏环境并强化气候适应力的发展机遇的研究。

这些优先领域许多都与“一带一路”倡议相契合，包括数字丝绸之路、21世纪海上丝绸之路、经济走廊（带）的发展、资源的可持续发展路径，以及空中丝绸之路等。中国企业在基础设施建设方面有特别的技能，在能力和成本效率上都领先于世界，是通过北冰洋进行海上贸易和欧亚陆上贸易的天然伙伴。中国同芬兰在陆路经济带（北极走廊和塔林—赫尔辛基海底隧道）、破冰船技术、航空（空中丝绸之路）、互联互通（数字丝绸之路）、生物经济等方面具有互补性；同挪威在北极港口和北极走廊的海洋出口、油气、可再生能源、水产养殖技术上具有互补性；同冰岛在科学、研究和教育、可再生能源（地热）、港口、航空、渔业和水产养殖、旅游等方面有互补性；同丹麦在格陵兰冰盖科学研究、可持续发展和减缓气候变化方面，以及可再生能源、教育、旅游业等方面有互补性；同瑞典在交通和联通包括数字联通、旅游、创新、生命科学、寒区技术和可持续和绿色解决方案等方面有互补性。

第四节　结论

“一带一路”倡议的提出基于中国领导人对世界形势的深入观察与思考，是逐渐扩展和推进的，也是开放和包容的。共建“冰上丝绸之路”是“一带一路”建设的自然延伸和重要的组成部分，北欧国家则是中国共建“冰上丝绸之路”的天然合作伙伴。中国和北欧北极经济在许多方面都是互补的，特别是北欧国家的北极政策和《中国的北极政策》白皮书，都以联合国2030年可持续发展目标（SDG）为框架，致力于推动北极的可持续发展。从北欧国家来讲，2030年可持续发展目标为北极经济发展开展战略和具体合作提供了一个极佳的合作框架，而《中国的北极政策》白皮书所提出的目标、原则和政策主张也是建立于北极经济可持续发展、社会进步和环境保护三位一体基础之上的，中国是北欧国家推动北极可持续发展负责任的合作伙伴。

围绕“冰上丝绸之路”共建，中国与北欧在经济合作方面具有巨大的潜力。合作中应注意：第一，中国与北欧北极经济合作未来的推进，也应依循“多元一体，一元多体”的思路，既关注与北欧国家之间的整体沟通与合作，也要持续关注和密切跟踪对北极国家各国发展战略的研究，特别是有关经济开发和利用以及航道发展战略的研究，加强与中国发展战略的相互对接。其次，中国还应关注北欧国家官方、学术界、企业界、媒体和民间对中国“冰上丝绸之路”共建倡议的反应，增强共建的透明度和规范性。第三，中国要关注北欧国家社会环境研究，培育良好社会氛围。最后，中国要与北欧国家在互惠和互信、规则和相互尊重的基础上，以共商、共建、共享的方式实现共赢。

参考文献

习近平：弘扬人民友谊　共创美好未来——在纳扎尔巴耶夫大学的演讲，http：//politics. people. com. cn/n/2013/0908/c1001-22842914. html。

习近平：携手建设中国—东盟命运共同体——在印度尼西亚国会的演讲，http：//

www. xinhuanet. com/world/2013-10/03/c_ 117591652. htm。

习近平会见俄罗斯总理梅德韦杰夫，http：//www. fmprc. gov. cn/web/zyxw/t1475315. shtml。

王毅：俄罗斯是共建“一带一路”重要战略伙伴，https：//www. fmprc. gov. cn/web/wjbz_ 673089/xghd_ 673097/t1465676. shtml。

国家发展改革委、外交部、商务部《推动共建丝绸之路经济带和21世纪海上丝绸之路的愿景与行动》，http：//ydyl. people. com. cn/n1/2017/0425/c411837-29235511. html。

国家发展改革委、国家海洋局联合发布《“一带一路”建设海上合作设想》，2017－06－20，http：//www. soa. gov. cn/xw/hyyw_ 90/201706/t20170620_ 56591. html。

推进“一带一路”建设工作领导小组办公室授权发布：《共建“一带一路”：理念、实践与中国的贡献》，http：//news. xinhuanet. com/politics/2017-05/10/c_ 1120951928. htm。

中华人民共和国国务院新闻办公室：《中国的北极政策》白皮书，http：//www. scio. gov. cn/zfbps/32832/Document/1618203/1618203. htm。

商务部国际贸易经济合作研究院、中国驻冰岛大使馆经济商务参赞处、商务部对外投资和经济合作司：《对外投资合作国别（地区）指南：冰岛》，2017年版，http：//fec. mofcom. gov. cn/article/gbdqzn/upload/bingdao. pdf。

商务部国际贸易经济合作研究院、中国驻丹麦大使馆经济商务参赞处、商务部对外投资和经济合作司：《对外投资合作国别（地区）指南：丹麦》，2017年版，http：//fec. mofcom. gov. cn/article/gbdqzn/upload/danmai. pdf。

商务部国际贸易经济合作研究院、中国驻芬兰大使馆经济商务参赞处、商务部对外投资和经济合作司：《对外投资合作国别（地区）指南：芬兰》，2017年版，http：//fec. mofcom. gov. cn/article/gbdqzn/upload/fenlan. pdf。

商务部国际贸易经济合作研究院、中国驻挪威大使馆经济商务参赞处、商务部对外投资和经济合作司：《对外投资合作国别（地区）指南：挪威》，2017年版，http：//fec. mofcom. gov. cn/article/gbdqzn/upload/nuowei. pdf。

商务部国际贸易经济合作研究院、中国驻瑞典大使馆经济商务参赞处、商务部对外投资和经济合作司：《对外投资合作国别（地区）指南：瑞典》，2017年版，http：//fec. mofcom. gov. cn/article/gbdqzn/upload/ruidian. pdf。

“北极海底光缆搭建数据‘丝绸之路’”，新华丝路网，2018年3月7日，http：//silkroad. news. cn/2018/0207/83602. shtml。

白洁、伍岳、和丽霞：“为北极发展贡献中国智慧”，人民网，2018 年 1 月 28 日，http：//world. people. com. cn/n1/2018/0128/c1002-29790964. html。

钱宗旗著：《俄罗斯北极战略与“冰上丝绸之路”》，时事出版社，2018 年版。

瑞典安全和发展政策研究所：《中国—北欧关系：机遇与前景》，http：//isdp. eu/content/uploads/2016/11/Sino-Nordic-Report-translation-Chinese. pdf。

杨剑：“共建‘冰上丝绸之路’的国际环境及应对”，《学术前沿》，2018 年第 6 期，第 13 页。

China's Arctic policy in line with international law：*Finnish president*，http：//www. xinhuanet. com/english/2018-03/07/c_ 137021608. htm.

Elizabeth Buchanan，*Sea cables in a thawing Arctic*，https：//www. lowyinstitute. org/the-interpreter/sea-cables-thawing-arctic.

Gudlaugur Thor Thordarsson，*Iceland-China relations will continue to strengthen*，China Daily，2018-09-06，http：//usa. chinadaily. com. cn/a/201809/06/WS5b90702ba31033b4f465477b. htm.

Heidar Gudjonsson and Egill Thor Nielsson，*China's Belt and Road Enters the Arctic*，the Diplomat，https：//thediplomat. com/2017/03/chinas-belt-and-road-enters-the-arctic/.

Lydia Greunz and Terry Ward，*Summary report of the Arctic Stakeholder Forum consultation to identify key investment priorities in the Arctic and ways to better streamline future EU funding programmes for the region*，https：//publications. europa. eu/en/publication-detail/-/publication/6a1be3f7-f1ca-11e7-9749-01aa75ed71a1/language-en.

Nordic Co-operation：*Investigation into increased co-operation between China and the Nordic Council of Ministers*，https：//www. norden. org/en/news/investigation-increased-co-operation-between-china-and-nordic-council-ministers。

第七章

中国—北欧北极研究中心的成立和发展

上海国际问题研究院　杨　剑
中国极地研究中心　　邓贝西

第一节　成立背景与平台概况

中国是近北极国家，在环境、气候变化、经济开发、资源利用、科学研究等领域与北极地区有着密切的联系。开展北极研究的国际合作是认知北极的重要途径。北欧是北极的知识中心和科技中心，它既包括五个独立的国家，又是一个有机的共同体，在北极安全、环境保护、原住民权益等问题上有共同的利益诉求，与我国在北极科学研究和可持续发展等领域有着深远的合作前景。2013 年 5 月 15 日，在瑞典北极城市基律纳召开的北极理事会第八次部长会议上，中国被批准成为北极理事会正式观察员国。北欧五国对中国观察员国资格持支持和欢迎态度，对中国参与北极事务的推动和促进作用不容忽视。

中国—北欧北极合作研究中心（以下简称 CNARC）正是在北极气候快速变化、中国经济规模迅速扩大的背景下应运而生，始于中国—冰岛双边海洋与极地合作。2012 年 4 月，时任国务院总理温家宝访冰之际，国家海洋局与冰岛外交部共同签署了《海洋与极地科技合作谅解备忘录》，确定两国将进一步加强在海洋政策和立法，海洋监测、预报和研究，气候变化对环境的影响，海洋环境保护，海洋和极地科技研究，以及北极考察、科研船只在连接北太平洋和北大西洋的新航线航行等相关研究领域的合作（国家海洋局，2012）。该《备忘录》的签订推动了 2012 年 8 月“雪龙”号极地科学考察船访问冰岛以及 2013 年中冰达成共建极光观测台等具体合作项目。同时，中国与其他北欧国家在自然科学与社会科学领域的合作研究与交流也深入发展。2004 年中国在挪威主权管辖范围下的斯瓦尔巴群岛建立了首个陆基科学考察站——黄河站；中国与芬兰 Aker Arctic 船厂也合作开展新建极地考察破冰船的概念设计与建造。作为 CNARC 牵头机构的中国极地研究中心则与挪威极地研究所、芬兰气象研究所、冰岛研究中心等北欧国家极地研究机构建立了长期的双边合作关系，为推动多边合作机制的建立奠定了坚实的基础。

在 2013 年 6 月召开的第一届“中国—北欧北极合作研讨会”上，中国极地研究中心提议将中冰北极研究合作扩展到北欧五国，并倡议建立中国—北欧北极研究中心。这一建议得到相关研究机构的热烈响应和积极支持。同年年底，CNARC 正式宣告落成。CNARC 旨在打造一个多元、多边、注重实效性和开放性的北极社会科学研究的合作平台与学者网络，增进对北极及其全球影响的认识、理解和知识，开拓北极研究前沿，围绕国际北极热点和重大问题开展合作研究和国际交流，促进在全球意义下北欧北极的可持续发展以及中国与北极的协调发展，为中国作为负责任大国积极参与北极事务和国际合作服务。

CNARC 涵盖了中国和北欧国家在北极研究领域有影响和协调能力的研究机构与智库，其创始成员机构包括：中国极地研究中心、上海国际问题研究院、同济大学、中国海洋大学、挪威南森研究所、挪威极地研究所、瑞典极地研究秘书处、冰岛研究中心、芬兰拉普兰大学北极研究中心、北欧亚洲研究所（哥本哈根大学）等十家成员单位。特别是北欧成员机构是具有普遍影响力、号召力和协调力的北极问题研究的国际顶尖智库，其咨询建议影响着北欧国家及相关区域组织的北极政策制定。挪威极地研究所、瑞典极地研究秘书处与冰岛研究中心是具有官方背景的研究协调机构，为该国北极政策的制订与实施提供专业的咨询意见。而挪威南森研究所与芬兰拉普兰大学北极中心则是将北极视为重点关注区域，其专家团队在北极理事会、巴伦支欧洲—北极理事会、国际海事组织等全球性和区域性组织中发挥着重要咨询角色。而设在丹麦的北欧亚洲研究所，由北欧部长理事会提供资金支持，形成了一个研究亚洲问题的学者网络，致力于促进北欧地区对当代亚洲的认知。通过机构间交流、互访与对话，使双方意识到中国—北欧北极合作的政治意愿与巨大潜力，尤其是在北欧国家研究机构为其所在国政府与北极地区国际组织提供政策建议时，能够充分考虑中国的利益诉求以及双方开展互利共赢的北极合作所能带来的机遇。

CNARC 是目前唯一一个由中国倡议设立的北极研究的多边合作与交流机制，在促进中国与北欧国家间北极政策研究交流和北极合作研究方面发挥着积极作用。它已成为中国和北欧国家之间一个重要的合作机制和准国际组织，丰富着中国—北欧合作、中国海洋与极地外交的内涵。随着中国与北欧五国在北极事务上的合作和交往频繁和深入，这也带动和激励俄罗斯、美国和加拿大寻求在北极事务上与中国的接触，同时也促进了与日本、韩国等东亚国家在北极事务上的立场协调。

第二节　机制化发展路径：实践与经验

完善组织架构，开放准入门槛

CNARC 成立之初即拟定合作章程，界定了机构宗旨、研究主题、合作机制与方式以及组织架构等内容。最初，CNARC 设立的成员机构会议（Assembly of Member Institutes）为主要决策机制。成员机构会议每年举办一届，由各成员机构指定的代表参加，按照协商一致的原则开展工作。成员机构会议为合作研究领域和课题资助提供咨询，为研讨会和秘书处运行提供建议。必要时，如遴选访问学者候选人或推动合作出版物项目时，成员机构会议可指定专门委员会。同时CNARC在中国极地研究中心设立秘书处，负责日常运行，处理与成员机构间的沟通和协调事项。

然而随着CNARC影响力的提升及其自身寻求辐射面扩大的需求，如何在吸纳新进成员单位的同时又能保持其决策的效率和效力成为CNARC发展过程中不可避免又亟待解决的问题。在2016年第四届成员机构会议上通过了对CNARC机制的改革和章程的修订，并新设执行委员会（Executive Committee）。该委员会代替成员机构会议成为CNARC的主要决策机构，由包括中国极地研究中心在内的十所创始机构的代表组成。北极中心主任担任执行委员会主席，有责任推动和确保北极中心各项工作得到有效执行。而CNARC准入门槛对中国和北欧国家在北极研究领域具有影响力和协调能力的机构开放，新成员的加入需得到成员机构会议的一致同意。截至目前，CNARC已有17家成员单位，上海交通大学、大连海事大学、上海海洋大学、挪威特罗姆瑟大学、挪威诺尔兰大学、冰岛阿库雷里大学等先后成为新进成员机构。

各项活动向机制化方向发展

经过五年运行，CNARC朝向机制化和长效化方向发展，着力构建多元、时效、开放的北极学术交流网络，目前建立了涵盖学术研讨会、经济圆桌论坛、访学学者项目、专刊论文集等多种学术交流形式。

（一）中国—北欧北极合作研讨会

中国—北欧北极合作研讨会于每年5月底或6月初由中国和北欧成员机构轮流举办，迄今已举办了六届，会议围绕北极地缘政治、治理、国别政策、法律、安全、经济、可持续发展、航道、渔业、旅游原住民权益等前沿热点问题展开研讨，议题根据主办单位的学科优势各有侧重。

表 7－1　历届中国—北欧北极合作研讨会主题与议题

1	2013 年 6 月	上海，中国	中国—北欧北极可持续发展的合作：人类活动与环境变化
议题		1. 北极航运与资源开发 2. 北极政策与治理 3. 气候变化与人类圈	
2	2014 年 6 月	阿库雷里，冰岛	当北方遇见东方
议题		1. 北极政策与治理 2. 北极政策与经济 3. 北极政策与海洋合作	
3	2015 年 5 月	上海，中国	北极协同合作：政策与最佳实践
议题		1. 北极治理体系变迁 2. 北极科学发展对北极政策影响 3. 中国与北欧北极政策及其实践 4. 跨北极经济协同发展	
4	2016 年 6 月	罗瓦涅米，芬兰	北极可持续发展：全球化的机遇和挑战
议题		1. 北极可持续发展 2. 全球化与北极 3. 中国、北欧国家与北极 4. 北极旅游业	
5	2017 年 5 月	大连，中国	面向未来：北极发展和保护的跨区域合作
议题		1. 欧亚互联互通：促进北极航道利用的安全与协同 2. 跨北极互动：域内外国家北极政策的兼容性 3. 北极可持续发展：气候变化、原住民与可持续旅游 4. 探索北冰洋治理的发展路径：科学合作和渔业治理	
6	2018 年 5 月	特罗姆瑟，挪威	北极海洋综合治理：知识构建、政府挑战和科学作用
议题		1. 北极渔业管理 2. 北冰洋海洋污染 3. 北极气候变化和可持续发展	

资料来源：作者自绘。

（二）中国—北欧北极经济圆桌会议

CNARC 创设的另一机制——围绕北极可持续发展议题的经济圆桌会议，则有效推动了中国与北欧企业交流最佳实践经验，寻求双赢、多赢的可持续合作，其基本出发点是中国与北欧国家的双边互动，但也会根据议题（如航道、能源）向俄罗斯等其他北极国家适度开放。圆桌会议邀请有关企业家、学者、科学家、政策制定者就共同关心的重要北极问题展开对话。为了保障自由和实质性的讨论，圆桌会议采用查塔姆宫规则（Chatham House Rules），与会者可以自由使用在会议中获得的观点、数据与资料，但不得透露发言者及与之相关机构的身份，也不得透露任何其他与会者及其相关组织的身份。

表 7－2　历届中国—北欧北极经济圆桌会议主题

1	2014 年 6 月	雷克雅未克，冰岛	中国—冰岛双边北极经济合作论坛
2	2015 年 5 月	上海，中国	北极航道的合作利用
3	2016 年 6 月	罗瓦涅米，芬兰	北极可持续旅游
4	2017 年 5 月	大连，中国	北极航运与港口城市
5	2018 年 5 月	特罗姆瑟，挪威	北极渔业：从海洋到市场

资料来源：作者自制。

冰岛前总统格里姆松在参加以“北极航运与港口城市”为主题的第四届 CNARC 圆桌会议时指出，尽管目前尚处于北极航道探索的初期阶段，但 CNARC 圆桌会议将北极航运、港口发展以及政策制订等领域的行业领军人物、专家学者和政策制订者汇聚一堂，试图勾勒出北极航运的前景和挑战。他将圆桌会议比作一次“叫醒服务”，向北极国家和其他亚洲、欧洲的北极利益相关方发出邀请，共同探讨北极航线的战略性问题。

未来，CNARC 期待将进一步完善圆桌会议机制，围绕北极重大问题设立议程。探索更好地发挥企业家的能动作用，促进企业家北极开发利用的实践创新与学者的理论研究以及政策制定者的北极事务管理实践并就三方合作开展深入对话交流，积极推动形成共识，寻找解决方案；探索更多发挥成员机构的专业作用，建立 CNARC 关于北极问题重要共识的形成与发布机制，更好发挥 CNARC 推动北极合作的倡导作用。

CNARC 所打造的多元、多边、实效、开放的学术与政策研究的合作与交流机制，先行先试，不仅促进了中国和北欧国家对彼此北极政策的认知和了解，取得了不少合作研究成果，而且通过圆桌会议的机制，有效推动了中国与北欧企业找寻绿色合作机会，为政策研究提供了理论联系实际的渠道，成为中国与北欧国家次区域合作实践得到广泛关注的先行者。学术研讨会和经济圆桌会议的互动关系可以这样来概括：学术研讨会一定程度上是一个科学成果和政策研究的“信息分享交换中心”，为中国和北欧国家学者打造一个认知和学识共同体；而经济圆桌会议作为一个社会科学研究和实践相结合的“思想实验室”，是检验新理论和新思想能否得以应用的场所。学术研讨会和经济圆桌会议相结合的模式使得社会科学家和相关企业将自然科学家所发现的北极变化通过政策、商业等多种形式“翻译”给社会大众，为社会大众所理解，促进北极学术界、企业家和社会的交流合作。

（三）访问学者项目

CNARC 的机制化合作项目还包括访问学者项目，该项目旨在为中国和北欧国家的杰出研究人员提供在中国和北欧的北极研究机构开展合作研究的机会。迄今，CNARC 访问学者项目已运行三年，共资助 12 位学者就北极热点议题前往中国和北欧的研究机构开展调研或合作研究。

第三节　功能、影响和意义

经过五年的发展，CNARC 的实践带来广泛而深远的意义和影响。

首先，CNARC 建立了认知共同体，促进北极的知识从北欧国家向中国转移。其次，CNARC 已成为中国和北欧国家进行政策宣传和信息发布的重要渠道。再次，北极治理的理念在中国所开展的北极合作中广泛体现，中国企业也采取具体行动来实践治理理念。最后，中国在北极治理的积极作用已逐渐获得承认。

建立认知共同体，促进知识扩展

“认知共同体”指由某些特定领域拥有专长和能力并且在该领域政策上具有公认知识权威的专家所组成的网络（Ernst B. Haas，1990）。由此演绎出的共同的信念、规范和原则是认知共同体开展活动的价值纽带。基于科学证据和实践，认知共同体就核心问题的因果机制建立起一套知识体系的共识。这种共识帮助其构建起治理政策与预期治理结果之间的联系，从而通过影响社会和决策者来引领最佳实践，进一步实现推动治理和增进人类福祉的目标。

北极国家，尤其是北欧国家，拥有丰富的北极考察和科学探索的经验，掌握关于北极气候变暖、海冰变化趋势以及北极与全球气候体系的联系互动等一整套知识体系。中国已有科学家加入北极研究的国际项目并在部分领域做出贡献，但对中国而言，在用科学依据来支持政策制定方面，似乎缺乏联系渠道。中国的科学家认为政府部门对于如何支持北极的研究项目似乎并不清楚，而政府部门则认为科学家对北极重要性的描述约略是不充分和碎片化的。基于上述情况，中国极地研究中心于 2010 年设立了极地战略研究部门，旨在架起政策需求和科研目标之间的联系渠道。该部门在建立和协调中国极地社科网络发展的过程中发挥了积极作用，吸引了来自高校、科研院所的研究人员从事极地国际关系、国际法、环境政治、全球治理、海洋经济、原住民等领域的研究。

CNARC 促进着中国与北欧之间的北极合作，同样也发挥着认知共同体的作用。主要合作形式包括：（1）围绕北极气候变化、北极资源、航运和经济合作，以及北极政策与立法等重点研究领域开展合作研究项目；（2）为中国和北欧国家的学者提供访问津贴，发展北极研究合作网络，开拓北极研究前沿；（3）定期组织中国—北欧北极合作研讨会及相关工作会议；（4）支持中国和北欧国家之间的北极文化交流与信息分享。

经过五年发展，CNARC也已建立起以学术研讨会、经济圆桌会议、访问学者、学术交流为重要抓手的多样化、高效、开放的北极学术交流网络和机制。它连接起北欧和中国两个学术网络，使关注北极治理的认知共同体从北欧学术界迅速扩展至中国学术界。该平台还通过学术会议和政策报告与政府机构建立联系渠道，此外，还通过CNARC平台的拓展——经济圆桌会议，进一步联系媒体和企业界。

形成政策宣传和信息发布的渠道

CNARC合作机制得到中国政府涉北极事务部委的支持，特别是国家海洋局国际合作司和极地考察办公室、外交部条法司和欧洲司对中国—北欧北极合作的平台给予特别的指导、支持和关注。CNARC已逐渐发展成为除北极圈论坛、北极前沿论坛等涉北极国际会议以外，中国参与北极事务的观点宣传和信息发布的重要渠道，从外宣角度明确中国北极活动的政策目标、立场和原则，引导外方官员和学者对中国参与北极事务的原则、立场和路径形成客观审慎的认知，起到增信释疑，为中国参与北极事务营造积极的国际政治氛围，并借助此平台丰富和开拓与北欧国家的北极双边、多边合作。

例如，在2014年在冰岛雷克雅未克举办的CNARC中冰北极经济圆桌会议上，时任驻冰岛使馆陈来平代办声明，中国参与北极合作开发有三点立场原则，这对参与北极开发的中资企业起到了指导性作用，这三点原则包括：遵守相关北极国家国内法及有关国际条约的规定；尊重北极原住民的利益和关切，维护他们赖以生存的环境和文化；保护北极地区独特的生态环境，反对破坏性开发，确保可持续发展。

2015年时任外交部条法司副司长贾桂德为第三届CNARC研讨会做主旨发言时，总结性地概括了北极形势，即“总体稳定、酝酿发展、面临挑战”，赞赏了研讨会主题“北极协同：政策与最佳实践”是对上述形势的回应和探索。“协同”在维系北极和平稳定、促进北极发展、推动各相关国家携手应对挑战等方面发挥着至关重要的作用；“政策”引领则是实现协同的关键，中国—北欧北极合作正是基于双方政府坚定、积极的政策引领，才始终走在中国与各北极国家合作的前列；“实践”使政策发挥真正作用，本届研讨会正是一个民间合作与实践的典范。最后，贾桂德表示中方愿与北欧国家一道，保持中国—北欧北极合作的积极态势，加强政策引导、细化具体措施、推动官民互动，将合作设想从蓝图变为现实。

2016 年在芬兰罗瓦涅米举办的第四届 CNARC 研讨会上，时任驻芬兰大使于庆泰肯定了中国—北欧北极研究中心对中国—北欧北极合作的促进作用，并重申了中国在参与北极事务上奉行尊重、合作与共赢的政策理念，倡导推进探索和认知北极，支持保护与合理利用北极，尊重北极国家和北极原住民的固有权利，尊重北极域外国家的权利和国际社会的整体利益，倡导构建以共赢为目标的多层次北极合作框架。

2017 年召开第五届 CNARC 研讨会，中国首任北极事务特别代表高风司长出席会议，指出中国与北欧各国在北极问题上的密切交流和合作，既是各利益攸关方共同应对和解决北极问题的有益探索，也是非北极国家有效参与北极治理、助力北极地区发展和保护北极的重要途径。高风特别代表提出中国与北欧国家加强交流与合作的几个方面和切入点，包括：（1）积极参与涉北极多边机制。以科研为先导，加强对北极理事会及下设工作组工作的实质性参与，跟踪《北极科研合作协定》执行情况；深入参与北极圈论坛和北极前沿等多边平台，与有关各方保持建设性互动，不断拓展开展合作的深度和广度；（2）持续开展涉北极双边对话，中国同北欧国家关系全面发展，互动频繁，在北极领域的合作不断走深走实；（3）拓展北极合作领域，丰富北极合作方式。以科研为依托，在气候变化、环境保护、航运、资源开发、信息基础设施建设等多个领域加强合作；支持科研机构与国外智库、学术机构开展交流和对话，鼓励企业参与北极商业开发和利用，促进包容性、全方位、多元化的合作。

部分北欧国家首脑、北极事务高级官员也出席历次会议，利用

CNARC 作为宣解北极政策的平台和与中国开展双边会晤和政策协调的契机，这凸显了 CNARC 在促进学术交流以外，推动中国与北欧国家政府间合作的重要意义。

表 7-3　出席历届中国—北欧北极合作研讨会的主要官员

第一届中国—北欧北极合作研讨会（2013 年 6 月）	
国家海洋局国际合作司司长	张占海
国家海洋局极地考察办公室副主任	吴军
冰岛外交部北极事务高级官员	Jonas Gunnar Allansson
俄罗斯联邦外交部北极事务高级官员	Anton Vasiliev
第二届中国—北欧北极合作研讨会（2014 年 6 月）	
冰岛总统	Olafur Ragnar Grimsson
北欧部长理事会北欧合作部长	Eyglo Harthardottir
中国驻冰岛使馆代办	陈来平参赞
俄罗斯联邦外交部北极事务高级官员	Anton Vasiliev
第三届中国—北欧北极合作研讨会（2015 年 5 月）	
外交部条法司副司长	贾桂德
国家海洋局极地考察办公室党委书记	秦为稼
国家海洋局国际合作司副巡视员	梁凤奎
冰岛外交部北极事务高级官员	Arni Thor Sigurðsson
第四届中国—北欧北极合作研讨会（2016 年 6 月）	
国家海洋局副局长	吕滨
芬兰议会议长	Maria Lohela
芬兰萨米议会主席	Tiina Sanila-Aikio
中国驻芬兰大使	于庆泰
芬兰外交部北极事务高级官员	Aleksi Härkönen
冰岛外交部北极事务高级官员	Arni Thor Sigurðsson
第五届中国—北欧北极合作研讨会（2017 年 5 月）	
国家海洋局副局长	林山青
冰岛前总统、北极圈会议主席	Olafur Ragnar Grimsson
中国外交部北极事务特别代表	高风
芬兰外交部北极事务高级官员	Rene Soderman
芬兰外交部北极事务高级官员	Anniken Ramberg Krutnes
冰岛外交部北极事务公使	Thomas Orri Ragnarsson
国家海洋局极地考察办公室副主任	吴军

资料来源：作者自制。

北极治理的理念在国际合作中广泛体现

长期以来，尽管部分中国学者探讨过“北极治理”或“全球治理”的概念，但在中国涉北极的官方文件中鲜有提及。以往，在北极问题上，中国政府更注重双边合作而非多边合作，更多地关注政府机制而非多利益攸关方。由于北极治理与全球气候变化休戚相关，中国政府在几年前重新认识气候变化趋势的基础上，逐渐开始接受全球环境治理的理念。在CNARC学术研讨会上，来自中国和北欧国家的学者多次讨论北极治理的议题，特别是中国参与北极治理的路径和角色。一些学者还发表和出版了北极治理相关的文章和书籍，这些文章和书籍有助于将北极与全球气候变化联系起来，将北极发展与北极治理联系起来。近年来中国政府代表的发言也能系统地反映出对全球治理和北极治理的积极态度。

2017年1月，中国国家主席习近平在联合国总部日内瓦的讲话中指出，世界各国应积极加强全球治理的观念，“秉持和平、主权、普惠、共治等原则，把极地等领域打造成各方合作的新疆域，而不是相互博弈的竞技场”。2015年第三届“北极圈”论坛上，中国外交部副部长张明特别指出要维护以现有国际法为基础的北极治理体系。中方支持“在现有国际法的框架下推进北极治理，认同北极理事会在北极治理中的重要地位，支持国际海事组织等其他国际平台在北极治理中发挥积极作用”。2017年国务院副总理汪洋在俄罗斯“北极：对话之地”北极国际论坛中表示，中国政府愿意推动北极多边治理，积极开展多层级、多领域的国际合作，实现互利共赢（新华社，2017，3，30）。

中国外交部条法司司长徐宏在其发表的《北极治理与中国的参与》一文中指出，北极治理形成了“全球—区域—国际”三层次、多利益攸关方参与的多元格局。他认为，中国参与北极治理的主要内容应包括：（1）通过建设性参与全球治理对北极治理发挥积极作用；（2）积极贡献北极区域治理；（3）稳步深化与北极国家的双边合作；（4）重视与北极理事会观察员国及各利益攸关方的积极互动；（5）完善内部机制，不断提高参与北极治理的能力（徐宏，2017）。

中国政府理解并推动“北极治理”理念，对气候变化和环境问题做出承诺，以及认可多重利益相关方的作用，这些与 CNARC 正在进行的沟通努力是分不开的。徐宏司长对 CNARC 的特殊贡献表示赞赏，称其“正在向机制化发展”。中国政府也支持与北极国家的智库或研究机构的交流。2017 年 5 月，外交部副部长王超在北京同北欧部长理事会秘书长赫布罗腾会晤时，明确提出双方加强既有合作并提出新的合作倡议，其中下阶段五项重点合作领域之一即在科研和教育领域，用好 CNARC 研讨会等平台，探索交流合作（中国外交部，2017）。

治理责任：从政府和学术界向社会拓展

圆桌会议邀请学者、科学家、商业领袖和政策制定者参与，每届会议都关注具有经济或文化意义的北极议题。圆桌会议旨在推动中国与北欧北极的社会、经济和文化的合作。经过五年的实践，CNARC 圆桌会议机制日趋成熟，历届会议上均有来自北欧国家、中国、俄罗斯及其他利益相关方的行业、媒体、政府和学者参与。圆桌会议帮助参与者了解中国和北欧国家的行业政策，促进可持续的社会、经济和文化活动，并已取得丰硕的合作成果。例如，2016 年于芬兰罗瓦涅米举办的以“北极可持续旅游”为主题的圆桌会议结束后，来自中国和芬兰旅游行业的与会者达成了诸多合作项目。同年 11 月，百度宣布与北欧国家的旅游局达成战略合作关系，将通过互换数据、共享推广资源、联合开展运营活动等方式提升中国游客的旅行体验，从而促进北欧四国当地旅游业的发展（新浪科技，2016）。2017 年在北京举行的第 40 届南极条约协商国会议上，与中国在可持续发展上的努力相呼应，中国极地旅游行业的领导企业发起了“负责任极地旅行倡议”，联合各有关方面促进中国旅游业的可持续发展和中国公民的可持续消费。核心发起单位——上海中旅国际有限公司曾三次参与圆桌会议，并希望通过相关产品推动中国游客对全球变化的认识，提高环保意识，改变消费习惯，促进可持续发展。

树立中国在北极事务上的正面形象

CNARC 的建立是为了探索北极研究前沿，开展有关北极重大国际问题的联合研究，促进全球意义上的北极可持续发展，以及加强中国与北极国家之间的合作。在 CNARC 合作机制尚未形成之前，部分北欧学者及当地舆论在看待中国参与北极事务的问题上，倾向于以中国崛起为切入点，将中国假想为不满足于北极理事会观察员角色与现有权益分配，并试图改变现有北极体系的修正力量。一些研究和媒体报道指出，中国与北极国家开展合作是为了掩盖其地缘政治目的和获取能源的动机，比如，称中国对格陵兰矿产资源的投资意向是企图控制格陵兰稀土资源以此垄断全球稀土市场，以及称中资参与北极开发活动将不可避免地带来环境恶化、劳工涌入、社会倾销等负面影响。上述观点缺乏对中国北极政策的全面了解和实地调研经验，所谈话题构筑于主观臆想，也易迎合西方媒体“中国威胁论”或“北极资源饥渴论”等争议论调，从而营造不利于中国参与北极合作的政治舆论。

CNARC 为中国与北欧的智库和研究机构搭建起沟通联系的桥梁，通过多种形式活动使双方意识到中国与北极合作的巨大潜力。从中国学者的角度，是希望北欧同行能够更多地了解中国在北极事务中的积极作用，以及北极发展为双方提供的机遇。当然，短时间内不可能完全消除北极国家对中国的疑虑，因此在合作过程中继续保持沟通交流至关重要。事实上，近两年中国代表团利用冰岛“北极圈”论坛、挪威“北极前沿”论坛、俄罗斯“北极：对话之地”论坛等国际会议宣讲政策主张，使得北欧政府和学者在看待中国参与北极事务的问题上更加趋于客观和温和。

结语

近一年来，中国与北欧国家领导人互访频繁，双边关系持续深入发展。中挪恢复双边外交关系，中丹缔结全面战略伙伴关系，中芬构建面向未来的新型伙伴关系，中冰推进自贸协定并续签本币互换协议。中国国家领导人与除冰岛外的北欧国家领导人都进行了会晤，北极合作无一例外都是中国与北欧国家希望继续深入合作或打造新亮点的领域。

在多边层面，利用北欧现有的区域一体化机制（如“北欧部长理事会”），将北欧视为统一的行为体，有效整合其北极政策的相似性并弱化其差异性，将大大提高对话效率与效果。随着中挪外交关系恢复正常化，阻碍中国与北欧国家深入开展次区域合作的最后一个政治壁垒被打破，并激发出中国—北欧合作所蕴含的发展潜力。中国广阔的市场和先进、扎实的基建能力，契合寻找市场和基建合作的北欧国家的需求。双方在创业和营商、可持续发展、科研和教育、人文交流和社会福利等领域的双多边合作具有重要前景。

目前，中国无论是民间、智库还是官方，处于参与北极事务合作的探索阶段。CNARC 机制也在探索打造“一轨半”或“二轨”式的合作模式，运作机制向规范化和机制化发展，促进中国与北欧国家间北极合作研究和政策交流，并丰富中国—北欧合作与中国海洋与极地外交的内涵，使得 CNARC 合作成为中国与北极利益相关国合作的一个样板。中国北极事务特别代表高风在出席第五届中国北欧北极合作研讨会时指出，“五年来，中国—北欧北极合作研讨会已经成为中国与北欧各国共商北极发展问题、共促北极务实合作的重要平台，有力推动了与会各方在北极事务中增进互信、扩大共识、加强合作，对促进北极地区的和平、稳定和可持续发展起到了积极作用。近一年来，中国与北欧各国一道，积极参与全球治理和国际规则制定进程，在全球发展的大局中不懈探索解决北极跨区域和全球性问题的有益之道，在北极科研、气候变化、航运、环保、人文等领域贡献中国智慧和力量。中国同北欧国家北极事务合作取得积极进展，成为双边合作和中国—北欧合作的重点领域和重要抓手。”

冰岛前总统认为在未来十二年中，除了俄罗斯担任两年轮值主席外，北欧国家将担任其中十年的北极理事会主席国，这将成为中国与北欧国家在北极理事会和北极事务上开展持续深入合作的一个黄金时期，CNARC 这一跨区域的北极合作机制有望在其中发挥更加重要的作用。

参考文献

国家海洋局："国家海洋局局长刘赐贵随温家宝总理访问冰岛——在两国领导人见证下签署《中国国家海洋局与冰岛外交部海洋与极地科技合作谅解备忘录》"，2012 年 4 月 25 日，http://www.lrn.cn/media/seanews/201204/t20120425_1088573.htm。

新华社："习近平主席在联合国日内瓦总部的演讲（全文）"，2017 年 1 月 19 日，http://www.xinhuanet.com/world/2017-01/19/c_1120340081.htm。

外交部："外交部副部长张明在'第三届北极圈论坛大会'中国国别专题会议上的主旨发言"，2015 年 10 月 17 日，http://www.fmprc.gov.cn/web/wjbxw_673019/t1306852.shtml。

新华社："汪洋：共同开创北极美好新未来"，2017 年 3 月 30 日，http://www.xinhuanet.com/world/2017-03/30/c_1120720572.htm。

徐宏："北极治理与中国的参与"，《边界与海洋研究》，第 2 卷第 2 期，2017 年 3 月，第 5 - 8 页。

外交部："外交部副部长王超同北欧部长理事会秘书长赫布罗滕举行中国—北欧合作磋商"，2017 年 5 月 25 日，http://www.fmprc.gov.cn/web/wjbxw_673019/t1465214.shtml。

新浪科技："百度地图与北欧四国达成合作"，2016 年 11 月 18 日，http://tech.sina.com.cn/i/2016-11-28/doc-ifxyawmm3654905.shtml。

Ernst B. Haas, When Knowledge is Power: Three Models of Change in International Organization, Berkeley: University of California Press, 1990.

第八章

总 结

芬兰拉普兰大学 拉塞·海宁恩
上海国际问题研究院 杨 剑

从1676年丹麦商船和1740年瑞典远洋商船“哥德堡号”跟随着航海大发现的步伐和世界贸易发展的进程来到中国港口起，中国与北欧的直接联系也就建立起来了。这种关系的背后是欧洲对全球关系定位的开始。随着后来英国工业革命的兴起，这种欧洲与远东之间的联系就有了更加深刻的意义。这种联系在今天看来，已经不仅仅是遥远国度之间互通有无的联系，而是随着工业革命而产生的“人与自然”关系发展的一个分水岭。人类发展技术、获取资源促进自身福利的过程开始在全球的范围内展开，它所带来的正面和负面的影响都与人类日益占据地球系统主导地位有关，就像科学家在探究全球气候变化问题和北极变化的肇因时所揭示的那样。

正如本书的作者们所论述的那样，北欧国家在一百年左右的时间里，从一个偏安于欧洲北部角落的农耕社会，逐步克服困难并利用机遇，根据自身的文化传统发展成今天呈现出社会、经济、生态和谐发展的局面，并展现出北欧人在区域治理和全球治理领域不同凡响的远见和智慧。中国作为一个文明古国，经历过近代的衰败和落后。1978年之后的改革开放，让中国在40年的时间里，从一个经济落后的大国，变成一个拥有庞大市场、充沛资金和技术潜力的世界第二大经济体。中国的发展已经从改革开放初期的注重经济发展速度，转向经济发展和环境保护并举，强调发展效率和社会公平、民生福利的平衡，而且在自身发展的同时愿意承担更多的全球责任，为气候变化等全球治理问题做出中国的贡献。中国与北欧的合作应当是一个“成功大国”与“智慧小国”合作的典范。全球治理如同航行的巨轮，工具箱中需要多种工具，中国智慧和北欧经验都是其中不可或缺的组成。

来自北欧和中国的研究者在“中国—北欧北极研究中心”这个平台的支持下，从北欧历史的发展、北欧的对外关系、北欧治理模式的特征、中国与北欧国家的关系、中国与北欧在北极问题上的合作等重要议题开展了研究和讨论。这样一种多方观点相互碰撞、多重问题立体组合的合作方式对来自北欧和中国的研究者来说都是一种新的体验。本书的重点是北极合作，但我们没有就北极论北极，我们是将北极问题放在全球意义上去理解，在合作者之间我们也是首先通过了解合作方的文化背景和治理哲学，而后再讨论合作的领域。我们相信这样才可能将合作持久地开展下去。

北极承载着人类未来之命运。北极之所以在过去数十年又重新回到国际社会的视野之中，是因为气候变化。在全球气候快速变化的背景下，冰川融化、生物多样性的丧失、海水酸化、大气洋流互动使全球各国处于一个灾害频发、发展受限的时期。北极地区蕴藏着丰富的油气资源和其他资源，气候变暖使得这些资源开采的条件大为改善。北极航道开通将促进环北极经济圈的整体增长，全球贸易和航运格局将发生重大改变。北极经济机会增大，但基础设施建设薄弱，缺口巨大，对中国市场、资金和技术有重大需求。生活在北极地区居民也在为北极地区实现联合国 2030 年可持续发展目标，消弭数字鸿沟而努力。这些也为全球第二大经济体的中国提供了合作发展的机遇。由于北极环境严酷，荒远无助，人类在那里的科学考察受到技术条件和自然条件的限制。关于北极“人类与自然”系统变化的规律和知识积累还十分有限，还不足以支撑可持续的北极治理。无论是应对北极所反映出来的全球性挑战，还是实现北极的可持续发展，还有北极知识积累和科考合作，中国和北欧都是相互支撑的合作伙伴。

北极治理是全球治理的一个重要组成部分，重点要解决北极环境与全球自然和社会系统的相互支撑，实现发展环境的稳定和可持续性。除了参与北极理事会等区域层面的国际合作外，中国作为联合国等全球性机构的重要成员国，在一些政府间国际组织和专业性国际组织中都发挥着重要作用，为北极治理提供了全球合作的大环境。北极的问题发生在北极，却具有全球影响，例如北极冰盖融化，会造成海平面的整体上升。而全球其他地方的环境保护和动植物保护行为，也会促进北极的治理。中国积极推动各国参加的《联合国气候变化框架公约》《京都议定书》《巴黎协定》的落实，促进气候变化问题的全面解决。中国建设性地参与国际海事组织活动，与相关各方共同推动“极地水域船舶航行准则”的制定，积极履行保障海上航行安全、防止船舶对海洋环境造成污染等国际责任，寻求全球协调一致的海运温室气体减排解决方案。

中国和北欧的贸易关系源远流长，而且在历史上也没有发生过战争和冲突，合作基础良好。丹麦、芬兰、挪威和瑞典在 1950 年承认中华人民共和国，而且是最早一批承认新中国的西方国家。冰岛于 1971 年与中国建交。这五个北欧国家是中国在 2013 年获得北极理事会观察员地位的坚定支持者。在 2013 年，一些北欧国家的科研机构与来自中国同行们一起，建立了中国—北欧北极研究中心。

瑞典于 1731 年成为中国瓷器和茶叶的主要欧洲贸易国，并于 1847 年与中国签署了一项贸易和友好协议。过去 30 年来，瑞典和中国高层领导人频繁会晤。瑞典和中国在科学研究，特别是在气候变化领域，有着广泛的合作。瑞典和中国的关系对两国来说至关重要。中丹关系源远流长，两国已有 300 多年的交往历史。1912 年，丹麦在北京成功设立了独立的外交使领馆。冷战时期，丹麦对中国进行了多次高层访问。伴随着对双边经济关系的重视及“全面战略伙伴关系”协议的签署，两国外交关系自 21 世纪初以来发生了积极转变。芬兰被认为是中国的好朋友好伙伴，芬兰还重申了对“一个中国”政策的承诺。目前没有任何重大问题威胁到两国关系在近期持续稳定的发展。中芬关系主要受到芬兰方面商业利益的推动。例如，中国赴芬兰特别是拉普兰旅游人数不断增加。2013 年，冰岛成为首个与中国签署自由贸易协定的欧洲国家。中冰关系发展在能源、旅游及北极事务上同样亮点频频。2007 年，挪威政府开始执行对华战略，该战略将增加市场准入、气候变化、国际合作和人权等议题作为优先事项。如今，中国被认为是挪威在亚洲最重要的贸易伙伴。北欧与中国的关系中容易引起曲折的是对人权问题的不同认识，因此加强人权问题的对话是战略对话和政策沟通的重要内容。另外一些来自民间的担心是与经济投资相关的。当中国成为“世界工厂”时，芬兰等国的民众担心本国制造业的工作机会向中国流动。当中国的资本开始到北欧投资时，又有民众担心本国的优质企业被收购。这些都与对中国经济体量的考虑相关。

除了中国与北欧国家双边合作（特别是中国与北欧之间围绕北极的合作）外，我们特别想借这本书介绍给我们的中国读者的正是北欧国家合作模式的形成过程，或者说“北欧的成功故事”。正如中国的成功来之不易一样，每个地区的发展都有自己的特殊历史。

北欧国家被世界视为实现充分就业，贫困和不平等程度低，人民生活水平高的成功地区。也正因如此，它们在大多数国际排名中表现良好。拥有民主、平等、福利和强大公民社会的诸国跻身于世界上最发达的福利国家之列。看到今日北欧的发达与影响力，我们很难想象，在 19 世纪末和 20 世纪初，北欧诸国从宏观视角来看，不仅在经济上贫穷落后，且政治和文化上亦处于欧洲地理与政治的边缘。

北欧五国都被认为是小国。也正因如此，它们依靠保持对外和平、稳定、国际合作和法治来运用其影响力及执行相关政策。他们在性别平等、人权和环境问题等诸多领域都拥有着共同的价值观并保持着良好的记录。包括三个自治区在内的北欧国家可以被描述为在行动上追求“求同存异”，即组成为一个政治实体的身份参与世界政治和全球化运动。比如，北欧国家和地区在联合国等国际政府间组织的会议上共同发表联合政策声明。此外，北欧机构在世界政治、政府间组织和论坛中也是积极的政治行动参与者。同时，它们还在解决冲突与和平谈判中也发挥着重要的作用。

秉持多边合作和深度融合理念的北欧地区不仅和平稳定、富有合作精神，而且兼具国际吸引力。北欧的区域合作与一体化在很大程度上是在北欧理事会和北欧部长理事会等北欧国家地区间重要的政治合作组织的支持下推进的。格陵兰、法罗群岛和冰岛之间还通过北欧大西洋或西欧—北欧合作组织开展特别合作。

通过比较研究冰岛、法罗群岛及格陵兰岛这三个地区，可以发现实现地区独立需要的三个内在条件，即人力资本、财政可持续性和政治意愿。冰岛之所以在1918年成为主权国家，是因为它符合上述三个条件。当法罗群岛和格陵兰岛满足这些条件时，人们也能期待它们实现独立。同样重要的是，丹麦、法罗群岛和格陵兰都理解它们拥有共同的历史，并了解北大西洋在北极圈以及更广泛的国际体系中所处的地位。

北欧合作立足于现代区域建设和深度一体化，这也是促进互信以及推动社会、教育、科学、工业、贸易等领域国际化的天然基础。北欧合作中一项有价值的成果是“北欧模式”。人们熟知的福利国家、公民社会和北欧和平等概念皆来源于此。北欧模式的最主要特征是其福利制度是奉行普遍主义的全民社会保障模式。北欧政治和经济一体化的具体例子之一便是20世纪50年代以来的免护照旅行和自由劳动力市场。

北欧模式的成功离不开经济治理、公益性组织工作和具有理事会的公民社会这三大支柱。人们对北欧模式的兴趣随着时间的推移也在不断变化，它有时被赞美，有时被宣告过时，有时又被描述为是独立于社会主义和资本主义制度之外的第三条道路，亦谓之资本主义的改良形式。在21世纪，北欧福利国家模式受到推崇新自由主义道路的全球化资本主义的挑战。而直接反对接受政治庇护者和难民、间接反对全球化的极右翼民粹主义政党也对北欧模式提出了质疑。北欧模式相对于其他社会制度和模式来说可谓与众不同，但它也可能会消逝。因此，这一社会模式仍需要不断的完善。

在国际北极合作中，北欧国家以及格陵兰和法罗群岛发挥了重要作用。正如北极理事会和巴伦支欧洲—北极地区的成功故事所显示的那样，在这里，有着深度合作和融合的北欧地区可以被看作是现代北极地区建设的核心。北欧合作在很大程度上是基于“求同存异”原则，为环境保护和可持续发展等职能合作带来了真正的附加值。

北欧国家不仅规模小，而且还严重依赖开放的全球经济和自由贸易，因此，它们积极参与国际政治和全球贸易。包括北欧地区国家在内的世界十二大经济体通过紧密的合作不断加强促进共同利益的能力建设。通过合作，他们在分享资源和信息的同时也一并承担相关成本。

北欧合作基于的是互补理念，因为这些国家有着不同的历史、优势和侧重方向。由于东西方集团在意识形态、地缘政治、经济和军事方面存在竞争，以军事合作为代表的安全政策交流在冷战时期没有出现在共同政策和联合行动中。冷战结束后，北欧国家开始尝试军事合作，北欧防务合作（NORDEFCO）作为地区军事合作机构于2009年建立。当在联合国或在联合国气候变化框架公约（UNFCCC）和欧盟等国际组织中涉及国际政治尤其是在国际环境和气候议题时，可以明显观察到一种“北欧效用”在提升北欧价值观。人们同样还能在包括北欧地区、波罗的海地区和巴伦支海地区的新大北欧地区的活动中发现上述的效应。北欧国家之间最新的整体战略目标是将北欧发展为更完整的地区，打造“更高效的北欧效用”理念并推广到周边地区，尤其是爱沙尼亚、拉脱维亚和立陶宛这些国家。

科学研究和教育的合作是北极合作的一个重要支柱。北欧在高等教育和研究领域的合作有着悠久的传统：1971年，北欧部长理事会以北欧政府合作论坛的形式成立。成立伊始，教育和研究领域的合作便包含在整体计划里。北欧高等教育录取协议于1996年签署。北欧地区远超过平均水平的科学合作和贡献同样反映在极地科学方面。北欧国家是国际北极科学委员会（IASC）的创始成员，并在北极大学（University of The Arctic）和北方研究论坛（Northern Research Forum）发挥着领导作用。北欧国家在高等教育和研究领域的紧密合作，也许可以用来解释为什么北欧国家在北极科学领域的总体贡献方面远超它们本身的能力。作为北欧最大的联合研究和创新倡议的“顶级研究倡议”便是这一高质量合作最好的体现。北欧精心设计的高等教育和研究项目的发展战略，在一定程度上是为了应对其地区所面临的重大挑战。

为此，一个完善而有力的财政体系也已配套建立。

北欧也是欧盟大型研究框架项目的成员，目前正在开展的项目名为“地平线2020”。北欧还签署了《博洛尼亚宣言》，并根据该宣言内的精神对其高等教育制度进行相应改革。直到21世纪初，北欧国家都有免费高等教育的历史。但这种由纳税人来买单的情况最近慢慢发生了变化。在某些场合下，北欧科研合作计划已扩大到波罗的海三国和俄罗斯西北部。许多北欧大学也与中国的大学开展了积极的合作，例如，在北欧研究中心的推动下，中国—北欧研究中心与北欧国家的26所大学开展了协同合作。

北欧国家还在自然资源、能源系统和关键工业方面的发展上保持紧密联系，而这一联系又反过来成为北欧模式的支柱之一。为进一步增强产品品质而提高开发重要的原材料禀赋的能力，这对形成高福利国家至关重要。尽管北欧在资源开发、能源和工业领域的合作历史悠久，但这种合作偶尔也会因国家利益和国际承诺发生冲突，比如相关国家考虑是否加入欧盟。北欧经济对全球市场的相互依赖逐渐加深以及国际竞争的加剧，迫使其产业主动适应全新的环境。比如企业在被迫升级产品线的过程中带来行业细分并产生像生物经济产业那样的新经济业态。正如其能源行业所展现的那样，北欧在全球化转型中取得了一定的成功。此外，北欧国家的气候和能源政策目标在世界范围内也是最为积极的。在这一方面，北欧可以作为区域合作的范例。

几十年来，北欧国家持续在可持续发展和环境议题上紧密合作，它们经常把自己定位为促进可持续发展的价值及方式的全球领导者。环境和社会的剧变，包括从气候变化、环境退化到日益工业化和激增的人口问题，都使如何推动可持续发展成为了北欧北极地区的一个适时的挑战。相比全球可持续发展的大辩论中的模式，北欧的可持续发展的状况是独一无二的。在北欧地区看来，可持续发展与福利社会模式的发展密不可分的，对可持续发展需要从更为宏观的视角开展研究，比如包括生态系统、气候变化、资源的可持续利用以及教育、研究和创新。

因为北欧国家部分地区位于北极圈内，并且北极地区气温变暖速度远高于全球平均速度，这使得全球气候变化成为北欧国家面临的一个重要问题。通过区域合作，北欧国家试图更好地解决这一问题。北欧国家在《联合国气候变化框架公约》框架下成立了全球气候谈判联合工作组，旨在推动各国通过具有约束性目标的全球气候协议。北欧国家已经批准了《巴黎气候协定》，并在巴黎气候会议召开前表示，他们将致力于达成一项雄心勃勃且具有全球法律约束力的协议，使全球气温升幅低于2摄氏度。北欧可持续发展战略也强调了在适应能力方面进行大规模合作的重要性，如强调通过大规模合作适应气候变化问题的重要性。此外，“顶层研究倡议”发表的白皮书《北欧国家的气候变化适应》探讨了北欧适应战略发展的潜力，并概述了在制定区域战略时应考虑到的一些问题。

如前文所述，北欧国家是北极地区的一部分，北极也是北欧地区的一部分。北欧极地区域由两个次区域组成，北部和东北部的巴伦支海地区，西北部和西部的西北欧地区。北欧国家的北极政策和战略主要针对的便是这两个次区域。

在后冷战时期的版图里，巴伦支海以及整个北极地区，已由对抗转变为合作并转型成为了和平合作区。并通过区域建设的方式，即巴伦支欧洲—北极地区，对该地区进行了重塑。在这一区域内，自然资源（例如石油和天然气）的利用和运输日益增加，进而强化了该区域的战略地位。但与此同时环境退化及气候变化等问题也随之而来。由于这些因素以及世界对环境和气候变化的认识逐渐加深，在世界经济一体化过程中，欧洲、北欧和极地区域事物必将是其中重要因素。

西北欧地区这一概念于1985年首次确定，它由法罗群岛、格陵兰（丹麦王国的一部分）和冰岛组成。西北欧理事会工作的重点在近些年显著扩大，一方面，它以促进西北欧的共同利益和保护整个北大西洋地区的自然资源和文化作为工作重心；另一方面，它还致力于在北欧已有的合作组织内进一步强化它们的内部合作并持续促进西北欧的利益。

萨米族这一居住在挪威、瑞典和芬兰这三个北欧国家以及俄罗斯欧洲部分的土著民族的具有特殊的文化特征和传统的生活方式。但与此同时，其生活也受到北欧社会、国家和模式的巨大影响。北欧文化对萨米人及其文化产生的重大影响纵贯整个历史。特别是在20世纪，萨米族仿效建立了国家级和国际级的政治代表制度。虽然萨米人历史上在挪威、瑞典和芬兰国内政治上经历过一段黑暗的时期。但需要指出的是，在这一时期，萨米人也得到了不少正面的发展。同时，尽管萨米人采用了北欧社会的部分政治结构，但他们同样传承了民族传统和世界观。这一混合的结果便使得如今的萨米文化非常活跃，萨米人也因自己的民族而感到自豪。一个很好的例子便是北欧的萨米公约。如果能在得到萨米议会理解的情况下批准这一关于居住在三个国家的一个土著的公约，这在世界范围内都将是独一无二的。

上述的所有内容都可以概括为北欧地区合作的“求同存异”，这也成为了描述区域深度合作和北欧模式的一个响亮口号。在全球一体化和贪婪的全球资本主义世界中，人们深信，通过借助其环境、社会福利、人权政策、以及地缘政治地位的天然优势，北欧国家具有独特的潜力能够在世界以及全球化的北极地区发挥积极主动的作用。奥巴马总统在2016年5月对北欧各国总理发表的讲话时曾说道，在国际政治局势变得日益紧张和不同寻常的背景下，稳定与和平的北欧地区可以作为区域一体化、和平（建设）、强大的公民社会和性别平等的典范。这一切使我们思考是否可以在21世纪的全球化世界中增加北欧地区以外的人民对北欧合作和一体化的了解。另外，是否也可以鼓励其他地区人民更多地了解北欧模式，以及思考如何在其他场景下应用北欧模式？

关于北极地区的国家战略和国家政策表明，北欧国家以及其他通过重新定位将自身定义为北极国家的圈外国家，对极地地区的需要和兴趣与日俱增，并力图重新制定在处理北极事务时的国内外政策。在经过对北极国家这一概念的重新定义后，北欧国家希望成为该地区的主要的行动者，甚至是北极地区的（全球）领导者。

根据丹麦政府于2011年通过的《丹麦王国北极2011—2020年战

略》，法罗群岛政府，格陵兰政府与丹麦政府这“丹麦王国的三个部分将建立平等的伙伴关系”。丹麦王国将同其国际伙伴密切合作，努力建立一个和平与安全的北极，实现可自我维持的增长和发展，并尊重北极脆弱的气候。这一策略的首要目标便是在将丹麦王国重新定义为在北极地区的“全球参与者”的同时，强化格陵兰作为一个自治政治实体的地位，并同时应对极地区域内重大的环境、地缘经济政治的变化和全球对该区域不断增长的兴趣。

2013 年 8 月通过的芬兰北极战略的最新版本建立在如下的支柱政策上：芬兰是秉持可持续发展原则并持续促进“北极地区国际合作”的“北极国家”和“北极区域专家”。此外，该战略指出，北极是一个稳定与和平的地区。这一战略同时还补充说明道：“随着世界正在发生重大的变化，全球对该地区的兴趣日益增加。”

冰岛议会 2011 年 3 月通过的关于冰岛北极政策的决议中包含了十二项原则，一方面强调了确保冰岛作为北极地区沿海国家地位的重要性；另一方面，强调改善北极居民及其社区的福利。冰岛的北极战略形成过程表明，各参与国对北极变化的全方位影响有了越来越多的了解，也更加本能地在寻求国际合作。

北极事务是挪威政治中不可分割的一部分。挪威是 21 世纪第一个开始制定明确的北极战略与政策的国家，并且已经完成了对其北极战略的数轮修正。挪威在北极地区优先关注的领域在不同的时段各不相同，但尽管如此，在整个冷战期间以及冷战后，挪威北极政策一个不变特征是维持与其邻国俄罗斯的关系。该战略还很大程度上延续了其长期以来选择的政策，这一政策的特征便是聚焦于商业、知识和环境的发展。

2011 年 5 月通过的“瑞典在北极地区的战略”，在为每个优先事项确定具体目标方面涵盖了现代战略的大部分特征。它特别侧重于三个优先领域：气候与环境、经济发展和人文。

简言之，北欧国家强调维护北极目前的稳定，它们包括字面意义和环境变化上的地区安全。与芬兰、冰岛与瑞典强调全面安全不同，丹麦王国、挪威王国以及其他沿岸国家的战略都强调国家主权和国防安全。北欧国家因为其拥有丰富的资源和重要的战略位置，意识到并强调北极具有极大的经济潜力，比如石油工业。战略中已明确讨论了可持续发展的表述及其他非物质价值。

“独特”“脆弱”和“易危”等各种不同的用词被用于描述北极的自然和气候环境。对包括对抗气候变化在内的环境保护问题，是所有北欧国家的优先事项和基本目标之一。芬兰和冰岛表示，环境并不独立于其他部分，而是整体大环境中一个不可或缺的部分。挪威也已表现出对环境保护的“管理职责”。此外，所有国家都强调在北极地区的安全和安保的重要性，这主要指将北极建设为安全和稳定地区这一愿景中所反映的海上安全。各国战略也明确讨论了人文方面的内容，无论是广义上的普通大众还是土著人民及其传统文化。与此同时，各国战略还明确提到科学研究、知识积累和国际研究合作被确定为优先事项。作为国际合作的一部分，《北极战略》中明确规定北极理事会是推进北极国际合作的重要场所。

虽然经过多次讨论，但北欧国家并没有形成共同的（北极）战略。不过仔细研究可以发现，各国的文字表述上既有相同点又有不同点。在北极问题上，北欧国家之间未来在北极问题上最有希望的潜在合作领域是环境保护和气候变化，这既包括人类健康和全面安全，也包括经济活动、可持续发展和气候变化的相关知识。

2012 年 4 月，时任国务院总理温家宝访冰之际，国家海洋局与冰岛外交部共同签署了《海洋与极地科技合作谅解备忘录》。2012 年 8 月“雪龙”号极地科学考察船访问冰岛。2013 年 5 月 15 日在瑞典北极城市基律纳召开的北极理事会第八次部长会议上，中国被批准成为北极理事会正式观察员国。北欧五国对中国观察员国资格持支持和欢迎态度，对中国参与北极事务的推动和促进作用不容忽视。在 2013 年 6 月召开的第一届“中国—北欧北极合作研讨会”上，中国极地研究中心提议将中冰北极研究合作扩展到北欧五国，并倡议建立中国—北欧北极研究中心。这一建议得到相关研究机构的热烈响应和积极支持，同年年底，中国—北欧北极合作研究中心正式宣告落成。

2018 年 1 月 26 日，中国政府发表了《中国的北极政策》白皮书

（以下简称白皮书）。通过白皮书的发表，中国政府向世界表明了积极参与北极治理、共同应对全球性挑战的立场、政策和责任。这份政策文件的发表将有助于增进中国与北极国家以及北极事务的其他利益攸关方的相互理解。随着《中国的北极政策》白皮书提出要与各方共建“冰上丝绸之路”，“一带一路”进入北极。如同“一带一路”倡议一样，“冰上丝绸之路”共建将为中国—北欧合作提供巨大的潜力，可以将中国投资能力、基础设施专业技能和大规模的市场同北欧北极基础设施发展、发达的工业技术和资源有效地结合在一起，从而发挥出巨大的活力。

近年来，作为一个整体，北欧国家以其独特的制度模式、议程能力和区位优势，在全球、区域和北极治理中发挥出了越来越重要的作用，也成为中国共建“冰上丝绸之路”的天然合作伙伴。北欧国家在中国共建“一带一路”和“冰上丝绸之路”之中占有特殊的重要地位。“一带一路”贯穿亚欧非大陆，一头是活跃的东亚经济圈，一头是发达的欧洲经济圈，北欧恰是连接这两大经济圈最短和最具潜力的地区。无论从“丝绸之路经济带”向波罗的海的延伸，还是从“冰上丝绸之路”与北欧的联通，都使北欧国家占据了北方枢纽的地位。通过与北欧共建“冰上丝绸之路”，中国一来可以与处于上升阶段的北欧板块直接对接，增强中国在北欧和欧洲的影响力；二来通过与发达国家的相互对接，弥补传统“一带一路”仅与发展中国家之间的联系短板；三来可通过与北欧国家擅长的蓝色经济发展、创新国家发展战略的对接，提升中国的创新能力；四来可通过与北欧先进的全球和区域治理理念的对接，促进中国全球和北极治理能力的提升。

北欧国家在全球的影响力在不断上升。北欧五国具有共同的政治、经济和政党体制以及共同的文化、语言和历史，形成了一种特定的北欧身份特征和“北欧模式”。作为全球“最幸福的国家”和最具竞争力的国家，北欧国家在世界上和各种论坛上常以集体形象出现，模式效应日渐突出。北欧国家的重要性还表现在其重要的全球议程设定能力上。近年来，广为国际社会所接受的全球治理、可持续发展、环境保护、综合安全等概念都是由北欧国家率先提出并不断加以概念化进而推向全世界的。

北欧国家普遍重视发展与中国的合作关系，这在北欧国家中是有共识的，不仅体现在双边层面，也体现在区域层面。2016 年 2 月，北欧部长理事会曾决定，要研究北欧与中国发展更紧密的合作关系的潜力，推进双方在研究与创新、绿色增长、环境保护、北极以及健康和社会等领域的合作，同时强调这一合作关系同各国与中国的双边关系以及欧盟与中国的关系是互补的和相互支撑的。2017 年 5 月的北欧部长理事会再次强调了要推进与中国的合作关系。

北欧五国对中国提出的共建"一带一路"和"冰上丝绸之路"倡议均持较为积极的态度，对参与合作共建表现出更多的期待。尽管"一带一路"倡议最初并未涵盖北欧五国，但五国均加入了亚投行，成为亚投行创始成员国，积极支持"一带一路"倡议。当《中国的北极政策》白皮书提出共建"冰上丝绸之路"倡议后，北欧五国都给出了积极的反响。芬兰总统尼尼斯托（Sauli Niinisto）认为白皮书"尊重以海洋法公约为基础的国际法"，"冰上丝绸之路"倡议不仅是一个更多道路、铁路和航路的联通计划，更是一个促进不同地区人民之间相互理解的愿景。芬兰对"冰上丝绸之路"建设充满期待，并和挪威计划在芬兰的罗瓦涅米和挪威的希尔克内斯之间修建一条铁路，作为"冰上丝绸之路"西部的门户。挪威外交大臣瑟雷德（Ine Søreide）期待中挪合作参与北极全球航运、环境保护、渔业开发。冰岛外长索尔达松则表示冰岛政府非常关注"冰上丝绸之路"，支持这一倡议以加强欧亚之间的互联互通。

中国与北欧合作的故事还在延续。其动力源于双方不断扩大的共同利益和共同价值，以及双方有应对由气候变化和极地问题带来的全球性挑战的共同意愿。作为本书的作者，我们真诚地希望这本书可以实现以下几个目的：第一，让中国民众，特别是中国年轻一代了解北极变化的状况，提升中国民众和企业保护地球家园的意识；第二，向更为广泛的中国读者讲述北欧合作和发展的故事；第三，展示文化、政治和经济体制存在差异的中国和北欧各国围绕北极治理如何成功地开展合作；第四，如何在全球化的世界和全球治理中进行富有成效的跨国合作。我们将把思考和评价留给读者，相信他们会对此做出恰当的判断。

（本章翻译：张翀；校对：杨剑）

后　　记

本书是中国—北欧北极研究中心组织中国和北欧的学者合作出版的第一本书。四年前国际北极科学委员会副主席、中国极地研究中心主任杨惠根、芬兰拉普兰大学教授拉塞·海宁恩（Lassi Heininen）、挪威南森研究所所长列夫·伦德（Leiv Lunde）、上海国际问题研究院副院长杨剑在上海策划并启动了写作这本书的项目。项目具体由芬兰拉普兰大学拉塞·海宁恩教授和上海国际问题研究院杨剑副院长组织实施。在中国—北欧北极研究中心的几届成员方年度大会上，来自北欧和中国的代表们就本书的内容提出了很好的建议，为本书的立意和结构指明了方向。

本书的作者几乎包含了合作平台上的所有国家和地区，其中既有资深的研究者，也有刚刚踏入北极研究的青年才俊。这既代表了北极研究的经验，又代表了北极未来合作的方向。

本书的具体分工如下：

杨剑，上海国际问题研究院副院长、上海国际组织与全球治理研究院院长（第一章第一节、第一章第三节、第六章第二节、第七章第三节、第八章）；

拉塞·海宁恩，芬兰拉普兰大学教授、同济大学教授（第一章第二节、第三章第五节、第四章、第五章、第八章）；

萨拉·卡里奥亚维（Salla Kalliojärvi），芬兰拉普兰大学博士候选人，（第二章第一节、第三章第一节）；

拉斯穆斯·G·伯特尔森（Rasmus GjedssØ Bertelsen），挪威特鲁姆瑟大学（挪威北极大学）教授（第二章第二节）；

玛丽亚·阿克仁（Maria Ackrén），格陵兰大学政治学副教授（第二章第三节、第三章第三节）；

劳拉·奥尔森（Laura Olsén），芬兰拉普兰大学北极研究中心博士候选人（第二章第四节）；

玉西·霍塔里（Jussi Huotari）芬兰赫尔辛基大学博士候选人（第二章第五节）；

伊达·F·索尔维德（Ida Folkestad Soltvedt），挪威南森研究所研究员（第二章第五节挪威部分、第四章第六节，第五章第四节）；

玛格丽特·塞拉（Margrét Cela），冰岛大学北极政策研究中心项目负责人，芬兰拉普兰大学博士候选人（第二章第六节）；

拉塞利克·海格曼（Larserik Häggman），芬兰媒体《北欧》记者（第三章第二节）；

索斯腾·古纳尔松（Thorsteinn Gunnarsson），冰岛研究中心资深顾问（第三章第四节）；

阿瑞尔德·默（Arild Moe），挪威南森研究所资深研究员（第四章第六节）；

萨纳·科普拉（Sanna Kopra），芬兰赫尔辛基大学博士后研究者（第三章第六节）；

哈那·兰平恩（Hanna Lempinen），芬兰赫尔辛基大学博士后研究者、拉普兰大学北极中心访问学者（第三章第七节）；

尼奇塔·龙马金（Nikita Lomagin），圣彼得堡欧洲大学副校长、教授（第四章第一节）；

伊吉尔·T·尼尔松（Egill Thor Nielsson），中国—北欧北极研究中心执行秘书、中国极地研究中心访问学者，芬兰拉普兰大学博士候选人（第四章第二节、第五章第三节、第六章第三节）；

于菲·雅各布森（Uffe Jakobsen），丹麦哥本哈根大学副教授（第五章第一节）；

叶尔奇·卡里奥（Jyrki Kallio），芬兰国际事务研究所研究员（第五章第二节）；

彼得·斯格尔德（Peter Sköld），瑞典于默奥大学教授（第五章第五节）；

张沛，上海国际问题研究院海洋与极地研究中心副主任（第六章第一节、第三节）；

邓贝西，中国极地研究中心战略研究室助理研究员、复旦大学博士候选人（第七章第一节、第七章第二节）。

上海国际问题研究院的徐晓岚、王慧杰、陈雪、任柳佳、张翀等参加了翻译，张沛、赵隆、郑英琴、韩佳霖、方晓等对译文进行了校对。

国家海洋局和极地考察办公室对中国和北欧的北极合作研究和活动给予了极大的支持。本书的翻译工作还得到了中华人民共和国外交部欧洲司的大力支持。在此一并表示感谢。时事出版社是中国出版北极社会科学研究著作最重要的一家出版机构。感谢苏绣芳副总编的不断鼓励和支持。在此也特别感谢责任编辑孟亚波认真的审阅和修改建议。

杨　剑

2018 年 10 月 1 日